臺灣史事解讀

陳孔立◎著

崧燁文化

目錄

前言

第一部分

    臺灣史研究的史觀問題

    關於「臺灣島史」和「臺灣史觀」

    臺灣史的分期和框架

    臺灣學者對臺灣歷史的研究

    臺灣歷史與兩岸關係

    臺灣文化與中華文化關係的歷史探討

    中國傳統文化與臺灣社會變遷

    《認識臺灣（歷史篇）》評議

    《認識臺灣》教科書引起的爭議

    評所謂「臺灣漢人」與「大陸漢人」

    評臺北「福爾摩沙特展」

第二部分

    夷洲非「夷州」辨

    元置澎湖巡檢司考

    澎湖不屬同安考

    鄭成功研究學術討論會綜述

    鄭成功收復臺灣戰爭的分析

    臺灣歷史學界對鄭成功的研究

    鄭成功研究學術討論會述評

    李自成・多爾袞・鄭成功

    鄭成功評價的方法論問題

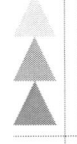

朝鮮與鄭成功父子

鄭氏官兵降清事件述論

為鄭經平冤

康熙二十二年：臺灣的歷史地位

施琅史事的若干考辨

第三部分

臺灣歷史的「失憶」

前仆後繼五十年——臺灣人民抗日鬥爭史的回顧

霧社 65 周年祭

抗戰勝利與「臺灣光復」

臺灣英烈永垂青史——評電視專題片《臺灣往事》

血濃於水

《臺灣歷史綱要》的學術特色

前言

　　本書第一部分主要是就有關臺灣研究的史觀與方法問題，與臺灣學者商榷。由於兩岸分隔多年，在史觀上存在不同的看法完全是可以理解的，可以透過學術討論，取長補短，共同提高。

　　第二部分針對臺灣早期及清代初期歷史的一些史實，提出一些不同的看法與學術界展開討論。例如，早期臺灣稱為「夷洲」，史書上與「夷州」混用，它是地名，而非建制，有人說「早在1800多年前臺灣就是中國的一個州」，那是完全錯誤的。元代設置澎湖巡檢司，屬於福建省晉江縣。明代澎湖不屬於同安縣，明代在澎湖設置巡檢司一事，缺乏史料依據。

　　1980年代史學界流行一種史學要「為現實服務」的觀點，例如對於鄭成功的評價，有人認為他的動機是抗清、是為了海商集團的利益，因而貶低收復臺灣的意義。有人則從收復臺灣這一後果「逆推」他的動機，認為他是「為了維護祖國領土的完整，為了維護人民的利益，為了『反對殖民主義』而舉兵東征的」。我們不贊成上述看法，認為應當把動機和效果聯繫起來，進行全面的考察，不僅看到他的歷史功績，而且看到他的階級侷限和歷史侷限，歷史主義地給予評價。

　　對於康熙的評價，有人就從統一臺灣這個後果去「逆推」動機，把康熙塑造成一個英明皇帝的形象，說他「早已看出臺灣地位的重要，從統一祖國的美好願望出發而進取臺灣，完全符合於全國人民特別是臺灣人民多年來的願望和要求」。有人把康熙拒絕鄭氏提出的「照朝鮮例」說成是「統一與分裂、愛國與叛國」的鬥爭。我反對這種「現代化」的說法，認為「把三百年前的皇帝和百姓同今天進行簡單的類比和混同，把古人打扮得如跟我們一樣，那就會貶低我們自己的事業」。

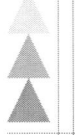

臺灣史事解讀

至今還有人認為鄭經強調「照朝鮮例」不肯剃髮，是「分裂祖國」「割據臺灣」「背叛鄭成功事業」，我也不贊成這種看法，指出「照朝鮮例」不是鄭經發明的，鄭經沒有背叛鄭成功，不能用現代的標準要求300多年前的鄭經。

第三部分則是針對臺灣方面有人蓄意製造「歷史失憶」，我根據具體歷史事實對臺灣的歷史作出自己的解讀。主要觀點有：

臺灣歷史不僅在經濟上、文化上、社會關係上，而且在政治上與中國大陸（特別是福建）有著密切的關係，這樣的「歷史特色」是任何人所無法抹殺的。

荷蘭人與鄭成功都承認臺灣屬於中國，早在荷蘭入侵以前很久，中國大陸移民就已進入臺灣從事生產和開發，即使在荷蘭占領時期，開發臺灣的主力仍然是中國大陸的移民。所以，說「臺灣歷史是從荷蘭人入臺開始」的觀點是錯誤的。

鄭氏在臺灣建立的政權是明朝的一個地方行政單位，是中國人的政權，既不是「獨立政權」，也不是「外來政權」。

大陸向臺灣移民基本上是「開發型」的，從事開墾，尋求生路。他們與祖籍地保持著密切的關係，並沒有「斷絕關係」、「放棄中國」。

臺灣開港以後，與廈門港的關係密切，與大陸的其他港口互相貿易。當年臺灣兩個港口與中國的其他港口一樣成為對外貿易的口岸，並沒有「脫離中國」、形成「自己的、絕對不屬於中國的經濟圈」。

在日本侵占臺灣之前，臺灣經過近代化建設，已經成為最先進的省份之一，並不是「荒蕪之地」、「最落後、野蠻的地區」。

日本侵占臺灣是蓄謀已久的，日本是侵占臺灣的罪魁禍首，清廷腐敗無能，被迫割地求和，「出賣」臺灣的絕不是祖國和人民。

日據時期所謂「自由選擇國籍」是一句空話，所謂「地方自治選舉」具有欺騙性，所謂臺灣人民「生活水準急速提高」完全不符合事實，曾經生活在日據時期的臺灣知名人士的口述歷史中，有充分的資料可以反駁這些錯誤的說法。

歷史教育，特別是歷史教科書的編纂，對於建構歷史記憶有重要的作用。歷

史記憶不等於歷史事實，歷史記憶的一個重要功能則是重構過去，以滿足當今的需要。當前臺灣歷史教科書延用了過去「去中國化」的辦法來建構歷史記憶，進行「我群」與「他群」的劃分，製造出不少「歷史失憶」，這就必然造成把臺灣歷史與大陸分割開來的錯誤觀念，其嚴重後果已經引起臺灣有識之士的擔憂。因此，如何正確地看待臺灣的歷史，給予實事求是的解讀，重構有利於兩岸關係和平發展的歷史記憶，應當是兩岸學術界必須重視的一個問題。

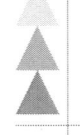

臺灣史事解讀

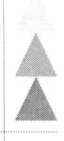

第一部分

臺灣史研究的史觀問題

兩岸史學界都有一部分學者正在從事臺灣史研究，由於兩岸社會制度的不同，彼此之間存在不同的史觀，那是必然的，不足為奇的。由於史觀的不同，很容易產生這樣的現象：各自認為自己的觀點正確，而對方的觀點則有問題。這樣，在兩岸交流過程中，只能各說各話，無法交集，很難取得共識。因此，要推動臺灣史研究和交流，就必須對雙方的史觀有一個清楚的認識，瞭解分歧的所在及其原因，找到關鍵問題，進而展開對話，在交流的過程中尋求解決分歧、取得共識的途徑，推進臺灣史研究水平的提高。

一、臺灣史學界存在不同的史觀

早在1996年臺灣的《歷史》月刊就製作過一個「兩岸對峙下的臺灣史觀」專輯，邀請臺灣和大陸五位學者（王明珂、陳芳明、陳映真、陳其南、陳孔立）參加筆談。編者指出，近年來臺灣史研究已經成為「顯學」，並且已經有了一定的成果，「但不同的認知取向所建構的『臺灣史』，卻呈現了相當大的差異。觀念的分歧不僅反映在學術界的眾說紛紜，同時在某些層面上，也是現實政治的投射」。製作這一專輯「希望透過幾個不同『臺灣史觀』的深刻論述與思考，讓我們來共同關心這塊土地的問題和未來」。顯然這裡所說的「臺灣史觀」不是一個共同的觀點，而是指對臺灣史研究的各種觀點。[1]

在這個專輯中，五位學者都發表了各自不同的「史觀」。

王明珂指出：「近年來愈來愈多『驕傲的中國人』，變成『驕傲的臺灣

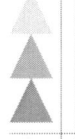

人」。現實政治經濟環境的變化,是這種認同變遷背後的驅力,而歷史記憶與失憶則是動認同變遷的工具。」

陳芳明則提出他的「後殖民史觀」,他指出,荷鄭、清朝是封建殖民時期,日據是現代殖民時期,戰後(國民黨統治)是「再殖民時期」,1987年解嚴以後是「後殖民時期」。他把臺灣歷史看成是一部殖民史,並且要用這種史觀來研究臺灣史。他認為「國民黨史觀」與「中共史觀」則「極力避開觸及臺灣的殖民經驗」。

陳映真主張用「社會史觀」解讀臺灣歷史,他把臺灣社會分為:殖民地社會(荷據),豪族封建社會(明鄭),與清朝統一的封建社會,臺灣統一在一個半殖民地的中國,殖民地社會(日據),1945年臺灣組織到半殖民地、半封建的中國,兩岸統一,1950年美國全面介入臺灣事務,使臺灣淪為新殖民地,而兩岸分斷分離。他還明確指出:「臺灣從來不是一個自來獨立的社會或國家。因此,在殖民主義和帝國主義的世界史中,臺灣的反殖民地、反帝國主義鬥爭,就不是恢復原未曾存在的獨立這樣一個問題,而是祖國復歸的問題。」

陳其南指出,臺灣史研究無法擺脫政治立場的糾葛,他批評臺灣學者有的強調臺灣歷史經驗的本土性和特殊性,「有些論著更是清楚地在為臺灣的政治獨立尋求歷史研究和學術理論的根據」;也批評大陸學者「幾乎毫無例外地籠罩在統一論的民族主義旗幟底下。符合這樣一個目的的任何史實和論證不但不會被遺漏,而且被一再強調。至於那些可能喚起臺灣歷史經驗中的獨特性和不同政治立場的解釋,如果不是加以忽略就是否認其意義」。他自己的觀點則是:「臺灣社會基本上仍然是中國或漢人社會,臺灣人不論如何強調其本土意識,在歷史文化上仍無法否定此一事實。」

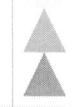

陳孔立的觀點是:「臺灣歷史作為中國歷史的一個組成部分,它與全國的歷史有著共同性;但臺灣作為中國的一個比較特殊的地區,它的歷史也必然有其特殊性。如果只強調共同性,而忽略其特殊性,就不能正確地認識臺灣的歷史,也不能正確地認識臺灣的現實;如果只強調其特殊性,而忽略了共同性,就不能正確地認識歷史上的兩岸關係和當前的兩岸關係,也無法正確認識和對待臺灣的前

途問題。」

顯然，十幾年前就已經存在不同的史觀，根據陳芳明的看法，那時「真正的臺灣史觀」尚未建立，「而中華民族主義的『中原史觀』、『帝王史觀』、『國民黨史觀』、『共產黨史觀』，至今仍然還滲透於臺灣歷史的研究之中」。[2]那麼現在的情況呢？

臺灣的歷史學者張隆志提出這樣的看法：「1980年代臺灣史研究可溯自十九世紀後期以來的日本殖民地研究、戰後以來的中國邊疆及地方史研究，以及1960年代以來的西方區域研究等多重知識傳統。」此外，戰後海外反對運動及島內民主運動的臺灣史論述，則包括史明與王育德等日本「臺獨」運動者所撰寫的臺灣歷史，黨外運動雜誌所體現的臺灣歷史意識與本土史觀，但也出現了臺灣結與中國結的論爭。他認為提倡「臺灣中心觀點」，即以臺灣島嶼及人民歷史為主要問題意識的研究取徑，是當代臺灣史研究的重要特徵之一。學者抱持不同政治立場與理論觀點，使得臺灣史學界呈現出多元異質的現象。「由於族群及國族認同問題，因解嚴後臺灣島內、兩岸及國際政治情勢的轉變而更加政治化，臺灣史成為政黨和媒體的論爭場域。」[3]他沒有明確指出有哪些不同的史觀，但卻明確指出不同的政治立場也在史觀上得到反映，而史觀則體現了「國族認同」的問題。

臺灣的政治學者張亞中從政治的角度論述兩岸不同的史觀，並且明確地給予「定性」。他指出：「兩岸現有的史觀包括國共兩黨所共有的『內戰史觀』、『統一史觀』，以及臺灣所獨有的『臺獨史觀』與『偏安史觀』。」他從政治角度研究「臺獨史觀」與「偏安史觀」的形成與發展。他指出，從「臺獨史觀」到「分離史觀」是民進黨與李登輝的成果，他們提出「兩國論」、「一邊一國」、「同心圓史觀」以及「認同『臺灣主體』與認同『中國主體』，兩種價值觀是無法和解而共生」等等主張，極力推行「分離史觀」。國民黨的「分治史觀」變質為「分離史觀」，國民黨「中華民國在地化」的「轉型史觀」就是「獨臺史觀」，如果放在整個中國的歷史經驗來看，這就是「偏安史觀」。[4]儘管張亞中主要是從政治角度分析不同的史觀，但實際上在當代臺灣史研究中確實可以看

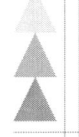

到這些史觀的存在與較量。此外,還有一些其他說法,例如,過去的「反共史觀」已經由充滿悲情的「反中史觀」所取代。這個史觀主張,臺灣歷經外來政權統治,民主化後理所當然應由所謂本土政權當家做主,對外力抗隔岸的「中國」,對內排斥其他政黨及族群。[5]還有「統派史觀」、「皇民史觀」、「以世界史為框架的史觀」等等說法。臺灣史研究專家許雪姬從史學角度歸納為兩種立場、兩種史觀,她說:「因受臺灣政治氣氛的影響,學界至今仍存在『以中國看臺灣』與『以臺灣為主體看四鄰』這兩種立場與史觀互爭的現象,此為臺灣史研究難以避開的政治難題。」[6]

我個人認為在「以臺灣為主體」的史觀方面,還可以分成兩種,一種是「臺獨史觀」,另一種是「臺灣史觀」,二者有聯繫也有區別。「臺獨史觀」是一種政治主張,在臺灣史研究上表現為「同心圓史觀」「後殖民史觀」等等,他們強調「臺灣主體」,目的是「突顯臺灣與中國之別」,「扭轉『中國主體,臺灣附庸』的認識方式」,「脫離中國的規範」,「脫中國化」。他們主張「把臺灣史作為國史」,「中國史作為外國史」。「臺獨史觀」已經在臺灣史研究、教科書編撰方面發生嚴重的影響。「臺灣史觀」是一種學術主張,一般不涉及政治,不願意讓政治干預學術,「無意捲入統獨之爭」。持此論者也主張「臺灣主體」,強調「以臺灣人的立場」研究臺灣歷史作出評價。根據這種觀點,他們對不同時期的臺灣歷史作出不同的定位:荷據以前,臺灣是以「原住民」為主的歷史,澎湖則是元明兩朝的地方史;荷西時期,臺灣史屬於外國史;鄭氏治臺時期,臺灣史是「國史中的國別史」;清領時期,臺灣史是清廷的地方史;日據時期,臺灣史屬於外國史;光復初期(1945—1949)臺灣史是中國的地方史;「中華民國在臺灣」時期(1949年迄今)是「國史中的國別史」。這種主張,從表面上看是客觀的,對所有的統治者一視同仁,實際上關鍵在於它迴避了一個要害問題,即臺灣主權的歸屬問題。

從以上介紹可以看出,臺灣方面對臺灣史的研究存在各種不同的史觀,相互之間存在分歧,而這些史觀與大陸學者的分歧更大。因此,史觀問題是從事臺灣史研究必須重視的一個問題。那麼,為什麼會出現這些不同的史觀?不同史觀的關鍵問題何在?這是需要探討的問題。

二、史觀問題歸根結蒂是認同問題

在臺灣史研究方面，兩岸現有不同的史觀都是與政治立場分不開的。大陸堅持兩岸統一的立場，在史觀上必然認定「臺灣史是中國史的一個組成部分」；「臺獨」主張「一邊一國」「獨立建國」，在史觀上則力圖切斷與大陸的聯繫，「去中國化」；有些人主張「維持現狀」，在史觀上則強調「臺灣主體」「臺灣中心」，淡化和模糊與中國大陸的關係。張亞中在談論史觀問題與政治問題的關係時提出一個重要的見解，他認為「史觀」是「論述」的基礎、「論述」是「政策」的依據，「政策」的實踐又會強化「史觀」的認知，三者之間有著因果關係。[7]這個觀點值得重視。

從史觀與政治的關係必然引出認同問題，許多研究歷史與教育的臺灣學者不約而同地談到這個問題。王汎森指出：「不同的歷史教科書把人們劃分成不同的歷史世界，而歷史知識之不同亦大幅影響了人們的政治認同與政治抉擇。」[8]劉阿榮認為「臺獨」的「去中國化」是「將中華文化的文化認同及中華民國的國家認同，轉化成為臺灣文化或隱含的『臺灣國』的文化認同與國家認同」。[9]王晴佳指出：所謂認同本土，在實際的層面上，也就意味著要認同臺灣。所謂從人民立場出發，就是認同臺灣的歷史是臺灣人的歷史。「臺灣史教學與研究的廣泛開展，本身反映了臺灣人歷史、認同意識的轉化，同時這些教學與研究的開展，又促使臺灣民眾與知識界更深入地考慮認同的問題。」[10]蔡篤堅指出研究口述歷史，是要「勾勒出與臺灣認同發展相關的視野」，「開創臺灣認同的定位」。[11]陳翠蓮在《臺灣人的抵抗與認同》一書中，描繪了從戰後初期臺灣人認同祖國，到「認定臺灣與中國的差異、我者與他者的區別」，直至「國族認同」的轉變過程。[12]宋佩芬則認為歷史教科書從「國編本」到《認識臺灣》再到「一綱多本」，「臺灣史的詮釋轉變，並沒有改變臺灣藉由教育，以國族歷史形塑國家認同的本質」。[13]

總之，臺灣許多歷史書籍力圖「強化臺灣認同」，「建構臺灣國家認同」，「獨」派學者明確提出「臺灣史才是國史」，[14]近年來的中小學的歷史教育也在這個方面發生影響。「事實上，改變臺灣青少年的歷史認同與國族認同，從小

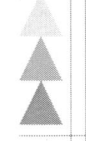

學歷史教育即已著手,現在已經達到目的了。透過歷史教育,讓青少年意識到臺灣史是我們的歷史,中國史是中國人的歷史,進一步意識到:我們是臺灣人,臺灣的歷史才是我們的歷史。在本質上,這已經不是教育改革,而是『國族認同』的改造了。」[15]

政治學者張亞中更明確地提出:「史觀不同,認同則必然相異。同樣的,去其認同必先去其史觀。」「杜正勝的『同心圓史觀』是綠營用來建構一邊一國認同的工具。」[16]楊開煌也指出:所謂「臺獨史觀」是指那種企圖以臺灣的史料來證明臺灣不屬於中國,以便為「臺獨」政治主張尋找證據和歷史合法性的一種解釋臺灣歷史的觀點。他們企圖「掌握臺灣歷史的解釋權,只有透過歷史,才有可能去塑造新的認同,才有可能將反中國的鬥爭長期延續」。[17]大陸學者張海鵬所寫的《關於臺灣史研究中「國家認同」與臺灣史主體性問題的思考》一文,也敏銳地觀察到在臺灣史研究中「認同」問題是一個關鍵。[18]

三、對「認同臺灣」要作具體分析

所謂認同問題,就是要回答「我是誰」的問題,在臺灣,關鍵就是「認同臺灣」還是「認同中國」的問題。這裡存在四種可能:一是「認同臺灣,不認同中國」;二是「認同臺灣,也認同『中華民國』」;三是「認同中國,不認同臺灣」;四是「認同臺灣,也認同中國」。

對大陸學者來說,關鍵是如何理解「認同臺灣」的問題。「臺灣認同」一方面是對「我者」的歸屬感,另一方面則是對「他者」的區隔,而這「他者」就是「中國」,因為國際上認同的「中國」是中華人民共和國。於是出現兩種對立的看法:有人認為認同臺灣人,就是不認同中國人,是對中國的背叛,就是「臺獨」;有人則認為認同臺灣人只是與認同「中國大陸人」相區別,表明二者有不同的特點,並非與「中國人」處於敵對關係,認同臺灣不等於認同「臺獨」。

關於「臺灣認同」要作具體分析,至少要考慮以下幾點:第一,生活在臺灣的環境中,認同臺灣是正常的現象。大家都住在臺灣這個地方,大家都受到臺灣現有的文化(包括語言、文字)的影響,大家都經歷過臺灣近幾十年的歷史,有共同的歷史記憶,大家都生活在臺灣現有的政治、經濟、社會制度之下,有共同

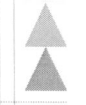

的生活經驗。這一切都使得臺灣民眾對臺灣這塊土地有「歸屬感」，也把他們與不是生活在臺灣環境下的人（大陸人）區別開來。第二，認同臺灣不完全等同於政治態度，或者說認同臺灣主要是一種社會認同。目前臺灣多數人選擇維持現狀，那些以認同臺灣來與大陸對抗、主張「臺獨」的人畢竟是少數。所以認同臺灣不等於認同「臺獨」，同樣，「臺灣意識」不等於「臺獨意識」，「臺灣史觀」不等於「臺獨史觀」。第三，認同臺灣與認同中國不一定對立。生活在臺灣，認同臺灣，要建立臺灣命運共同體，這是正常的。如果生活在同一地區、同一社會制度下的臺灣民眾都不能認同和尊重自己所屬的「臺灣人」群體，他們怎麼可能接受生活在不同地區、不同社會制度下的「大陸人」群體並形成「中國人認同」、建立起命運共同體呢？所以，「只能認同中國，不能認同臺灣」、「必須拋棄『臺灣認同』，而以『祖國認同』來取代」的看法是不切實際的。

現在臺灣已經有不少人主張臺灣應當建立「雙認同」，即「我是臺灣人，也是中國人」，還有人提出「雙重認同」、「共同認同」、「兩岸認同」、「重疊認同」、「整個中國認同」、「兩岸人民的認同」等等，這種可能性是否存在，值得研究。

現在認同「既是臺灣人，又是中國人」的占40%左右，加上認同中國人的已經在四成以上。換句話說，有四成以上不排斥、不放棄「中國人認同」。在民族認同方面，大約有八成認同「中華民族」，約有六成認同「兩岸同屬中華民族」。在文化認同方面，大約也有七八成認同自己是「文化上的中國人」。青年一代也有不少人存在「雙重認同」的意願。隨著兩岸交流交往的發展，兩岸人民在友好合作方面將建立美好的共同的集體記憶，在這種情況下，以往排他性的認同就有轉化為雙重認同的可能。從兩岸關係和平發展的方向來看，「雙重認同」是符合兩岸人民共同利益的一種取向，實現雙重認同的可能性是存在的。當然，這種建立在新的關係的基礎上的雙重認同不會是自然形成的，需要經過兩岸雙方共同努力消除種種障礙，有意識地、有計劃地共同去建構。[19]所以，不要害怕認同上的差異，而要努力建構新的認同，在這個方面，兩岸臺灣史研究可以透過交流與對話作出自己的貢獻。

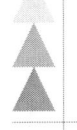

四、要開展平等的對話

兩岸學者在臺灣史研究方面存在不同的史觀，對具體歷史也有不同的看法，如果各自堅持自己的史觀，就無法開展對話。對於大陸學者的觀點，臺灣方面很可能視之為「中共史觀」，一概拒絕，而臺灣學者的觀點，大陸方面很可能認為是片面的「臺灣史觀」，甚至是「臺獨史觀」，而加以批判，或是「各講各話，永無交集」。這不是兩岸交流的正確態度。

臺灣學者楊渡指出：「兩岸對於1949年以前的共同歷史，或國共內戰的歷史，實際上也有歧異，因為對於過去的抗日戰爭和國共內戰，國民黨寫國民黨的版本，共產黨寫共產黨的版本，以致兩岸對歷史的解釋很不一樣，對歷史真相所注重的點也不一樣。因此，如果對過去共同歷史的認知都不一樣，或者認識不足，兩岸要真正的瞭解對方，或者形成共識，就會有相當的難度。」[20]陳福裕也指出：「多年來我在推動兩岸青年交流工作過程中，兩岸在歷史解釋上的不同（例如關於國共兩黨在抗日戰爭中的角色和貢獻），就經常成為臺灣青年在國家認同上的障礙。因此，要正確處理臺灣人民的認同問題，首先就要正視兩岸在近代化過程中歷史經驗的差異性，並且透過這種對差異性的理解和包容，為一百多年來，兩岸人民在帝國主義壓迫下追求民族生存、發展與復興的奮鬥過程，書寫出民族的共同篇章。」[21]這裡提出一個重要的問題，即兩岸在歷史解釋上的不同會導致認同上的障礙，抗日戰爭史如此，臺灣史也是如此。所以，我想有必要針對兩岸在臺灣史解釋上的不同，以及「兩岸在近代化過程中歷史經驗的差異性」，展開平等的對話，爭取作出能夠互相理解和包容的解釋，這可能是兩岸臺灣史研究交流中的一項值得重視的工作。

我認為兩岸臺灣史研究在史觀方面都存在一些問題，包括長期形成的一些並不正確的「固化的觀念」和「既定的結論」，因而對臺灣史的解釋存在許多差異，這需要雙方作一番整理與反思，選擇一些重要問題，深入研究，展開對話。

就大陸方面來說，在歷史研究和教學方面就有不少「固化的觀念」和「既定的結論」，諸如「大一統」、「五階段論」、「起義模式」「變法模式」等等。[22]這些觀念是否正確，大家沒有去認真思考。這也涉及對臺灣歷史事實的看

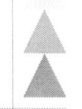

法。葛劍雄教授舉了一個例子:「過去的歷史教科書都強調早在三國時期孫權就派衛溫、諸葛直到了臺灣,以此證明臺灣自古以來是中國的領土,卻從未講到衛溫、諸葛直去的目的是什麼。(譚其驤)老師讓我們查閱史料,一看才知道他們是去擄掠人口的。書本以此證明大陸跟臺灣從那時起就是友好往來,這一方面是歪曲歷史,另外對促進兩岸統一也沒好處。」[23]同樣,有人為了論證「自古」的觀點,竟然說早在「一千八百年前臺灣就是中國的一個州」,把「夷洲」說成是臨海郡的「一個州」,我曾經寫過文章批評這個錯誤。[24]此外,有人說元代在澎湖設置巡檢司「管轄臺澎地區」,實際上巡檢司的巡檢只是一個最小的官,九品或從九品,澎湖36島都管不了,怎能管轄整個「臺澎地區」?這說明「自古」的說法並不準確,我曾經在中國社會科學院臺灣史研究中心召開的一次學術會議上表示:「嚴謹的學術語言應當與政治語言有所不同。」

同樣,我們常說的「臺灣史是中國歷史的一部分」這句話也值得推敲。1895年以前的臺灣史可以說是中國歷史的一部分,但1895年後臺灣在日本殖民統治之下,它的歷史就很難說是中國歷史的一部分了。陳福裕指出:「中國大陸從乙未割臺之後,走過了戊戌變法、辛亥革命,最後在半封建半殖民社會基礎上,透過新民主主義革命自力更生地走向今日的『社會主義初級階段』的發展道路;臺灣則在日本殖民統治、戰後新殖民體系的附庸性發展下完成了國家資本主義積累,最後在後冷戰時期實現了資產階級民主。」[25]是的,這個時期的中國史經歷過中華民國的建立、軍閥混戰、北伐戰爭、土地革命、抗日戰爭、解放戰爭,這些歷史過程臺灣都沒有參與,臺灣史怎能成為中國史的一部分呢?1949年以後的中國史是社會主義革命與社會主義建設的歷史,臺灣史也不可能成為這樣的中國史的一部分。當然,即使在日據時代或戰後,臺灣的歷史與整個中國的歷史都有密切的關係,抗日戰爭導致臺灣光復,近幾十年來兩岸關係的變化和發展,就是一個證明。但「一部分」的籠統說法畢竟是不夠貼切的,需要研究出一種更加準確、更有說服力的提法。

臺灣方面也有「固化的觀念」,例如,有不少臺灣史的論著和教科書對日本殖民統治時期的「近代化建設」採取完全肯定的態度,有所謂「糖業王國」「米糖王國」「糖業現代化」之類的說法,對於「近代化的民生設施」,用「交通的

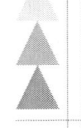

整頓、電子資源的開發、新式教育的建設、發展米糧經濟、灌溉埤圳的整頓、嘉南大圳的貢獻、農作物品種的改良、金融環境的革新、財政的獨立自主」等等話語全面歌頌日本殖民者的功績，卻不提及殖民主義的掠奪本質及其對臺灣民眾的傷害。這樣的史觀當然不能令人信服，在臺灣也有不同的意見。

兩岸在具體歷史的看法上也存在差異。例如，對鄭成功收復臺灣的看法。大陸肯定鄭成功收復臺灣，臺灣有的學者也有同樣看法，但另一些學者則認為不能說「收復臺灣」的問題，只能說是「攻占臺灣」或「進取臺灣」。[26]對鄭成功進軍臺灣的動機也有不同看法。[27]對於鄭成功的評價，一方面出現中國大陸、臺灣以及日本都把他稱為「民族英雄」的情況：日本人把他當做「日本民族的兒子」，認為「日本血統賦予鄭成功尚武精神和勇氣」，使他成為「偉大的武士」，「蔣介石的中華民國從鄭成功抵抗大陸敵軍的故事和他跨過海峽光復失地的渴望中吸取了靈感。作為三軍統帥，蔣介石自己有時候也被稱為現代鄭成功，但是臺灣顯然想要避免鄭氏家族的命運」；中國大陸的教科書把「鄭成功稱作中華民族的英雄，這是為了紀念他英勇地從荷蘭帝國主義侵略者的魔爪中『收復臺灣』。他的豐功偉績是『愛國主義歷史』敘述中的關鍵部分，這種敘述給鄭成功反帝國主義者的身份提供了證明」。[28]另一方面，也有分歧：「對荷蘭，鄭成功乃殘暴者。對大清帝國，鄭成功由逆臣漸變為御外英雄。對日本殖民當局，鄭成功展現大和魂，其節操源自母系日本血緣。而蔣介石，視鄭成功為志在『光復大陸』之復臺英雄。對北京當局，鄭成功又為驅逐外國勢力，收復臺灣回歸中國之英雄。現今，臺灣主體論者，則有外來政權之質疑。」[29]民進黨在這個方面看法有過一些變化：「以前民進黨尚未執政前，因為鄭成功將臺灣改名為『東都』，鄭經又將東都改為『東寧』，自稱『東寧王國』。當時英國人還稱他為『臺灣王國』或『福爾摩沙王國』，所以把他當作『臺獨』的象徵。但如今面對大陸的崛起，經濟上越來越依賴對岸，當權者在政治上為了教導人民『仇中恨中』（戒嚴時代叫做『仇匪恨匪』），於是他又變成了討厭的『外來政權』。」[30]最近民進黨人士許添財表示：「因為有鄭成功，在東南半壁維護了海權，當時明末清初這樣脆弱的社會階段，才不至於被西方霸權所侵占。」他指出，鄭成功文化中的國際精神、開拓精神、和平精神非常值得借鑑。[31]看法與以往不

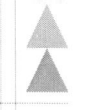

同。

　　總之，兩岸存在不同的史觀，這就影響到對具體歷史的不同看法，類似這樣的問題，應當可以透過兩岸的交流，得到切合實際的處理。因此，為了提升臺灣史研究的水平，兩岸學界有必要建立臺灣史研究的交流平台，先進行廣泛的交流，暢所欲言，提出各種各樣的問題，然後加以整理，有步驟地開展平等的對話和交流，相信這對雙方都會有好處的。

關於「臺灣島史」和「臺灣史觀」

　　近來臺灣正在組織力量編寫「臺灣近代史」，我們作為臺灣歷史研究者，對此感到十分高興。這是在修誌的基礎上又向前跨進了一步。近年來臺灣史學界在臺灣歷史研究上有了顯著的成績，湧現出一批比較年輕的學者，他們有紮實的功底和開闊的視野，如果能夠依靠這支力量，相信會寫出頗具水準的學術著作。我願祝他們獲得成功。

　　關於怎樣研究和編寫臺灣歷史，臺灣學者有過不少議論，其中不乏精闢的見解。現在僅就「臺灣島史」和「臺灣史觀」兩種主張，提出個人的一些看法，參加討論。

　　曹永和先生提出「臺灣島史」的概念，目的在於「跳脫國家單位的範圍，而朝人民的、區域的歷史去發展」，以利於「研究境界的提升，顯露臺灣歷史的真實面貌」。臺灣島史顯然和以往用過的「臺灣史」、「臺灣通史」、「臺灣人……史」之類的概念有所不同，它強調的是「以島上人群為研究主體」，而淡化「政治的變遷」和「漢人的觀點」。

　　陳芳明先生認為在臺灣歷史研究中存在著「中原史觀」、「帝王史觀」、「國民黨史觀」、「共產黨史觀」，為了「摒除這些外緣性的解釋」，必須「回

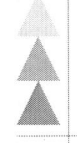

歸到臺灣史觀」。所謂「臺灣史觀」，根據陳先生的文章，似乎強調的是「臺灣歷史的內在結構」和「臺灣人民的主體性」，「亦即以臺灣住民、臺灣社會為主體的歷史解釋」。

以上兩個概念都很新穎，也有一定的道理。例如，在歷史上，臺灣曾經是福建省的一個府，或是中國的一個省，或是荷蘭的臺灣長官、日本的臺灣總督統治下的一個殖民地，從來不是一個國家，所以用「臺灣史」、「臺灣通史」都不恰當，而用「臺灣省史」也不能涵蓋各個歷史時期，用「臺灣人……史」是別出心裁的，但它卻具有明顯的政治含義，相比之下，用「臺灣島史」不失為一種可取的辦法。至於強調人民的主體性，重視本地社會的內在結構等等，也都是很好的見解。

曹、陳二先生以及其他學者的文章涉及以下三種觀點，即人民立場、世界史視野、獨立的歷史舞台，我想就此加以討論。

人民立場

人民立場，即「站在人民的立場研究歷史、解釋歷史」，強調臺灣人民的主體性。這個主張是針對過去的帝王史觀、站在統治者的立場研究歷史而提出的，也是針對只重視政治史，或對臺灣歷史任意作「政治性解釋」的傾向而提出的。從唯物史觀看來，這個看法是正確的。人民是歷史的主體，寫歷史就要寫人民的歷史，要站在人民的立場解釋歷史。研究歷史不能只研究政治，而且要研究社會、經濟、文化等領域，從經濟基礎到上層建築都要進行綜合性的研究。因此，在臺灣歷史研究方面，我們重視普通人民的歷史，重視移民在開發臺灣過程中的生活狀況，透過對社會結構、社會組織、社會矛盾、社會變遷等方面的考察，進而探討各階層人民的精神文化和思想意識。我們認為只有在全面深入研究的基礎上，才能得出科學的結論。多年來臺灣學者開展跨學科的研究，廣泛進行田野調查，努力發掘各種契約文書以及族譜等資料，這些工作是很有意義的。

現在的問題是怎樣才能體現人民立場。過去有幾種著作都表明自己是站在人民的立場寫歷史，例如：莊嘉農的《憤怒的臺灣》，作者在自序中就表明了這個觀點；王育德寫《苦悶的臺灣》則強調「從臺灣人的觀點出發」；史明《臺灣人

四百年史》更明確地指出該書是「站在臺灣人勞苦大隊伍的立場」。但是，眾所周知，這三本書的立場卻相距甚遠，前者被看做是「左翼史觀」或「共產黨史觀」的著作，後二者則被列為「臺獨史觀」的代表作，當然，還有右派與左派之分。可以說，在當今歷史條件下，幾乎沒有人會表明自己要站在帝王的角度、統治者的立場來寫歷史，大家都說自己站在人民的立場，可是寫出的歷史卻大不一樣。可見標榜人民的立場和真正站在人民立場是有差別的。怎樣才算站在人民立場，怎樣才算體現了「臺灣人民的主體性」，這些問題不僅在理論上，而且在寫作實踐上，都有必要透過討論得出明確的看法。

漢人中心

在臺灣人民主體性方面還涉及「漢人中心」問題。有的學者指出，過去探討臺灣歷史「多以漢人為中心」，現在則傾向於「族群互動的關係」，「以求去除漢人唯我中心主義的觀念」。

在歷史研究中，反對大民族主義，反對民族歧視，提倡各民族一律平等，尊重少數民族的歷史，這都是對的。問題在於如何實事求是地反映多民族地區的歷史面貌。如果一個少數民族地區的歷史，不以該民族為主體，而以漢人為中心，那當然是不對的；但是，如果在以漢人為主的地區，不以漢人為中心，那也是不對的。寫臺灣歷史，肯定會涉及臺灣少數民族，但畢竟在很長的時間裡，漢人占臺灣人口的絕大多數，如果不以絕大多數人為中心，那怎麼能夠體現臺灣人民的主體性呢？如果把主要精力用於研究臺灣少數民族，或研究「族群互動關係」，而忽略了移民社會、漢人社會的研究，那豈不是本末倒置嗎？看來在批評一種傾向時，就應當防止出現另一種傾向。

世界史視野

研究一個地區的歷史，不能只限於本地區，應當從更大的範圍來研究，要有更廣闊的視野，有人還提出歷史研究應當「立足全世界」的概念。我們認為一個地區不能孤立地存在，它必然與外界發生各種各樣的聯繫，這種聯繫本身就是歷史研究的對象，也是本地區歷史的一個部分。至於瞭解世界的「大氣候」，對於瞭解一個地區以及對本地區的「定位」也具有重要意義。可是臺灣一些學者強調

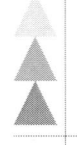

「國際架構」、「世界史視野」，似乎是為了擺脫中國的影響。他們主張「臺灣史的研究不能只侷限於中國史的範疇之觀點立論，只有站在世界史的觀點才能看到臺灣在歷史與未來所扮演的角色」，根據這個觀點，他們得出臺灣歷史經常不在「中國大陸政治圈」和「中國大陸經濟圈」之內的結論。

根據系統論的原理，可以把世界看做一個大系統，各個地區文明，如歐洲文明區、中國文明區、印度文明區、中亞文明區等則是它的子系統。在子系統內部，整體與部分、部分與部分之間的關係，一般說來要比這個系統以外密切得多。這是符合系統論層次性原則的。「世界史視野」可以幫助我們弄清臺灣在系統中的地位，臺灣與周圍地區及其他地區的相互關係；弄清這些關係的大小、親疏、深淺，才不會把不同層次的關係等同起來。戴國煇先生指出，「在地球上，而且在亞洲太平洋圈，加上在中國大陸的周圍，臺灣地區本身所占坐標軸的重估，可能也是迫切的課題。」我想，在研究臺灣歷史時，也需要在世界史視野之下，找到各個時期臺灣所處的位置。

獨立的歷史舞台

獨立的歷史舞台，或「將臺灣史視為一個獨立的發展的單位」，這顯然是針對「把臺灣史作為中國史的一部分」，或「把臺灣史當做母國歷史的一個支流」而提出的。論者未說明「獨立」的含義，究竟是指在政治上、經濟上、文化上獨立於中國之外，還是指臺灣歷史有其特殊性，需要作為一個獨立的單位來進行研究。其實，現代史學中的「地區研究」或「區域研究」就注意到各個地區有其特點，因而對它們逐個地進行單獨的研究。這種研究有助於發現這一地區不同於其他地區的特殊性和特殊規律，甚至一個地區獨有的發展道路，這不僅體現出歷史的多樣性，而且可以補充和豐富國別史的內容。但是，如果過分強調特殊性，把某個地區當做孤立的地區進行研究，而砍掉它與其他地區實際存在的種種聯繫，「其結果必然會傾向於把這些地區同總的歷史割裂開來」（Geoffrey Barraclough：《當代史學主要趨勢》）。

「獨立的歷史舞台」又是作為所謂「中華民族主義指導下的歷史解釋」的對立物而提出的。後者可能是指不顧臺灣歷史的特殊性，硬把臺灣歷史塞進中國史

的框架裡,「硬性把推翻滿清、北伐統一、抗戰剿匪、反共抗俄的四段論法套在臺灣現代史上」之類的做法。這種只講歷史的共同性,不講歷史的特殊性的觀點當然是不對的。但是,如果反過來只講特殊性,不講共同性,也不符合歷史的真實。在臺灣歷史研究中,已經出現過以反對「中華民族主義」為名,而實際上卻宣揚一種更為狹隘的民族主義的現象,甚至還製造出「特殊民族」之類的「理論」,那距離科學的歷史觀就更遠了。

（臺灣《中國論壇》）

參考書目：

1.曹永和：《臺灣史研究的另一個途徑——「臺灣島史」概念》,《中研院臺灣史田野研究通訊》,第15期,1990年6月。

2.陳芳明：《朝向臺灣史觀的建立》,《美洲時報周刊》,316—317頁,1991年3月。

3.鄭欽仁：《生死存亡年代的臺灣》,稻鄉出版社,1989年2月。

臺灣史的分期和框架

《中國論壇》三十一卷第十一期刊出《「臺灣史研究」的歷史反省》一文,黃富三、許雪姬、鄭欽仁三位教授就臺灣史研究的一些重要問題發表了很好的見解。我想就其中有關「斷代」和「框架」這兩個問題,提出一些意見參加討論。

所謂「斷代」,指的是「時代的斷限」,但「斷代」也容易被理解為「改朝換代」,因而很自然地會與「政權興替」「統治權力的更迭」相聯繫。實際上,斷代就是分期,在幾位教授的談話中這兩個詞是交互使用的,大陸學者則習慣於使用「分期」這個詞。

那麼,臺灣史應當怎樣分期呢？我們和臺灣學者一樣,通常把臺灣史分為六個時期：即古代（或稱早期）、荷據時代、鄭氏時代、清代、日據時代、戰後。這樣的分期實際上只是圖個方便,如果深入地加以分析,就會發現不少問題。正如幾位教授所指出的,以政權作為斷代的依據,忽略了以人民為歷史主體以及社

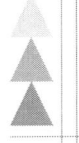

會經濟的變革等等重要問題。這裡就涉及一個重要的理論問題——歷史分期究竟要以什麼為標準。

以政權興替、權力更迭為標準，是傳統的分期方法，現在看來是不很科學的。

唯物史觀認為，一定社會發展階段上生產關係的總和，構成這個社會的經濟基礎，而建立在一定經濟基礎上的社會意識形態以及與它相適應的政治、法律制度則是這個社會的上層建築。一定的經濟基礎和上層建築的有機的統一，構成特定的社會形態。社會形態性質和特徵就是由經濟基礎和上層建築的相互關係所決定的。依據這個原理，人們就可能對人類社會的結構及其發展規律作出科學的解釋。一些歷史學家把這個原理應用於歷史分期，用社會形態作為分期的標準，從經濟基礎和上層建築的各個方面，說明後一時期不同於前一時期的本質特徵，從社會性質的高度對歷史時期作出科學的劃分。

就臺灣史來說，從古到今，社會形態經歷過如下的變化：

古代，基本上處在原始社會階段，在其後期，漢人開始移入臺灣，在社會經濟方面開始出現一些變化，但由於時間較短，社會形態並沒有發生根本的變化。

荷據時代，臺灣西部和北部的部分地區淪為荷蘭、西班牙的殖民地，在「王田」制度下，殖民者成為領主，耕種者成為農奴。

鄭氏統治時期和清代前期（1661—1660），可以劃為一個時期，這時大陸社會的經濟關係以及政治制度等逐漸移植到臺灣，臺灣的社會形態和大陸傳統社會基本上一致，即地主與農民構成社會的主要生產關係。

清代後期（1860—1895），外國勢力逐漸侵入臺灣，安平、淡水、雞籠、打狗四個口岸先後開放，島內經濟的發展和城鎮的繁榮，資本主義生產關係逐漸形成和發展，社會形態向半封建半殖民地轉化。

日據時期，日本壟斷資本，包括國家資本、金融資本、產業資本，全面控制了臺灣經濟，在農村則是封建的土地關係，臺灣淪為殖民地社會。

戰後臺灣逐步向資本主義社會轉化。

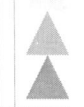

如果採用這樣的分期，就可以避免以政權更迭為標準所帶來的問題。首先，它不僅考察政治變革的歷史，而且重視經濟、社會發展的歷史，它可以說明，生產力的發展、經濟的進步引起生產關係的變化，經濟基礎和上層建築也相應發生變化，由此導致整個社會結構的變化和社會形態的更替。其次，它也可以說明上層建築對經濟基礎的反作用，政權更迭對與它相適應的經濟基礎的形成、鞏固與發展所起的作用。再次，它有助於闡明人民主體的觀點，說明人民群眾在生產發展以及經濟、社會和政治變革中的作用。最後，它也有助於說明臺灣歷史的特殊性，因為按上述標準，臺灣歷史的分期和中國歷史既有共同點，又不完全一致，從而顯示出它的特點。

所謂框架問題，實際上就是在臺灣史研究中，究竟應當把臺灣看做一個單一主體，還是應當把它看做是中國史的一部分。三位教授的看法可以簡述如下：

一、臺灣框架：臺灣社會是漢人建立的，受中國因素的影響永遠是最強烈的，但在異族統治時期飽受外來影響，所以臺灣社會不能等同於大陸社會，而應當把它當成單一主體進行研究。

二、政權歸屬框架：清代臺灣可以納入中國歷史的框架，日據時代則要放在日本殖民地的框架下，1945—1949年回到中國框架，此後兩岸隔絕，就不再納入中國框架。

三、世界史框架：不能只用中國或臺灣的眼光來衡量，要從世界史的角度來思考。

對這個問題，拙作《關於「臺灣島史」和「臺灣史觀」》一文（《中國論壇》三十一卷第十一期）曾經提出如下看法：1.「世界史視野」，可以幫助我們弄清臺灣在世界史上的地位，臺灣與周圍地區及其他地區的相互關係；弄清這些關係的大小、親疏、深淺，才不會把不同層次的關係等同起來。2.對一個地區的歷史進行單獨的研究，有助於發現這一地區不同於其他地區的特殊性，但過分強調特殊性，而把某個地區孤立起來，砍掉它與其他地區實際存在的關係，就會產生割裂歷史的錯誤。這就是說，臺灣史研究既可以有「世界史視野」，又可以把它作為一個單一主體，但都要避免片面性，這是研究方法問題，應當可以多樣

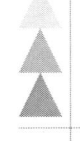

臺灣史事解讀

化。問題在於,「框架」的要害是:臺灣歷史是不是中國歷史的一部分?

臺灣是中國領土的一個組成部分,能否由此推論,臺灣歷史就是中國歷史的一部分呢?這個問題之所以提出,主要是由於臺灣曾經先後淪為荷蘭和日本的殖民地,近40多年來又同中國大陸處於隔絕狀態。因此,籠統地說臺灣歷史是中國歷史的一部分,在某些時期似乎講不通,於是有人乾脆給予否定的回答。

我們不妨按照上述分期作一下具體分析。

古代,由臺灣少數民族和漢人移民開發臺灣,影響最大的是來自中國大陸的因素。荷據時期,臺灣在政治上、經濟上受到荷蘭入侵的影響,但整個社會仍然以原住民和漢人移民為主體,他們是臺灣的開發者和主人,臺灣歷史並沒有成為荷蘭歷史的一部分。鄭氏時期和清代前期,臺灣和大陸的關係日益密切,臺灣歷史成為中國封建社會晚期歷史的一個組成部分。清代後期,臺灣歷史是中國半封建半殖民地歷史的一個組成部分。

關鍵在於日據時期,需要加以著重考察。臺灣淪為日本的殖民地長達50年之久,在這個時期臺灣在政治、經濟、社會生活各個方面與日本有十分密切的關係,而與中國大陸的關係則疏遠了。但是臺灣人民與中國大陸人民建立在共同文化基礎上的民族意識則是相連的,這種歷史文化關係是無法砍斷的。日本殖民者所編的《警察沿革誌》總序寫道:「漢民族系統的本島人,雖已改隸四十餘年,至今風俗、習慣、語言、信仰等各方面卻仍沿襲舊貌,由此可見,其不輕易拋除漢民族意識。」日本軍人松井石根也說:「居住在臺灣者,無論是福建人或是廣東人,今天表面上雖說是日本國民,但由於其歷史原因,大部分人卻並未懷有這種心理。……從福建來的人,腦子中根深柢固的觀念就是:臺灣是福建的領土,是福建人即漢民族的土地。」(《臺灣統治四十年回顧》,《東洋》特輯號,1935年)日據時代臺灣發生過許多抗日活動,在前期提出「奉清征倭」「驅逐日寇,光復本島」之類的口號,在後期也還站在中國人的立場進行抗爭。「臺灣獨立革命」負責人李友邦的話表達了在當時特定歷史條件下臺灣人民的心聲:「第一,必須以臺灣作為日本帝國主義者的殖民地而向他爭取獨立;第二,又須以臺灣作為中國之一部分而適應著全民的需求歸返祖國。」(《臺灣先鋒》第一

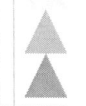

期》）當時臺灣人民的抗日活動和中國大陸有著密切的關係，中國人民的抗日戰爭更與臺灣的命運息息相關。所以，從人民主體看日據時期的歷史，應當說，當時臺灣人民抗日活動的主流是站在中國人的立場反對日本殖民者，而不是作為「日本國民」去反對日本統治。

當然，強調這個觀點並不是要抹殺日本統治對當時臺灣的重大影響，而是為了說明，儘管在日本殖民統治之下，臺灣已成為日本領土的一部分，但臺灣歷史和中國歷史仍然有著不可分割的關係。所以，說到框架，即使在日據時期，臺灣歷史和中國歷史仍然有著不可分割的關係。

至於1949年以後的40多年，兩岸處於隔絕狀態，這是一種相當特殊的歷史現象，在這種情況下，兩岸各自走出自己的道路，差異很大，兩岸歷史的發展就不能用同一個框架來解釋。但是，隔絕不等於沒有關係，從戰爭、敵對，到緩和、交往、競爭、對話、互動……都是相互關係的表現。就以臺灣內部來說，長達38年的戒嚴令和維持到1991年的「動員戡亂體制」，還有臨時條款、「萬年國會」、省籍矛盾、龐大的軍費開支以及當前圍繞著臺灣前途的統「獨」之爭，凡此種種，都是由臺灣與大陸的關係所決定的，可見當代臺灣歷史不能擺脫與大陸的關係。

所以，關於框架問題，我想可以得出這樣的看法：臺灣史研究需要有「世界史視野」，也可以把它當做單一主體來研究。這裡說的是研究方法，而不涉及政治歸屬。就政治歸屬來說，臺灣是中國領土的一個組成部分。所以在正常狀態下，臺灣歷史理應放在中國歷史的框架中進行研究；而在非常狀態下（如日據時期和當代），則應當根據當時臺灣的實際，實事求是地反映它與中國大陸以及其他國家的相互關係。只用一個簡單的框架，不足以說明臺灣歷史的真實。

（《中國論壇》）

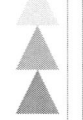

臺灣學者對臺灣歷史的研究

本文是一份學術動態資料，提供有興趣研究臺灣歷史的大陸學者參考。

一、總的印象

臺灣學術界對臺灣歷史的研究，基本上是學術性的，但在不同時期有不同的政治內涵，有時還有相當強烈的政治色彩。過去臺灣史的研究曾經是一個敏感的領域，人們不願意或不敢去接觸它，當然，傳統的地方史的研究仍在進行，但沒有引起學術界的興趣和重視。

近年來，由於本土化的發展，人們要求瞭解本地的真實歷史，有些人對過去的歷史解釋感到不滿足，要求有新的解釋。在這種情況下，臺灣史研究成為一個熱點，被視為「顯學」。

臺灣學者在史料收集方面下了不少工夫，除了文獻資料以外，還複製了許多檔案、地方文書的顯微膠卷，並且進行廣泛的田野調查，記述了不少口述歷史。

在研究方面也是相當認真的，他們注意歷史學與其他學科的結合，在理論上和方法上都有所創新，取得了一定的成績。但是，有些中青年學者帶著某種政治偏見，標榜以臺灣為主體，力圖割斷臺灣與大陸的歷史聯繫，這種以臺灣史研究為「臺獨」主張尋找歷史依據的傾向，尚未引起臺灣學術界足夠的重視。

臺灣學術界對大陸學者的臺灣史研究已經有所評介，有些大陸學者有關臺灣歷史的著作已在臺灣出版，有些論文已經在臺灣報刊上發表或轉載，有些論著已被臺灣所引用。民進黨籍「立委」便是以大陸有些學者專門研究臺灣史而臺灣卻沒有專門研究臺灣史的機構為理由，要求在中研院設立臺灣史研究所。總的來說，他們也認為大陸學者的研究是學術性的，但也有相當的政治色彩。過去大陸學者強調臺灣自古是中國領土，而且講得越古越好，強調臺灣的風俗、習慣、文化、社會等等都與大陸相同，只講共同性，不講或少講臺灣歷史的特殊性，引起臺灣人民的不滿。他們認為不瞭解臺灣歷史的特殊性，就不可能瞭解當代臺灣人民的心態，就是不尊重臺灣人民的表現。學術研究的生命力就在於它的學術性，只有從學術的角度進行深入的探討，才能得出有說服力的論點，

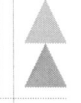

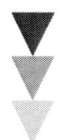

才能得到學術界的肯定。我們對臺灣歷史的解釋，如果是建立在學術的基礎上，相信會得到臺灣學術界的重視。至於那些主張「臺獨」的人，他們有的已經把「臺獨」當做自己的信仰，無論是進行學術研究還是政治批判，要說服他們都是相當困難的。

二、基本情況

1.研究機構

中研院臺灣史田野研究室，1986年成立。由三民所、史語所、民族所、近代史所的有關人員組成。該研究室一方面從事資料蒐集工作，整理地方古文書，包括寺廟台帳、族譜等等，一方面按計劃進行專題研究。他們做了不少田野工作。此外，還出版了一些書目和通訊。該研究室藏有「外交部」、「經濟部」檔案，總督府財務部檔案，以及田野調查所得的古文書。民族學所從事漢人和少數民族民間社會調查，對家族、宗族、民間信仰等都作了比較深入的研究。三民所舉辦過多次「中國海洋發展史研討會」，出版了五本論文集。

中研院學者們的研究水平較高，有理論框架，資料也比較豐富，注意進行多學科的綜合研究，觀點較新。他們的論文題目有：族群關係與文化分立、土地公廟——聚落的指標、宗族的發展與社會的整合、土地關係之形成與國家的角色、從政治精英角度分析「二二八事件」等等，在選題上都有所講究。現在準備在該研究室的基礎上成立臺灣史研究所，已經設立籌備處，由臺大歷史系黃富三教授擔任主任。屬於中研院系統的研究臺灣史的學者有莊英章、賴澤涵、陳秋坤、許雪姬、林美容、林滿紅、張炎憲、臧振華等。這個研究所成立之後，臺灣史的研究將得到有力的推進。

臺灣大學臺灣研究室、歷史系臺灣史教研室，1990年成立。臺大藏有日據時代留下的大批臺灣史資料，其中包括淡新檔案、岸裡社檔案以及荷蘭文書等。近年又從英國、日本、荷蘭等地複製了大批顯微膠卷，有可能成為臺灣史研究的另一個中心。研究人員有黃富三、吳密察、曹永和（已退休）等。

臺灣省文獻委員會，1949年成立，是臺灣省屬的研究典藏機構，在南投縣中興新村，有漂亮的建築物和不少檔案資料，主要有臺灣總督府公文、專賣局檔

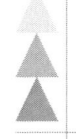

案、臺灣拓殖株式會社檔案、光復後省級機關逾期檔案等。文獻會從事本地歷史、民間風俗和文物的研究，出版《臺灣文獻》。近來也進行「二二八」史料的收集和研究，並主持編撰《臺灣近代史》，年底即將出版。該會聯繫了一批地方文史工作者，他們在地方文獻的蒐集和田野調查方面做了不少工作。

此外，吳三連臺灣史料基金會、清華大學臺灣研究室、林本源基金會、臺灣史蹟研究中心以及「國策中心」、財團法人臺灣研究基金會等，也從事或贊助臺灣史的研究。民間學術團體臺灣史研究會也聯絡了一批研究者，他們是最早同大陸學者進行交流的學術團體。各大學開設臺灣史課程的教師也是一支重要的研究力量。早在50年代，臺大已經開設臺灣史課，後來，主要在70年代以後，其他大學也相繼開設。現在在各校講授臺灣史的教授有黃富三、吳密察、張勝彥、戴寶村、吳文星、石萬壽、尹章義、黃秀政、張炎憲等。

2.主要刊物和工具書

最早出版的臺灣史刊物是《臺灣文獻》，1949年創刊，省文獻會編印。由林本源基金會發行的《臺灣風物》也有40多年的歷史，1951年創刊。《史聯雜誌》由臺灣史蹟研究中心出版，創刊於1982年。中研院臺灣史田野研究室出版的《臺灣史田野研究通訊》，1986年創刊，季刊，訊息量相當大，是幫助我們瞭解臺灣史研究動態的重要刊物。《臺灣史料研究》由吳三連臺灣史料基金會主辦，半年刊，1993年創刊，才出兩期。此外，《中國時報》從今年2月開始，每月出版一期臺灣史專刊，每期有一個中心。《聯合報》、《當代》雜誌、《思與言》雜誌、《臺灣春秋》、《臺灣新文化》以及《中國論壇》（已停刊）等報刊都有臺灣史的文章。各縣的文史刊物，如宜蘭文獻等對瞭解當地的歷史也有幫助。

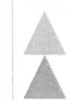

近年來，臺灣學者編出不少工具書，為研究臺灣歷史提供了方便，主要有：《臺灣地區文獻會期刊總索引》，高賢治編，1989年；《臺灣史關係文獻書目》，張炎憲編，1989年；《臺灣漢人移民史研究書目》，張炎憲編，1989年；《臺灣平埔族研究書目》，莊英章編，1988年。還有民族學所編的《臺灣農業與農村發展研究文獻書目》、《臺灣民間信仰研究書目》等等。

3.研究課題與重要著作

近年來，臺灣學術界相當重視對「二二八事件」的研究，這當然和臺灣的政治狀況有關，大陸學者編的「二二八」資料集也在臺灣出版。此外，有關開發史和移民史的研究也受到重視，諸如移民的祖籍分布、族群關係、聚落與社群組織、家族與宗族、祭祀圈、租佃關係等，都作了相當深入的研究。

考古、傳統民居等也是專業學者經常研究的課題。臺灣學者對日據時期和光復初期也作了一定的研究，這是臺灣史上值得深入研究的問題。近來報刊上發表有關臺灣歷史上的民主運動、臺灣史上的五次談判、兩岸經貿三百年等，這可能是他們感興趣的問題。

至今為止，臺灣還沒有一部公認的有水平的通史性的臺灣史著作，已出版的最大部頭的臺灣史是史明的《臺灣人四百年史》，但是臺灣學者不認為這是一部學術著作，他們說這是一本運動性的書，實際上是「臺獨」的宣傳品。王育德的《苦悶的臺灣》也是一本宣傳「臺獨」的小冊子。至於方豪的《臺灣民族運動小史》、郭廷以的《臺灣史事概說》也都不是臺灣史的重要著作。省文獻會編的《臺灣史》和《臺灣省通志》都比較粗糙。當然，有水平的臺灣史專著也不少，其中較具影響的有：戴炎輝的《清代臺灣之鄉治》、曹永和的《臺灣早期歷史研究》、陳紹馨的《人口變遷與社會變遷》、陳其南的《臺灣的中國傳統社會》、李國祁的《中國現代化的區域研究——閩浙臺地區（1869—1916）》、李亦園的《臺灣土著民族的社會與文化》等。戴國煇的《臺灣總體相》、天下雜誌的《發現臺灣》是影響較大的通俗性臺灣史讀物。臺灣省文獻會約請了一批學者編撰《臺灣近代史》，我們期待著它的出版。

三、一些重要的觀點

臺灣學者在臺灣史研究方面提出了不少新的見解，這裡只能就有關史學理論方面的一些觀點加以評介。

1.「臺灣主體論」。這是針對過去以中國為主體的做法而提出的。有些學者認為過去統治臺灣的都是外來政權，過去的歷史都是由當權者作出解釋，其中充滿著「中原史觀」和「國民黨史觀」。過去美國、日本的學者把臺灣作為研究中

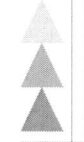

國史的代用品,也不是以臺灣為主體, 現在應當以臺灣人民為主體,以臺灣社會為主體,才能正確地解釋臺灣的歷史。從唯物史觀來看, 以人民為主體無疑是正確的。但是現在臺灣已經出現各種不同觀點的臺灣史著作,他們都說自己是站在臺灣人民的立場,所以究竟是不是以人民為主體,還需要歷史的檢驗。

2.「獨立的歷史舞台」。這是針對把臺灣史作為中國史的一部分、把臺灣史作為中國地方史而提出的。有人主張「 將臺灣史視為一個獨立發展的單位」,強調臺灣史的特殊性,反對所謂正統論、統一論、中國中心主義、中華民族主義、漢人中心史觀等。歷史學的地域研究就是注意地區的特點,而對它進行單獨的研究,從而發現這一地區不同於其他地區的特殊性和特殊規律。但是如果過分強調特殊性,而故意砍掉它與其他地區實際存在的歷史聯繫, 那就不是科學的態度。

3.「世界史視野」。這種主張認為臺灣歷史應當與全世界的歷史聯繫起來研究, 其目的是要擺脫中國史的影響。研究任何地區的歷史都不能脫離整個世界的歷史,都要有全球的觀點, 才能站得高看得遠,但是如果無視客觀存在的實際聯繫, 故意抹殺歷史上的關係, 那就不能在世界歷史的坐標上找到這個地區在各個時期所處的位置。

4.臺灣史的分期與框架。有些學者指出, 臺灣歷史與大陸不大一樣,不能以中國的標準對臺灣歷史進行分期,有的學者還認為不能用「政權興替」進行斷代,但是他們還沒有提出究竟要以什麼標準進行分期。至於框架,他們提出了臺灣框架、政權歸屬框架、世界史框架三種。有人認為在日據時期,臺灣是日本領土的一部分,應當放在日本殖民地的框架裡研究,二次大戰以後,臺灣歷史與大陸歷史有很大不同,應當放在不同的框架中研究。這些學術性的問題當然需要經過深入的研討,才能更加接近科學。但是,這裡有一個要害問題,那就是臺灣歷史究竟是不是中國歷史的一部分。這裡需要明確的是,政治歸屬是一回事,歷史研究的方法是另一回事,沒有必要把二者混淆起來。

以上只是根據個人的接觸作一個簡要的介紹,從中不難看出臺灣史領域還有不少可以研究的問題,這裡還有一片廣闊天地,希望有興趣的學者參與研究,並

且同臺灣學者開展交流，共同促進學術水平的提高。

（《臺灣研究》）

臺灣歷史與兩岸關係

引起人們重視的歷史研究，往往與現實生活有密切的關係。義大利哲學家克羅齊（Benedetto Croce）說：「只有現在生活中的興趣方能使人去研究過去的事實。因此，這種過去的事實只要和現在生活的一種興趣打成一片，它就不是針對一種過去的興趣而是針對一種現在的興趣的。」（《歷史學的理論和實際》）當前臺灣歷史之所以引起人們的興趣，在臺灣還被視為「顯學」，主要是因為與現實生活中的臺灣問題以及臺灣的前途與歷史有關，人們迫切希望從歷史中尋求答案。歷史的作用在於幫助人們去看清現實，因為現實本身是由歷史形成的，是和歷史不可分割的。

要有是非標準

最近我們出版了一本《臺灣歷史綱要》，概括地闡明了我們對臺灣歷史的基本看法。在臺灣，有的學者認為這是一場「兩岸的歷史戰爭」，因為「一方強化臺灣為中國一部分的記憶，一方以失憶來脫離中國認同，它可能正在為兄弟鬩牆鋪路」。（《聯合報》1996年6月21日11版）其實，我們只是正面地闡明自己的觀點，沒有針對任何觀點進行批駁，沒有和任何人「作戰」。如果正確地闡明歷史事實被認為是「強化」的話，那麼這種「強化」並不能算是什麼問題；而有意的「失憶」則是企圖抹殺歷史事實、「再造歷史」，那才是有問題的。因此，把「強化」和「失憶」同等看待，各打五十大板，甚至都扣上「為政者的意識形態工具」的帽子，這並不是公正的態度。因為這裡應當有一個是非標準：凡是客觀地實事求是地闡述臺灣的歷史，還歷史以本來的面目，就應當看做是嚴肅的學術性的著作；而有意迴避某些歷史事實，甚至歪曲、捏造臺灣的歷史，為某種政治目的服務，那才屬於「工具」之列。二者的區分是很明顯的，不能混為一談。

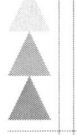

臺灣史事解讀

還有的學者認為《臺灣歷史綱要》的出版是為了「糾正」流行於臺灣的歷史「謬說」，這也是一個誤會。實際上，在臺灣歷史方面，許多臺灣學者作過相當深入的研究，在很多問題上，我們的看法是相同或相似的。《綱要》引用了不少臺灣學者的觀點，這是有目共睹的。我們絕對沒有否定臺灣歷史學者的研究，更不會把他們的研究一概說成是「謬說」。當然，我們對某些學者或某些政界人士有關臺灣歷史的論說有不同的看法，在《綱要》中只是正面地闡述我們的看法，並沒有針對不同的觀點進行批評。我們認為有不同的看法是正常的，在學術問題上展開爭論、對錯誤的觀點加以批評和糾正也都是正常的。隨著研究的深入，今後在這方面的討論必然會增多，打打「筆墨官司」也不足為奇。但這裡沒有「戰爭」，也沒有居高臨下的「糾正」，我們追求的是真正的學術研究。

不需要強化的記憶

只要回顧一下臺灣的歷史，誰都不能不承認臺灣是中國的一部分，這個記憶是不需要特別加以強化的。臺灣是中國人民開發的，主要來自福建、廣東的移民是開發臺灣的主力。臺灣的歷史首先是中國人民在這塊土地上生息、開發、交往、抗爭的歷史，過去如此，現在也是如此。臺灣之所以有今天，是長期以來臺灣人民共同奮鬥的結果，這本來是眾所皆知的事實，《綱要》也給予充分的肯定。可是由於有人企圖抹殺這個事實，製造「歷史失憶」，把日本侵占以前的臺灣說成是「無主之地」，所以才需要講講臺灣歷史的ABC，幫助他們「恢復記憶」。我們提醒大家，荷據時期荷蘭人曾經對日本人說過：「臺灣土地不屬於日本人，而是屬於中國皇帝。」至於明鄭時期和清代，臺灣的歸屬更加明確，人們大概不會忘記臺灣曾經是福建省的一個府，長達200年之久。

《綱要》用了一定的篇幅描述各個時期臺灣經濟、社會的發展進程，勞動、生產、交換、分配、土地的開拓、商業的發展、人們之間的相互關係、社會結構的演變、矛盾與衝突、交往與融合，這些日復一日、年復一年經常存在的最普遍、最平凡的社會歷史現象，說明了臺灣人民始終是這塊土地的主人。臺灣人民在長期的生活中，與福建、廣東有著十分密切的往來，這本來是臺灣歷史的重要組成部分，如實地記載這方面的歷史事實，可以更清楚地看出中國人民開發臺

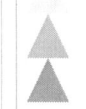

灣、建設臺灣、保衛臺灣的歷史功績。這樣的記憶是不應當淡忘的。

共性與個性

臺灣歷史作為中國歷史的一個組成部分，它與全國的歷史有著共性；但臺灣作為中國的一個比較特殊的地區，它的歷史也必然有其特殊性。如果只強調共同性，而忽略其特殊性，就不能正確地認識臺灣的歷史，也不能正確地認識臺灣的現實；如果只強調其特殊性，而忽略了共同性，就不能正確地認識歷史上的兩岸關係和當前的兩岸關係，也無法正確地認識和對待臺灣的前途問題。

臺灣是中國的領土；臺灣人民都是中華民族的成員；臺灣主要是由福建、廣東的移民開發的；臺灣的語言、文化、心理特點等等都和福建、廣東相同或相似；臺灣與福建、廣東有著特別密切的關係。這些共同性是在臺灣歷史上經常起作用的因素。早在明鄭時期，中國的政治、文教制度就已經移植到臺灣。清代臺灣在政治、經濟、社會、文化等各個方面都與中國大陸，特別是福建、廣東，有許多共同性。大到社會制度，小到民間信仰、社會組織，都很相似。在外國勢力入侵的時代，兩岸人民更是共呼吸、同命運，共同開展了反抗外國侵略的鬥爭。即使在臺灣被日本侵占的時代，兩岸人民建立在共同民族文化基礎上的民族意識是息息相通的。連日本人也承認臺灣人民的民族意識牢不可破，「故其以支那為祖國的情感難於拂拭，乃是不爭的事實」。（《臺灣社會運動史》第一冊）

另一方面，臺灣歷史也有其特殊性。它作為開發比較晚的地區，在相當長的時間內，是一個移民社會，它與定居社會相比，有不少特點。諸如：人口結構以移民為主，遊民在其中占有相當大的比重，社會結構以祖籍地緣關係為主進行組合，不同族群之間的分類械鬥經常發生；在政權結構上，官府的力量比較單薄，無力進行有效的統治；在與母體社會（福建、廣東）的關係上，比與其他地區要密切得多，但由於移民社會還處在組合過程中，各種社會關係、社會制度、文化教育等等還處在粗放的、初級的、不完備、不穩定的階段，和母體社會還有一定的差異；等等。當然，在日本統治時期和國民黨統治時期，臺灣與祖國大陸走上了不同的發展道路，不論在社會性質、經濟結構、政治制度以及意識形態等方面，都存在很大的差別。這些歷史的特殊性，是客觀存在的，既不能任意誇大，

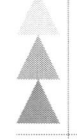

也不能置之不理。它需要人們加以認真的研究，得到明確的認識，才能相互理解和正確對待。

不應當有的「歷史失憶」

只要客觀地對待臺灣的歷史，就會承認在歷史上兩岸有著密切的關係。一切企圖製造「歷史失憶」的人，說穿了就是要砍斷歷史上的兩岸關係，進而砍斷現實的兩岸關係。他們把承認歷史上的兩岸關係的人，一律斥之為「大中華觀念」，斥之為「民族主義」；在他們眼中，這些全是錯誤的消極的東西，不僅要在現實生活中把它剷除，而且要把它從歷史上連根拔掉。他們已經「製造」了不少「歷史」，這裡只舉幾個例子：

有人說，臺灣從荷據時代開始，就不在中國的經濟圈內。這可能是「臺獨理論家」史明的發明，但在他那裡還是羞羞答答的不敢肯定，他只說：「臺灣幾乎已成為和中國不同的另外一個經濟圈。」（《臺灣人四百年史》上冊）到了一個作家那裡，就變成「臺灣自荷蘭起就已脫離大陸封建經濟圈」。一所著名大學的某位歷史學教授也持同樣觀點。看來這位教授的臺灣史知識還不如史明，史明還不敢完全抹殺兩岸經濟往來的歷史事實，而這位教授卻無視於眾多的史料。實際上，荷蘭侵占時期臺灣的海上貿易是中國海上貿易的一個組成部分，當年的大員是中國對外貿易的轉運中心之一，主要將中國的生絲、絲織品、瓷器運往日本和巴達維亞。供應和推銷貨物也主要依靠大陸商人，特別是鄭芝龍及其手下的大商人。在大陸發生戰爭、大陸商人參與爭奪貨源的情況下，臺灣的轉口貿易便漸趨衰落。至於清代前期，臺灣基本上沒有和外國發生什麼關係。在貿易方面，臺灣學者林滿紅指出：「一六八三年清朝統治臺灣以後，到一八六〇年臺灣對西方開放貿易以前，大陸都成為臺灣對外貿易的唯一對象。」（《四百年來的兩岸分合》）到了近代，臺灣和大陸沿海一些地區一樣，開放了通商口岸，對外貿易有所發展，但臺灣與大陸的關係仍然相當密切，仍有許多中國帆船航行在大陸和臺灣之間，臺灣的大米、蔗糖運往大陸，大陸的貨物進口量比開港前有所增加。可見，臺灣早已脫離中國「經濟圈」的說法完全不符合歷史的真實。為什麼有人卻熱衷於「製造」這樣的「歷史」，而讓真正的歷史「失憶」呢？

有人說，臺灣人的祖先來臺灣是為了「放棄中國，不願意受中國的統治，這種特性是臺灣人民存在和發展的歷史基礎」。（《彭明敏看臺灣》）還有人說，臺灣人的祖先是為了追求自由而來的。這未免對臺灣歷史、中國歷史、世界歷史過於無知。當年的移民多數是失地或少地的農民，他們為了謀求生活出路而渡海來臺，這是最主要的原因。還有一些有產者則以招佃來臺開墾，作為致富的重要門路。除了那些逃犯以外，沒有人是為了追求自由而來的，也沒有人會對故鄉懷有天大的仇恨，一定要「放棄中國」。相反，許多移民還返回祖籍地娶親、搬眷、招徠鄉黨共同開發；在他們居住的地方，往往取了故鄉的地名，諸如南安、同安、大埔、鎮子以及田心、大溪、田中央等等，以示對故鄉的懷念。移民們還經常回祖籍祭祖、修墳、蓋祠堂、修祖譜；甚至在他們死後，還要在墓碑上刻寫祖籍地名，如安邑、靖邑、銀同、金浦、溫陵等等，為他們的後代留下尋根的依據。這些大量存在的事實，充分說明了臺灣人民向來沒有忘記自己的故鄉，人們至今還很容易在臺灣找到這類根據。如果早期的移民得知自己的子孫後代竟然說他們是為了「放棄中國」而來的，不知道會把他們氣成什麼樣子。

有人說，「日據當初，臺灣是荒蕪之地，可說是世界上最落伍、最野蠻的地方」（《彭明敏看臺灣》），這是對臺灣歷史完全無知的表現。大家知道，經過臺灣人民幾百年的開發和建設，到了19世紀後期，臺灣已經開始走上近代化的道路。當時臺灣出現了全國最早的自辦的電報業和新式郵政、全國最早投產的新式大煤礦，在全省出現了第一條鐵路、第一臺電話、第一枚郵票、第一盞電燈、第一所新式學校。臺灣作為新建的行省，近代化的成績後來居上，成為全國最先進的省份之一，這是臺灣人民的光榮。可是那些製造「歷史失憶」的人卻妄圖抹殺這一段光榮的歷史，把當時的臺灣汙衊為「荒蕪之地」，不但「最落伍」，而且「最野蠻」，這是對臺灣人祖先最大的不敬和最大的汙辱！

有人說，「中國是出賣臺灣的國家」。他指的是甲午戰爭後臺灣被日本侵占的事。不少臺灣學者都指出，日本侵占臺灣是蓄謀已久的。在當時帝國主義蓄意瓜分中國的形勢下，日本早已將侵占臺灣，建立「南進」基地，作為其擴張帝國霸權的目標。1874年日本出兵侵犯臺灣，是實現這個圖謀的第一次嘗試。在甲午戰爭中，奪取臺灣就是日本的一個重要任務。所以，《馬關條約》首先是日本

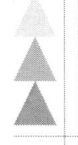

侵略中國的結果，其次是清朝政府妥協屈服的結果。上述論者既不譴責日本侵略者，又不譴責腐敗的清朝政府，而把整個國家和人民作為批判的對象。似乎日本侵占臺灣的罪責不僅要由當時的整個中國來承擔，而且還要怪罪到現在的中國政府和人民，要今天的中國政府和人民為日本侵占臺灣負責。這樣的說法是以曲解歷史的手法，煽動對祖國的不滿，才真正是「對國人為害甚深」。

諸如此類的「歷史失憶」還可以舉出很多，但是其目的只有一個，就是極力醜化中國，力圖抹殺臺灣和祖國大陸的歷史關係，為分裂祖國的政治目的服務。他們說的不是歷史，更談不上學術，但它製造出臺灣歷史的不少盲點，對不明真相的人們有一定的迷惑力和欺騙性，所以歷史學界才有責任給予澄清。

對待兩岸關係的不同態度

歷史上的兩岸關係是客觀存在的事實，本來沒有必要加以強調。只是由於有人有意製造「失憶」，有意切斷歷史上的關係，才把這些問題重新提到人們面前。當然，重提歷史上的兩岸關係，原因還在於「現在的興趣」，人們真正關心的是現在兩岸關係的發展。

現在的兩岸關係是過去的兩岸關係的繼續和發展。由於近百年的分隔，兩岸從對抗到緩和，從良性互動到實現統一，需要一個長期的、艱苦的過程。在這個過程中，出現一些曲折、反覆是很自然的，不足為奇的。問題在於我們對當前的兩岸關係應當採取什麼樣的態度。促進兩岸關係的良性互動，直至實現祖國的和平統一、中華民族的振興，是包括臺灣同胞在內的全體中國人民的最大福祉。所有的促進兩岸的團結，引向和平與統一的言論與行動，都是有利於人民的，應當受到支持和鼓勵；所有煽動兩岸對抗，導致戰爭與分裂的言論與行動，都是不利於中國人民和中華民族的，都應當受到批評和反對。

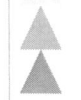

在臺灣歷史研究上，誰是誰非，自有歷史的客觀依據、學術的標準。同時，也有一個政治標準，那就是上述的兩種態度。以這個標準來衡量，誰真正為臺灣人民的福祉乃至中國人民的福祉說話，就會明明白白地呈現在人們的面前。

（《歷史月刊》）

臺灣文化與中華文化關係的歷史探討

近年來，關於臺灣文化與中華文化的關係問題，臺灣學術界進行了一些探討，提出了不同的看法。本文試圖將臺灣文化放在中華文化乃至世界文化的大背景下進行考察，透過歷史的比較分析說明臺灣文化與中華文化的關係，並且提出一些問題與臺灣學者商榷。

一、臺灣文化與中華文化的一致性

一般說來，「文化」包括三層涵義：首先，它是指人類一切創造性活動的成果，在這裡，稱之為「物質文化」，例如器皿、舟車、技藝，等等；其次，它是指制度，包括維持人與人之間關係、群體與群體關係的每個社會特有的社會結構和倫理關係，等等；第三，就是狹義上的意識形態範疇的精神文化，包括政治、宗教、藝術、科技、教育、心理、信仰、風俗習慣、價值觀、道德觀等等人類特有的行為模式、思想模式和感情模式 。通常所指的文化偏重於第三層次，或稱為行為文化和心態文化。

文化是民族的產物，民族是文化結合的第一層面。中華民族在數千年的歷史過程中，透過各民族的融合，強化了中國境內各民族間的聯繫紐帶，民族共同體諸因素日益完備，共同的民族文化也日益發展。中華文化就是在民族的拓展過程中，以漢族為主導，融合了各民族文化，而形成了自己的文化特質，體現出中華民族的民族精神。

從歷史上看，臺灣是一個移民社會，臺灣人民是中華民族的成員，漢族向來占最大比重。臺灣主要是由福建、廣東移民開發的，隨著移民不斷移居臺灣，中華文化也在臺灣得以傳播。人類學家常將文化分為高層文化（包括宗教、道德、政治、經濟、文學、藝術、人生觀、倫理觀等決定社會群體進步和趨向的主要動力的主流文化）和常民文化（包括衣、食、住、民間信仰、風俗習慣等相對於主流文化的次層文化）。早期移居臺灣的漢人（主要是閩、粵兩省的福佬人和客家人）所帶去的首先是常民文化，這種文化和高層文化相比，似乎更具有強韌性和適應性。我們不僅看到臺灣和閩粵兩省在衣著、飲食、居住、民間工藝等風格上

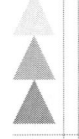

臺灣史事解讀

十分一致,還發現兩地有著共同的風俗習慣、民間信仰,諸如敬天思想、祖先祭祀、神祇崇拜、婚喪禮俗、歲時習俗以及長期盛行的養子之風,還可以在兩地民眾身上發現共同的樸實、健康、吃苦耐勞的個性心理和生活方式。隨著移民數量的增加和臺灣的開拓,大陸的政治制度、經濟制度、倫理制度、家族制度、教育制度以及價值觀念、道德觀念等意識形態也逐漸傳入臺灣,甚至所謂的「精英文化」,諸如儒家思想以及其他傳統文化也對臺灣「上層社會」發生影響。

語言是文化結合的一個重要層面,語言是在共同的生產和生活實踐中形成的。長期以來,臺灣漢人社會使用的語言是和閩、粵兩省一樣的閩南話和客家話,直到現在,臺灣所流行的還是和大陸一樣的普通話(臺灣稱為「國語」)、閩南話和客家話,今天臺灣的閩南話和泉州、漳州、廈門一帶的閩南話之間已有細微差別,但彼此交談並沒有什麼困難。這種狀況就如同泉州腔和漳州腔之間,雖然有一點差別,但都屬於閩南話。有人把臺灣話以及用臺灣話演唱的歌仔戲視為臺灣文化不同於中華文化的一種表現,實際上臺灣話即福佬話,完全來自福建的閩南話,被視為臺灣文化瑰寶的歌仔戲,從故事、道具、服飾、樂器到唱腔,和閩南完全一樣。客家話的情況也一樣。同樣,臺灣使用的文字也是和大陸的主要文字一樣——方塊漢字。用共同的語言和文字進行思考、表達和溝通,這是共同文化中的民族特點的一個重要的表現。

臺灣人民和大陸人民在民族性格、價值觀念這個層面上也體現了廣泛的一致性,這就是所謂「民族特徵的一致性」或「一致的國民性」。這種具有共同品質和風格的國民性,只能透過瀏覽兩地文化構成的各種各樣的特質和集結來領悟它,卻很難用精確的語言來表述。在較普遍的觀念中如好惡、心理取向、行為道德的通常原則、處理家庭關係及應酬人際關係等方面兩岸有許多共同點。大陸和臺灣不僅共同存在著中華文化的優良傳統,而且在民族性格和觀念中的弱點,也是十分相似的。換句話說,國民性的積極面和劣根性在海峽兩岸都有所反映。在這個方面,外國人往往更加容易察覺和發現。正如菲力普·巴格比所說的「我們經常地用他的文化,而不是他所加入的社會來辨別一個中國人。他的服飾、言談、習俗和如此等等之物,較之他究竟居住在臺灣、新加坡、舊金山還是中國本土來得更重要」。[32]

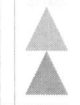

總之，文化是具有民族特徵的，民族語言、民族性格、民族傳統等構成民族文化的獨特性，這使得一種文化可以區別於另一種文化。以上我們粗略地從文化結合的幾個重要層面上討論了臺灣文化與中華文化的關係，可以看出，二者之間的一致性是基本的，首要的。因此，我們可以說，臺灣文化傳承了中華文化的傳統，在總體上和中華是一致的。

二、臺灣文化的特殊性

唯物史觀認為，文化作為上層建築的一個組成部分，它的發展受到經濟基礎的制約，反過來，也對經濟基礎發生影響。社會物質生產的發展、社會制度的變化對文化發生作用。此外，文化結構內部各個層面、各個要素之間的相互作用，外部因素的影響（生態環境、政治條件與其他民族文化的聯繫等）也對文化的發展發生作用。中國幅員遼闊，各個地區的差異相當大，各個地區一方面具有中華文化的基本特徵，另一方面往往由於特殊的歷史背景、地理環境和社會經濟條件，形成了地區文化的獨特性。這就是「地區性文化」或所謂的「亞文化」。早期的秦文化、楚文化、齊魯文化、吳越文化到近代的海派文化、內地文化的區分，都說明了這一點。

臺灣由於地處海島，開發較晚，歷史上又曾受日本的殖民統治，近半個世紀以來與大陸隔絕，社會制度不同，與外族文化聯繫的情況也不同，諸如此類因素，使得臺灣與中國大陸在文化上產生了一些差異。這種差異與同一社會性質條件下的地區性文化相比，更具有特殊性。因此，我們贊成用「臺灣文化」一詞，以便更深入地研究這種亞文化的特性。

文化是歷史的投影，是歷史可以理解的方面。臺灣歷史的特殊性造就了臺灣文化獨特性的一面。從歷史上看，在漢移民大量來臺之前，臺灣本島上居住的是南島語族的「原住民」。公元16世紀末、17世紀初臺灣西南部海岸還有四萬餘人的平埔人　，「平埔各族人在漢人移入本島以後，先後為漢人所同化。現在絕大部分人和漢人沒有區別，已被歸入漢人人口之中」。[33]所以臺灣少數民族文化（土著文化）構成臺灣文化的一個獨特部分，但只是次要部分。

1624—1662年臺灣被荷蘭殖民者侵占了38年，但因時間不長，範圍不大，

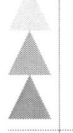

臺灣史事解讀

從現在看來,所謂「荷西文化」對臺灣文化的影響可以說是微乎其微,更談不上是臺灣文化的一個組成部分了。

鄭氏時代和清朝統治時期,共233年,大陸移民大量來臺,除了帶來原鄉的傳統文化之外,還在新環境的鬥爭中形成了一種較為獨特的「移民精神」,包括熱情浪漫、冒險患難精神和理想主義。同時,由於不同祖籍的移民之間頻繁地進行「分類械鬥」,在移民中逐漸形成了一種「分類意識」的狹隘的地方主義觀念。

甲午戰爭,清朝戰敗,1895年將臺灣割讓給日本,此後50年,臺灣成了日本的殖民地,在社會性質和政治制度上都和祖國大陸有很大差別。在文化領域裡,大多數臺灣人民仍然保持中華文化,保持了強烈的中國意識。但是日本極力推行同化政策和「皇民化」政策,要「把所謂『日本國民精神』滲透到島民生活的每一個細節中去,以確實達到內臺如一的境地」。[34]禁止使用漢文,代之以日文,封閉中國式寺廟,毀神像,改「參拜」日本神社,改中國服裝為日本和服,改中國姓名為日本姓名(1940年的「改姓名運動」),禁止中國民間節日活動等等,強制臺灣人民接受日本文化。日本殖民者的政策,雖然摧毀不了傳統的中華文化,但卻「在很大程度上侵犯了臺灣同胞十分珍視的民族文化傳統和獨立精神,破壞了臺胞世代相傳的宗教信仰和生活習慣」。[35]同時,「在少數臺灣人的意識中留下了始終不能平復的傷痕」,[36]成一種「被殖民心態」,親日媚日,在某種程度上產生了「日本化」的傾向,甚至少數臺籍知識分子「老是依據日本人的觀點去看問題,去判定事物」。[37]日本殖民統治下,臺灣居民產生了以下幾種意識:認同於日本的「日本意識」;被遺棄、無力自救的「孤兒意識」;要求創造臺灣獨特文化、做臺灣主人的「臺灣意識」。可見 ,日據50年對臺灣文化特殊性的形成發生了重大影響。

1945年臺灣光復到現在40多年間,臺灣和大陸走上了不同的道路,不僅政治制度、經濟制度完全不同,在文化上也有明顯的差異。中國大陸以馬列主義、毛澤東思想為指導,批判繼承了中華文化的遺產,吸收世界文化的優秀成果,正在建設有中國特色的社會主義文化。臺灣方面　　　,一面提倡中華文化的「復

興」，重視傳統文化，很少進行批判，自認為在傳統文化上比中國大陸「更具持續性」「更具中國性格」；一方面接受歐美、日本文化的極大影響，不少上層官員和高級知識分子留學美國、日本等，親美、親日的輿論相當普遍，所以，西方文化在臺灣社會生活中占據突出的地位。此外，還有人鼓吹建立「超脫於中華文化的臺灣文化」。顯然，當代臺灣與大陸在政治、經濟制度上的差異，導致文化上的明顯差異。因此，在瞭解臺灣與大陸在文化上的一致性的同時，不能不重視臺灣文化的特殊性。

三、臺灣文化、中華文化與世界文化

文化具有延續性和變異性，文化的自我保持是一種文化能夠生存的必要條件，文化的自我更新是一種文化能夠發展的必要條件。這裡就涉及保持傳統文化與吸收外來文化的問題。中華文化在它的發展過程中，曾經不斷地吸收外來文化，使西方文化與中國傳統文化相結合、相融會，但又保持自己的獨立性，因此能夠成為一個獨立發展的文化體系。今後，中華文化仍然要吸收世界文化的優秀成果，使世界文化與民族文化相結合，現代文化與傳統文化相結合，創造出中華民族的新文化。

中國各個地區由於與外來文化接觸的情況不同，各地區性文化的組成成分也有所不同。例如：東北地區除了漢文化以外，還有滿族文化，還吸收了日本文化、俄羅斯文化、朝鮮文化等；西北地區則保留了西域文化、伊斯蘭文化的成分。

臺灣文化在自己的發展過程中，也吸收了一些外來文化，這是不可否認的事實，問題在於應當怎樣看待這個問題。某些臺灣學者提出以下幾種論點，我們認為有必要加以商榷。

（一）他們認為「中華文化只是臺灣文化的一部分」，否認臺灣文化和中華文化的一致性。這種觀點認為臺灣文化完全不同於中華文化，而是一個完全異於中華文化的獨立文化實體；或者只承認中華文化是臺灣文化眾多成分中的一種成分。有的學者認為：「臺灣文化不同於中華文化或大陸漢文化，臺灣文化自成一個系統。自長濱文化（一萬五千年）開始到今天，它包括了山地文化、荷西

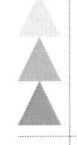

文化、滿清文化、日本文化、大陸沿海漢文化、國民黨買辦封建文化、美歐文化，錯雜交會，終而塑造了自己的面目，大大的與大陸傳統的漢文化不同。以這個基礎，就形成了『臺灣民族』而和吞併主義的『中華民族』完全劃開關係了。」[38]

有的學者認為臺灣文化有五大淵源：「原住民」文化、漢移民原鄉文化、漢移民社會移民文化、各宗教教派文化、日本和歐美文化。[39]

以上「七種成分論」和「五大淵源」都想從臺灣文化組成部分的紛繁複雜來證明臺灣文化不同於中華文化。我們並不否認文化的多元性和地區性，也不否認不同文化的相互影響，關鍵是：所謂的各種文化成分和文化淵源在整體文化中各占多少比重？其中，核心的、占主導地位的文化成分又是什麼？很顯然，「七種成分論」和「五大淵源論」都迴避了這些關鍵的問題，而不分清主次，就無法確定一個事物的性質。「七種成分論」中的「滿清文化」、「大陸沿海漢文化」、「國民黨買辦封建文化」都屬於同一成分、同一文化系統。所謂的「滿清文化」，如果指的是以清代統治者為代表的滿族文化，當時在中國各地多少有一些影響，而對臺灣來說，影響則十分微弱，更沒有形成臺灣文化的一個組成部分。清代臺灣文化和大陸（特別是閩、粵兩省）文化基本上是一致的。同樣，「五大淵源論」中的「漢移民原鄉文化」和「漢移民社會的移民文化」也屬於同一淵源。在這些「成分」和「淵源」中中華文化始終占主導地位，成為臺灣文化核心。就是說，臺灣文化仍舊屬於中華文化。至於其他「成分」和「淵源」在臺灣文化中有什麼地位呢？

先看「原住民」文化（或山地文化），它的確是臺灣文化中的一個成分，但正如「原住民」的人口及語言在臺灣所占的比例一樣，占2%的人口、語言的文化並不是決定臺灣文化特質的因素。況且，還有人認為「原住民」文化也是中華文化的一個支流。[40]荷蘭人據臺時間短，範圍小，而且當時臺灣人口很少，距今久遠，已經很難舉出「荷西文化」還有什麼具有深層影響力的表現了。至於日本文化和歐美文化確實對臺灣文化產生較大影響。日據時代的50年以及戰後的40年臺灣與日本文化的密切關係，都使日本對臺灣發生了較大影響，戰後美國

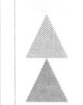

及西方文化對臺灣的影響也十分明顯。這些因素都是導致今日臺灣文化與大陸文化差異的重要因素，但它們遠遠不足以構成臺灣文化的核心和主體部分，這些衝擊也不足以改變臺灣文化的基本內核。日據時代臺灣人民保存了中華文化傳統，建立在共同文化基礎之上的民族意識成為聯繫臺灣人民的精神紐帶。美國及西方文化的影響，也沒有使臺灣「全盤西化」，文化的內核和文化特質仍然沒有改變。開放探親以來形成的「尋根熱」、「探親熱」、「大陸熱」，表明了臺灣人民在文化認同上的主流。由此可見，那種「臺灣文化不屬於中華文化」、「中華文化僅是臺灣文化一部分」的論調顯然是錯誤的。當前，大陸與臺灣存在著文化的差異性和多樣性，但這不是文化內核、特質上的差異，在世界性的文化交流日益頻繁的文明狀態下，地方的「獨特文化分解成了只不過是民族文化中的地方性或地區差異」而已。[41]

（二） 他們認為中華文化是「舊傳統」，是「時代改革的包袱」。有的學者指出，臺灣文化「一方面來自大陸移植而來的文化，另一方面是外來的世界性的文化，兩者交織而成」，又說「臺灣文化有舊傳統和新傳統兩部分。舊傳統是指華人數千年來傳承的文化；新傳統即臺灣數百年來發展的文化，包括戰後40年來與大陸分道揚鑣之發展而有若干國際化的文化」，其中，「舊傳統成為時代改革的包袱」。[42]還有人認為「漢文化成為一種文化災難」，因而主張臺灣文化應當「和中華文化劃開」，應當「超脫於中華文化」，應當「從中國人意識的糾纏中走出來」。這些論點至少有以下幾個錯誤：

第一，他們認為中華文化是固定不變的，而其他文化卻都在進步中。這種看法既不符合文化的延續性和變異性理論，也不符合千百年來中華文化發展的事實。

第二，他們認為中華文化只有糟粕沒有精華，而外來文化則只有精華沒有糟粕。這是一種典型的文化虛無主義。中華傳統文化中保存著不少優秀的成果，受到世界各國人民的尊重和欽佩；而西方文化也存在不少問題，因而受到當代許多思想家的懷疑和批判。所以，應當說，任何文化都具有優點和缺點，精華和糟粕，而且這二者往往是交織在一起的。對於一種文化既不能全盤繼承，也不能全

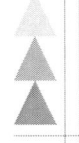

盤否定，既不能全盤排斥，也不能全盤吸收。把中華文化一概視為「舊傳統」，而把西方文化一概視為「新傳統」的觀點，顯然是錯誤的。

第三，他們認為自己能夠擺脫中華文化，而創造出一種不受中華文化影響的新文化。他們不知道新文化是不能擺脫舊文化而產生的，它只能在舊文化的基礎上，在傳統的基礎上，透過引進外來文化的積極因素和改進舊文化而進行改造與創新。馬克思有一句名言：「人們創造自己的歷史，但是他們並不是隨心所欲地創造，並不是在他們自己選定的條件下創造，而是在自己直接碰到的既定的、從過去傳承下來的條件下創造。」文化的改造和創新也應當如此。

總之，我們認為，臺灣文化是中華文化的一個分支，是和中華文化具有廣泛一致性的一種亞文化，但它又具有較大的特殊性。這種特殊性主要來自兩方面，一方面是臺灣特殊的歷史背景和社會經濟條件，另一面是臺灣文化、中國大陸文化與外來文化、世界文化的接觸、聯繫的不同。我們認為用這種觀點來解釋臺灣文化與中華文化的關係比較符合歷史實際。

（《臺灣研究集刊》，本文與吳志德合作）

中國傳統文化與臺灣社會變遷

有關中國傳統文化與當代臺灣的關係問題，已經發表許多論文進行討論，本文試圖從另一個角度，即從臺灣歷史上幾次社會變遷與傳統文化的相互關係著手進行探討。這裡需要說明的是，所謂社會變遷有不同的定義，它一般是指傳統社會向現代化社會的演變，同時也指社會形態、社會制度、社會結構、生活方式等方面的改變。本文則結合臺灣歷史的具體情況，就臺灣從移民社會轉變為定居社會、從傳統的中國社會轉變為日本統治下的殖民地社會、從農業社會轉變為工商社會這三次社會變遷，說明中國傳統文化對上述三次社會變遷的影響，同時也說明社會變遷對傳統文化的影響，並在這個基礎上就當代臺灣與中國傳統文化有關的一些問題進行討論。

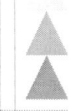

一、從移民社會到定居社會

臺灣原來是一個移民社會，移民主要來自閩粵兩省，經過若干世代的繁衍，逐漸在臺灣定居下來，大約到了19世紀60年代，臺灣已經成為一個定居社會。這個社會轉型是相當明顯的，大體上說，它主要發生了如下的變化：居民由以移民為主轉變為以移民的後裔為主；社會結構由以不同祖籍的地緣關係為主的組合，轉變為以宗族關係為主的組合；政權結構從不健全變為相對健全；領導階層從豪強之士轉變為士紳階級；市鎮興起與人口流動打破了畛域，融合了民性；尊奉神祇漸趨統一；中華文化的影響不斷加深；等等。[43]

從文化的角度來看，在移民社會裡，由於多數移民來自閩南、客家，因此，在語言、風俗、生活方式等方面與閩粵基本相同，在感情上、傳統上和母體社會有著密切的關係。但由於早期移民多是來自社會下層，帶來的主要是母體文化中的小傳統，即民俗文化部分，精緻文化或大傳統的影響還很小。

到了定居社會，居民的文化水平有所提高，大陸的宗族制度、鄉族結構、科舉制度、文化思想相繼移植過來，中國傳統文化中的精緻文化（或稱大傳統），特別是以孔孟學說為代表的儒家思想，對臺灣社會的影響逐漸加深。清代臺灣先後設立37所書院，其中14所是在定居社會（即1860年以後）設立的；清代臺灣人士中進士者有29人，中舉人者有251人，其中在咸豐至光緒年間中進士者達21人，中舉人者達106人。[44] 從詩社來看，在咸豐年間以前，臺灣詩社、文社為數甚少，大多數是在光緒年間才設立的。這些情況表明，在定居社會中，隨著文化教育的發達，傳統的文教制度、科舉制度逐漸興盛，中國傳統文化中的政治觀念、道德觀點等也對臺灣加深了影響。

不僅如此，在民俗文化方面，隨著家族的發展，大陸上原有的宗族觀念和家族制度也逐漸移植到臺灣，出現了宗族家廟、祖公會、祭祀公業、以鬮分字為基礎組成的「血食嘗」等等，這說明在小傳統部分，傳統文化的影響也在加深。

總之，從移民社會到定居社會的變遷，宗族制度的建立和士紳階層的形成，都使得中國傳統文化在臺灣得到進一步的傳播。另一方面，傳統文化也對社會變遷起了促進作用，使臺灣社會向傳統的中國社會更加靠近。這個時期傳統文化與

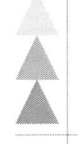

社會變遷是相輔相成、互相促進的，因為二者具有同質性。

二、從傳統社會到殖民地社會

臺灣社會在清代後期已經形成與當時大陸十分相似的傳統的中國社會，但是，這個社會的發展被日本侵占臺灣所打斷。

1895年以後的半個世紀，臺灣淪為日本統治下的殖民地社會，這個時期臺灣社會發生了以下主要變化：日本殖民者成為臺灣的統治者，在政治上進行專制的統治；臺灣產業結構被改造為以糖業和稻作專業化生產為中心的單一種植經濟，後來為了使臺灣成為日本南進基地，而建立了一些工業部門，形成殖民地資本主義經濟，日本壟斷資本全面控制了臺灣經濟，但以地主佃農為基礎的傳統經濟仍占重要地位，70%以上的人以農為生。

與此相適應，在文化方面，日本殖民者極力推行同化政策和皇民化政策，企圖以日本文化取代中國傳統文化。為此，他們推行日語，排斥漢字，灌輸皇國思想、帝國觀念，企圖改變臺灣人民原有的風俗習慣和民間信仰，直至消滅中華文化和民族意識。

在這個時期中，原來占主導地位的中國傳統文化，受到外力的強大衝擊，臺灣人民被迫為保存中國文化、抵制日本文化而起來抗爭。「臺灣文化協會」便是以社會與文化運動反抗日本殖民統治、激發民族意識的一個重要社會團體。臺灣同胞還創辦漢文報紙，舉辦漢語講座，開設私塾、詩社，倡導鄉土文學，保持傳統的家族制度、祖先崇拜，以及婚喪禮俗和民間信仰，為維護中國傳統文化而表現出不屈不撓的民族精神。經過幾十年的實踐，不論在精緻文化還是民俗文化方面都保留了不少傳統文化，特別在農村，重血統，拜祖宗，在感情上、風俗上都仍然是中國式的。有人認為日據時代臺灣保持著「最完整的中國農村文化型態」，[45]日本人也不得不承認「能同化有幾千年歷史傳統的幾百萬人之民族，是絕沒有先例的」。[46]

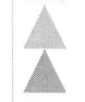

但是，另一方面，在日本強勢壓制下，中國傳統文化的影響難免受到削弱，而日本文化則在相當程度上發生它的影響。例如，在精緻文化方面，由於日本的

限制,臺灣大學生只能攻讀醫科、農科、商科,而不能學習社會科學學科,各級學校都以日語教學,當時所培養的人才,多數比較熟識日文,對漢文的學習相對較少。經驗證明,語文能力達到一定水平後,往往會影響人們的觀念和思考方式。當時臺灣有一部分人從深層文化方面受到日本的影響,少數人成為「日本化的臺灣人」。就一般民眾來說,日本也要把他們訓練成為日本所用的人,為此,日本一方面以生活教育來改變原有的生活習慣,培養有紀律、整潔等習慣,一方面,像訓練軍人那樣,灌輸「忠於天皇」的思想,以養成服從、守法等精神,在這方面他們也獲得了一些成績。

總之,在日據時代的臺灣,中國傳統文化受到依仗政治軍事實力扶持的日本文化的強勢衝擊,而處於被排斥的弱勢地位。臺灣人民為維護中國傳統文化的生存作了努力,但卻很難有所發展,特別在精緻文化或精英文化方面,受到日本文化更多的影響。

在這次社會變遷過程中,中國傳統文化的功能主要表現在兩個方面:一是它保持了臺灣作為一個中國社會的特質,從漢語、漢文到傳統道德,從民間風俗到思維方式,都保持了中國式的風貌,延續了中華文化的傳統;二是它抵擋了日本文化的強力衝擊,使臺灣社會日本化的企圖未能實現。但是,應當看到,經過50年的日本統治,日本文化已經成為臺灣文化中的一個組成部分,或者說,日本文化已經成為臺灣的另一種傳統文化。相對地說,中國傳統文化有所削弱。如果不是因為殖民統治的結束,日本文化勢必進一步加深其對臺灣的影響。

三、從農業社會到工商社會

第二次世界大戰結束後,臺灣歸還中國。40多年來臺灣社會的發展可以粗分為兩大階段,即「農業社會階段」與「工商社會階段」,二者大體上以1960年代為分界點。[47]

在第一階段,由日本統治的殖民地社會轉變為由中國管轄的社會,當時臺灣社會的變化主要表現在:日本殖民者已不是臺灣的統治者,日本壟斷資本失去對臺灣經濟的控制,而由中國官僚資本所取代;原來被日本殖民者占有的土地收歸官有,起初仍保留封建土地制度,後來經過土地改革,小農階級興起,舊地主階

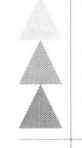

級消失；產業結構仍以農業為主，農業就業人口占總人口半數以上。這個階段的社會變遷主要是政治因素決定的，是政權更迭的結果，從社會結構來看，仍然屬於農業社會。

第二階段，由農業社會轉變為工商社會，即資本主義社會。「資本主義化下的工業成長和都市成長，明顯地導致了臺灣近數十年來的社會結構轉變」。[48] 這種轉變主要表現為幾個階級在整個社會階級結構中地位的變化：小農階級所占比例顯著下降，成為一個弱勢階級；勞工階級所占比例逐漸上升，在數量上超過其他階級；新的中產階級開始形成，並日益成為一股重要的社會力量。總之，從農業社會轉變為工商社會，臺灣社會出現了多元化的特點，許多新的社會問題由此而產生。

與上述社會變遷過程相適應，在文化上也出現一系列的變化，當然，文化的變化和社會變遷並不是同步的，但是40多年來的變化還是清晰可見的。

第一階段，臺灣當局極力摒棄日本殖民文化，重建中國文化傳統。早在1946年初，臺灣省行政長官公署就在各國民學校中廢除日據時期的「課程號表」，增加國語、公民、歷史等科的教學時數。同年4月成立臺灣省國語推行委員會，後來又出版《國語日報》，推廣國語運動，在客觀上對削弱日本文化的影響，恢復和發展中華文化起了相當的作用。與此同時，大批人員從大陸遷往臺灣，在各級學校進行以儒家思想為主的傳統文化的教育，大有「把整個中國傳統文化從大陸搬到臺灣來」的氣勢，所以有人認為在相當長的時間內，臺灣比大陸更像中國傳統社會，有人把臺灣看做是中國傳統社會的「移植案例」，而稱之為「中國社會文化研究的實驗室」。[49]

第二階段，隨著社會的多元化，中國傳統文化、日本文化、西方文化三者都對臺灣社會施加影響，三者互相較量，使得臺灣社會文化發生了複雜的變化。傳統文化以政治觀念、道德觀念主導一切，難以適應社會的發展，於是，在60年代，臺灣發生「中西文化論戰」，有人主張全盤西化，以西方的理念作為標準，向傳統文化和權威提出挑戰。70年代臺灣當局發起「中華文化復興運動」，企圖重整固有的倫理道德，維護傳統文化的地位，但已顯得力不從心了。人們還就

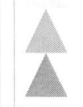

傳統與現代化問題進行討論，企圖從傳統與現代、本土與西化之間找出一條新路。80年代強調文化建設工作，但在外來文化衝擊下，商品化的大眾文化充斥於整個社會，另一方面，出現了「臺灣新文化運動」，主張排拒中華文化，提出臺灣文化要與中華文化劃分開來。社會多元化帶來文化多元化，在強調文化復興的同時，人們發現臺灣「完全暴露在西化和日化的侵蝕當中」，所以有人擔心臺灣的文化「將變成不連續（不繼承傳統）、不確定（無固定方向）的狀態，唯一可以確定的是舶來品、外來的生活方式將扮演日益重要的角色」。[50]

就文化的各個層次來看，中國傳統文化、日本文化、歐美文化對臺灣的影響有所不同。在精英文化方面，臺灣當局固然極力提倡中華文化，在傳統文化的研究、教育和傳播方面做了不少工作，當局以儒家思想諸如忠孝節義、禮義廉恥、忠黨愛國、政治倫理等等教育人民，把它作為政治文化的重要組成部分。但是當今臺灣政壇基本上追隨西方的政治理念，中華文化的影響已經削弱。有人指出，近年來臺灣在反傳統、慕西化的雙重打擊下，「中華文化遺產所剩無幾」。[51]這種說法難免有些誇張，但卻反映了發展的趨勢。在大眾文化方面，西方和日本的影響更為嚴重，從MTV、卡拉OK到盜版錄影帶，從好萊塢電影到日本色情漫畫和暢銷企管書籍，這些直接為大眾消費而製造出來的文化商品，內容貧乏低俗，受到國際上庸俗大眾文化的強烈影響。在這個方面，傳統文化幾乎已經沒有立足之地了。只有在民俗文化方面，傳統文化和本土文化還保持相當的地位。民俗文化不僅表現在風俗習慣、民間信仰等日常生活之中，而且表現在社會心理、精神面貌等「使中國人之所以成為中國人」的國民性之中。從上述三個層次來看，40多年來，由於受到社會變遷和外來文化的衝擊，中國傳統文化在臺灣似乎已經失去了不少陣地，其影響有所削弱。

至於中國傳統文化與現代化的關係問題，過去有過不少討論。大體上說，人們對傳統文化的作用有肯定的一面，認為傳統文化中的精華部分對現代化仍有積極意義，例如：在政治文化上，修身齊家治國平天下、和諧統一、和而不同、剛柔相濟、尚仁貴中等傳統觀念，已經成為政治倫理的重要原則；在經濟文化上，以誠信待人、勤勞節儉、以儒家思想為主幹的企業倫理，重視血緣、地緣、學緣的人際關係等等，都對以家族經濟單位為基礎的臺灣中小企業的發展起了重要作

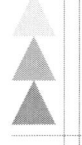

用；在社會生活中，傳統的倫理道德觀念，尊老愛幼、和睦鄰里、正己正人、以身作則等等，有助於養成良好的社會風尚。但是，傳統文化對現代化的負面作用也是很明顯的，例如：強調上下尊卑的宗法倫理觀念，導致領袖偶像化、權力集中、定於一尊的「臣屬政治文化」，阻礙民主政治的推行；家族制度導致尊重老年權威、家長統治、家族技術保密等等，使企業家的精神難以養成。即使被視為優秀傳統的勤奮、節儉、忍耐、安分、重視倫常和道德等等，也有其負面作用，由於它的「惰性效應」，制約了新觀念的產生和實施，因而成為政治進步和經濟發展的一種障礙。

傳統文化是在一定的社會經濟制度的基礎上產生和發展起來的，適應於農業社會的文化是否能夠適應於現代社會，這個問題在臺灣曾經並正在進行爭論。有人主張全盤西化；有人主張全盤否定舊傳統（中華文化被稱為舊傳統）而保留新傳統，「即臺灣數百年來發展的文化」；有人主張改造舊文化，或對傳統文化加以新的詮釋，或進行所謂「創造的轉化」，即在現代化過程中，對傳統文化進行自我改造、更新和調適，以適應社會形態的現代化。但是，傳統文化的現代化並非易事，目前傳統的價值觀念體系受到嚴重衝擊，而新的價值觀念體系尚未確立，追求實際利益的觀念，諸如功利主義、拜金主義、投機主義等充斥於社會，富而無禮，富而不義，社會文化出現危機。此外，由於政治因素的滲入，文化問題更加複雜化了。

四、兩個問題的討論

（一）對傳統文化的態度問題

回顧臺灣社會變遷的歷史過程，使我們對傳統文化與社會變遷的關係有如下一點認識：在臺灣歷史的不同時期，中華傳統文化所處的地位是不相同的。從清代前期直到日據以前，臺灣基本於屬於中國傳統社會類型的社會，所以傳統文化可以占有統治地位，而隨著移民社會到定居社會的變遷，傳統文化的地位更顯得重要。在日據時期，中國傳統文化受到外國統治和外來文化的壓力和衝擊，只能保持一定的地位，而無法得到發展。戰後，中國傳統文化得到一定程度的恢復和發展，但又面臨社會變遷和外來文化的衝擊而有所削弱，並已失去不少陣地。

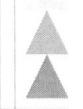

為什麼會出現這種情況呢?從唯物史觀來看,可以作這樣的解釋:文化作為上層建築的一個組成部分,它的發展受到經濟基礎的制約,反過來,它也對經濟基礎發生影響。社會物質生產的發展、社會制度的變化都對文化的變遷起作用。此外,文化結構內部各個層面、各個要素之間的相互作用、外部因素(生態環境、政治條件、與其他文化的聯繫等)的影響也對文化的發展起作用。中國傳統文化是在農耕、宗法社會的基礎上形成和發展的,[52]它適應於農業社會的經濟基礎和社會制度。而當農業社會向工商社會轉化時,傳統文化就難以適應新的經濟基礎和社會制度了,於是文化對社會發展的影響問題便被提出來討論,加上強勢的外來文化的影響,更使這個問題凸顯出來,成為人們爭議的一個焦點。由此可見,隨著社會的變遷,傳統文化必然面臨能否適應的問題,不適應的部分必然受到衝擊,甚至被淘汰,這是歷史的規律。

但是,傳統文化是不應被全盤否定的,新文化不能擺脫舊文化而產生,它只能在舊文化的基礎上,在傳統的基礎上,透過引進外來文化的積極因素和改進舊文化而進行改造與創新。傳統文化必然有所保持,又有所創新,保持是一種文化生存的必要條件,創新是一種文化生命運動的表現。因此,把中華文化視為「時代改革的包袱」、「一種文化災難」,主張臺灣文化應當「超脫於中華文化」的觀點是不切實際的。反之,一切回歸傳統,也是一種空想。既不拋棄傳統,又不囿於傳統,適應時代,超越傳統,透過傳統與現代、本土與西化的相互吸收和融合的過程,才能創造出適應於新時代的有本土特色的新文化。

(二)民俗文化的生命力問題

民俗文化,這裡指的是區別於大眾文化的民間通俗文化,它一方面是傳統的承續,一方面是從庶民日常生活中提煉出來的生活性文化。我們從臺灣社會變遷的過程可以看出,民俗文化是最具生命力的傳統文化。不論在移民社會、定居社會還是在日據時代和現代,民俗文化代代相傳,形成文化共識,在價值取向、理想人格、思維方式、社會心理、精神面貌等方面,保留著不少「臺灣人之所以成為臺灣人的東西」,如果對這些文化特質進行分析,可以發現其中既有臺灣本土的特色,又有不少就是「中國人之所以成為中國人的東西」。正如菲力普・巴格

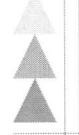

比所說:「我們經常用他的文化,而不是他所加入的社會來辨別一個中國人。他的服飾、言談、習俗和如此等等之物,較之他究竟居住在臺灣、新加坡、舊金山還是中國本土來得更重要。」[53]

我們在對臺灣和閩南文化進行比較研究時,發現二者在許多文化形式上有十分相似之處,諸如飲食文化(茶文化、酒文化、「補冬」等)、節日習俗、婚俗、喪俗、祭祀儀式、民間信仰等等,即使略有差異,也有可能找到其共同的歷史淵源。這些文化形式為什麼能夠長期流傳,成為傳統文化中重要的不易改變的組成部分呢?臺灣學者林美容提出一種觀點:「在諸多的文化內涵中,物質文化會隨著外來的物質和技術的好用、有效率、易取得、易製造而改變,社會組織之人與人關係的安排也會隨著物質技術、生產關係的改變而改變,但傳統的思想、理念、情感、價值、宇宙觀則是最不容易改變的,因為這是牽涉到一個文化之所以異於別個文化之文化認同的最後堡壘與最後依據,而儀式正是保存種種的思想、理念、情感、價值與宇宙觀最豐富最具體的文化形式。」[54]我基本上贊同這個觀點,並且把它用來說明民俗文化的生命力問題。一種儀式,或一種文化形式,反映了千百年來的文化累積,成為一種不易改變的習慣,它的意義不限於它的本身,而在於它的背後有著長期形成的民眾心理潛層的沉澱,即已經融入民眾的骨髓和血肉之中的文化傳統。這些儀式有其特殊的功能,它能聯繫同一族群、同一民族、同一文化的人們,成為一種團結的紐帶,從而形成民族與文化的凝聚力和向心力。所以,可以說,在傳統文化各個層次中,民俗文化是最具有生命力的部分,是不容易隨著社會變遷而改變的部分,是最有文化傳承機能的部分。最近有的臺灣學者提出要「提倡臺灣本土的庶民文化」,如果這指的是臺灣社會長期形成的共同心理素質、思維方式、抒情方式、行為方式、價值觀念等文化共識,那麼其主要部分就是這裡所說的民俗文化,這正是臺灣文化、中華文化不同於其他文化的最重要的依據之一。

(《臺灣研究集刊》)

《認識臺灣（歷史篇）》評議

最近臺灣編出的教科書《認識臺灣》，引起各界的議論，人們從不同角度對它展開批評。該書社會篇編審委員會主任委員杜正勝表示，他們「決心要超越統獨意識，編出忠於歷史的教科書，結果現在引起各黨派的批評，不正顯示出其客觀性嗎」。該書歷史篇編審委員會主任委員黃秀政則認為他們「不論統獨，單純描述史實」，卻受到批判，而感到委屈，他大聲疾呼「讓編審客觀中立，政治干預可以休矣」。

據我所知，該書編委會確實有不少對臺灣歷史作過相當深入研究的學者，他們確實不希望受到政治的干預，而希望能夠編出忠於史實的教科書。可是，最終拿出來的成果，卻和他們的願望有很大差距，帶有明顯的政治干預的痕跡，這不能不令人感到遺憾。以下我們根據預計在1997年8月出版的《認識臺灣（歷史篇）》「專供教師研習使用的」「模本」加以評論。

有尊重史實、客觀中立的一面

該書畢竟是由許多歷史學者參與編寫的，如果全部按照某種意識形態或政治目的來編寫，他們是無法接受的，因此，我們在該書中可以看到有尊重史實、客觀中立的一面。例如：

一、書中提到：「十二世紀前半葉，已有漢人移居澎湖，並且到臺灣從事貿易和短期居住」；「鄭氏還大量吸納中國大陸移民來臺墾殖」；「由於閩、粵人陸續大量的移民來臺，漢人的墾殖範圍不斷擴張」；「清領臺灣以後，有愈來愈多的漢人移民來臺」；等等。這可以說明是誰在開發臺灣中起主要作用。如果能夠舉出清代前期人口激增的事實，就更有說服力。

二、在介紹臺灣建省後的建設時，該書指出「臺灣已經是當時最現代化的行省」。這是從史實上批駁了「日據當初，臺灣是荒蕪之地，可說是世界上最落伍、最野蠻的地方」之類的謬論，同時也是對「只有日本統治才使臺灣開始進步」的觀點給予澄清。

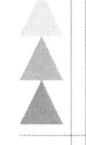

三、該書指出，在日本統治時期，「經濟上，初期改革農業，使臺灣成為日本稻米和蔗糖的供應地；後期推動工業化，臺灣成為日本南進的補給基地」。這是在經濟上揭露了日本殖民統治的實質。這和鼓吹日本統治下臺灣經濟「面朝資本主義化發展」，「日本為臺灣帶來產業的開發、工業的發展，使臺灣走上現代化的路」之類的觀點顯然有本質的差別。

諸如此類的尊重歷史、客觀中立的寫法是值得肯定的。

政治干預的表現

正如黃秀政教授所說，他們的編委會「力求兼顧不同政治主張的學者」。這樣，他們就不可能完全不帶政治觀點地參加編審工作。樹欲靜而風不止，主持人希望客觀中立，參與者則未必都能做到。實際上，從編審過程和編審的結果，我們不難找出政治干預學術的跡象：

一、關於「基本共識」。黃秀政指出：「課程標準草案研訂期間，對臺灣的定位雖有『臺灣的臺灣』與『中國的臺灣』之爭論，但最後終能各讓一步，取得以客觀中性的用詞來解讀臺灣歷史的共識。」[55]又說：「當時大家都有共識，不論統獨，單純描述史實。」[56]這告訴我們，不同政治主張的學者曾經就臺灣的定位問題進行過爭論，結果不是一方說服另一方，而是「各讓一步」。但是，這顯然是黃教授個人的看法，編委中的其他人不一定有同樣的理解。例如，鄭梓教授，他認為不同主張的學者難免各持所學，各逞己見，但寬容、平和與節制，並且有一個「基本共識」，那就是「至少堅持住以臺灣人的觀點寫臺灣史」。[57]這說明主張「臺灣的臺灣」與主張「中國的臺灣」進行爭論的結果，並非「各讓一步」，而是一方戰勝另一方，即以「臺灣人的觀點寫臺灣史」取得了勝利，而主張「中國的臺灣」的一方不得不作出讓步，使得編審過程中在臺灣定位上遠離了「中國的臺灣」。本書中的許多問題就是由此而產生的，它使得「單純描述史實」的美好願望無法實現，這就是政治干預學術的最大危害所在。我們不是簡單地反對「以臺灣人的觀點寫臺灣史」，關鍵要看排斥「中國的臺灣」的觀點是不是可以代表「臺灣人的觀點」，這是在獲得「基本共識」時必須弄清的問題。

二、關於「臺灣歷史的特色」。如果按照「單純描述史實」的主張,在「國中」教科書中完全沒有必要寫這樣一段,決定要寫,顯然出自政治的需要。對這樣一個大問題未有認真深入的研究,只靠在編寫過程中的「研發」,不可能作出令人信服的結論,匆匆忙忙寫進教科書,這並不是「對知識、對學術負責」的態度。王仲孚教授提出,「個人的學術特殊觀點,在沒有透過著作,並經學術界檢驗之前,不可放入教科書當實驗品」。[58]我同意這種看法。

所謂歷史的特色,應當是指那些與眾不同的地方,你有他也有,就不能算特色了。特色是相比較而存在的。臺灣歷史的特色應當是臺灣與周邊地區相比較,與中國其他行省相比較之下,顯示出的它與眾不同的地方。該書所列臺灣歷史的特色是:多元文化、對外關係密切、對外貿易興盛、冒險奮鬥和克服困難的精神這四點。這算不算是特色呢?起碼它從未獲得學術界的共識或公認,不能輕易地寫進教科書。如果稍作推敲,就會看出不少問題。例如,多元文化,是不是臺灣歷史的特色?杜正勝先生寫道:「舉世研究中國上古史的人都承認中國古代文化的多元性,各地民族文化逐漸融合而形成華夏文化,成為漢文化或中國文化的前身,有共同性但仍然保留特異性。」[59]可見,多元文化不是臺灣所獨有,也不是它與眾不同的地方。再如,對外關係密切和國際貿易據點。臺灣從明末開始與外國逐漸有所接觸,而在此之前很久很久,福建的泉州就已經是國際大港了;從荷蘭統治時期到鄭氏時期,臺灣對外貿易都與大陸各港口有密切關係;到了清代前期,臺灣與外國幾乎沒有來往,正如林滿紅教授所說,「1683年清朝統治臺灣以後,到1860年臺灣對西方開放貿易以前,大陸卻幾乎成為臺灣對外貿易的唯一對象」。[60]所以,書中所說在清代前期「臺灣又再度成為國際貿易據點」是與史實不符的,需要改正。到了清代後期,開放五口通商,福建省的福州、廈門先在19世紀40年代開港,60年代才開放淡水、雞籠、打狗、安平。當時與外國貿易最主要的口岸是上海和廣州。可見對外關係和國際貿易能不能算是臺灣歷史的特色,還需要進行充分的研究和論證。

實際上,臺灣歷史是有其特色的。例如:臺灣曾經被荷蘭侵占達38年,被日本殖民統治了50年,這是全國其他地區所沒有的;臺灣與其他地區相比,是一個開發較晚的地區,也是最遲建立行省的一個地區,臺灣主要是由大陸移民開

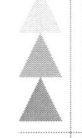

發的，因而臺灣與閩粵兩省有著特別密切的關係。這些都是臺灣與眾不同的地方，似乎可以算是臺灣歷史的特色。這裡只是舉些例子，拋磚引玉，並說明「臺灣歷史的特色」這個題目是值得進行一番研究才能作出結論的。至於為什麼要把不是特色的東西說成是特色，除了政治干預以外，很難作出解釋。

　　三、不應有的「歷史失憶」。由於「中國的臺灣」受到排斥，有些重要的歷史事實被有意無意地「失憶」了。例如，元代在澎湖設立巡檢司，歸福建晉江縣管轄，這是中國政府在澎湖地區設置的行政機構，為什麼不提？與此相關的，宋朝在澎湖駐軍，隋朝在「流求」（臺灣）的活動，三國時代吳國軍隊到達「夷洲」（臺灣），也都「失憶」了。由於同樣的原因，在寫到「通商港口之開放」的背景時，沒有放在外國侵略中國的大背景之下來考察，使得讀者以為列強只是對臺灣感興趣。寫到「二二八事件」的背景時，不講當時全國的形勢，只講行政長官公署的措施失當，是無法講清歷史真相的。

　　四、「中性」的用詞也有它的立場。用「鄭成功『進取』臺灣」，而不用「收復臺灣」，似乎作者用的是中性的表述，實際上卻反映了對領土主權的看法問題；用「甲午戰後，日本『取得』臺灣」，而不用「侵占」「占領」，這樣的中性用詞，實際上掩蓋了日本的侵略罪行。正如日本有人把入侵他國「中性」地稱之為「進出」，臺灣有人把「日本投降，臺灣光復」改用中性的「終戰」，這都不是什麼「客觀中立」，而是明顯地表達了其政治傾向。反之，採用過去幾十年不曾用過的、近年來才製造出來的、非中性的、具有強烈政治色彩的「中華民國在臺灣」，取代中性的「第二次世界大戰後」，來表述近幾十年的歷史階段，更是留下了政治干預的深深烙印，難以洗刷。附帶地說，把「未來展望」寫入歷史教科書，完全是外加的。歷史是講過去，不講現在，更何況未來。這樣寫法，除了「製造輿論」「政策宣示」以外，還能作何理解？

　　對於日本殖民統治的歷史，如何正確表述是一個值得研究的問題。「既要批判其黑暗面，又不忽略其光明面」，似乎是「客觀中立」的，問題在於用什麼樣的態度來對待。在內容的選擇、資料的取捨、所占的分量等方面，都可以看出作者的主觀意圖。

該書第八章第二節「社會變遷」，從人口的激增、放足斷髮的普遍、守時觀念的養成、守法觀念的建立、現代衛生觀念的建立等五個方面，集中地介紹了「日本現代化帶來的光明面」。社會變遷主要是指社會結構方面的重大變遷，一般地說，在這個項目之下，應當討論有關社會結構、生活方式、價值觀念、行為規範以及人口等方面的變遷。在日本殖民統治下，臺灣社會確實發生了巨大的變遷，和清代後期相比，重大的變遷至少可以列舉如下：日本殖民地官僚體系取代了清朝官員的統治地位；在清代後期占有重要地位的西方外國資本受到日本的排擠而陸續退出臺灣；原有的銀行—洋行—媽振館（merchant）—茶行的經營模式逐漸被淘汰；原來壟斷兩岸貿易的郊商相繼衰落，大陸資本勢力日益式微；日本資本大量湧入臺灣，日本資本家集團在臺灣經濟中占據了統治地位。可是，該書在「社會變遷」之下，不提這些重大的變化，而不惜用大量的篇幅，有選擇地、突出地介紹價值觀念和行為規範中的某些變化，並且只講其「光明面」，所占的分量竟然超過第三節反抗日本的「社會運動」。這就不只是知識問題，而是顯示出意識形態的問題了。

主事者的苦衷

現在可以回過頭來分析本文開頭所提到的杜正勝、黃秀政兩位先生的講話。

杜先生認為該書引起各黨派的批評，正說明該書的客觀性。各黨派的批評可能有其獨特的立場，可是不能因為有各黨派的批評，就認為一切批評都是「泛政治化」，以此來拒絕所有的批評。僅就本文所提的一些問題，就可以看出，所謂客觀性是很成問題的，是否「忠於歷史」，不能自我鑑定，還需要經過學術界的檢驗。

黃教授作為該書編審委員會的負責人，希望能夠排除「政治干預學術」的困擾，力求「客觀中立」。經過20次的討論，才達到「不論統獨，單純描述史實」的共識，又經過30次會議，花了200個小時，才寫出課本，可是卻受到各方的批評，他感到相當委屈。吳文星教授說，每個章節都經過多次討論，「經過這樣的程序，幾乎不可能還存在個人的意見」。[61]現在要黃教授為不是他的「個人意見」的東西負責，他的苦衷和委屈我們是可以理解的。不過黃教授卻可以好

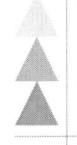

好研究一下，為什麼「基本共識」無法落實，為什麼會留下不少政治干預的痕跡。看來「政治干預」似乎貫穿著整個編審的過程，所以，如何對待「政治干預」——不論是從編審委員會內部，還是從外部、從上面來的干預——已經成為學者們，特別是編審會的負責人需要研究的學術以外的課題了。

（《臺灣研究集刊》）

《認識臺灣》教科書引起的爭議

一、爭議的過程

臺灣原有的中學教科書，有關臺灣的部分分量太少，不少人都認為應當讓學生多瞭解一些當地的情況。於是，1994年臺灣「教育部」決定開設「認識臺灣」新課程，並沒有人表示反對。可是，1997年編出教科書以後，由於寫法上有不少問題，引起了一場爭議。其所以會出現這種情況，還要從「大環境」談起。

近年來，臺灣政壇上出現了一股分裂主義的傾向，有人極力鼓吹「臺灣意識」「臺灣精神」「臺灣生命共同體」等等，向臺灣民眾灌輸「脫中國化意識」。1994年李登輝與日本作家司馬遼太郎的對話，提出臺灣「必須是臺灣人的東西」「國民黨也是外來政權」「『中國，這個詞也是含糊不清的」以及日據之前「臺灣是個化外之地」等等，傳達了分裂主義的強烈信號。接著，他在接受《自由時報》專訪時，公然美化日本的殖民統治，竟然把日本侵略者鎮壓臺灣民眾的抗日鬥爭稱為「安定臺灣」。1995年有一些日本、美國的政客和學者應邀到臺灣參加「馬關條約一百年學術研討會」，其中有些人竟然公開叫囂「臺灣不應屬於中國」，並且為日本殖民統治歌功頌德，可是卻被奉為上賓，受到領導人的接見。與此同時，臺灣有些人跑到日本的下關，向當年侵占臺灣的日本人表示敬意；還有一些人則打著日本的旗子、唱著日本的軍歌，在臺北舉行「告別中國」的遊行。一時之間，「臺灣人不是中國人」之類的論調甚囂塵上。在這個環

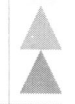

境下,進行《認識臺灣》教科書的編寫,不受影響也難。

1997年3月間,編寫教科書主持人之一杜正勝發表了「同心圓概念」,說明教科書要「由近及遠」,要從「臺灣及其周邊」開始,要「以臺灣為主軸」,這種以幾何機械論的觀點說明歷史和社會的做法,引起人們的質疑。後來,教科書的「模本」出來了,不少人提出了不同的看法。於是,6月初,「立委」李慶華邀請六位學者舉辦「國中《認識臺灣》教科書公聽會」,會上對教科書的政治傾向、學術原則等方面提出了批評,主要是:書中強調臺灣與中國的不同,把「中國人」「中華民族」的名詞都刪去了,目的是把臺灣歷史從中國歷史中分離出來;為日本統治歌功頌德,不是以臺灣人民為主體。此外,對某些史實和學術分類的問題也提出不少看法。

這個公聽會引發了更大的爭議,有人支持,有人反對。有人認為教材傾向於儘量淡化臺灣與大陸的關係,這似乎是壓抑「中國的臺灣」意識、遷就「非中國的臺灣」意識的結果;有人進一步列舉一些錯誤或缺漏,要求改正或補充;有人則認為這是「政治干預學術」,「紅衛兵的鬥爭」。「建國黨」中有人公然提出,臺灣人本來就不是中國人,歷史教材沒有堅持臺灣主體立場,應當重編。他們對「社會篇」則表示滿意,認為「最具正義性」。這時一些參加編寫的學者表示,他們是站在客觀中立的立場,可是「獨」派的人士認為教材是為中國說話,而統派人士則認為「偏向臺獨」,這使他們感到十分困擾。

6月10日,《聯合報》舉辦「國中教材《認識臺灣》歷史篇座談會」,也出現了不同觀點爭論,其中包含了學術觀點的爭論。有一位學者指出,編寫中出現兩難的局面,「是知識分子本身沒有辦法自己有個掌握,若是掌握問題的癥結,則統治者還是會被說服的。但是我剛才聽到太多為政者如何就如何的說詞」。從這裡可以看出編寫者是有苦衷的。

此後,「建國黨」也辦了「誰的臺灣被認識公聽會」,強調課程應當改名為「本國史地社會」,強化臺灣意識的內涵,聲稱沒有「中國人」的出現也是一件好事。同時,《自由時報》也舉行了「歷史教科書探討座談會」,其他報刊也發表了不少看法。有人說,臺灣歷史不是中國歷史的一部分,對教材的批評,是

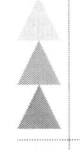

「大中國民族主義狂熱分子的反彈」。日本某大學的一位華人教授竟說對教材的批評是「少數幾個擁抱北京政權的政客文人惡意抹黑」。相反，有人則指出，肯定教材的多是支持「臺獨」的人士和日本人。還有人則把這場爭議定性為「大中國主義人士與臺灣意識人士的爭議」，是統「獨」之爭的一個組成部分。

6月24日，舉行教科書編審委員會的最後一次會議，對原稿作了不少修改（有人統計，歷史篇更正了66處，社會篇更正了94處），但還有不少重要錯誤沒有更正，就拍板定案。於是，新黨有些人士前往編譯館抗議，而民進黨有些人士則聲稱要予以反制。這時，有人甚至提出「愛臺灣，請認識臺灣；愛中國，請回歸中國」。實際上，爭議中的兩派對教科書都有不滿之處：統派質疑教材是為「臺獨」鋪路，要求暫停採用；「獨」派則認為教材還沒有真正以「臺灣立場」看臺灣，還在「中華民國在臺灣」的邏輯上打轉，他們主張「本國史地定位為臺灣史地」，「中國史列為外國史」。

7月初，李慶華邀請十幾位學者舉行「《認識臺灣》國中教科書總檢討記者會」，除了繼續提出具體批評意見以外，認為：教科書中有關「中國人」「中華民族」「日本帝國主義」「臺灣光復」之類的名詞都不敢用，表明「執政當局不認跟我們的國家」；書中有許多美化日本的言論，割裂臺灣與中國的歷史文化傳承關係，這是「遠離北京，走向東京」的嚴重問題。

7月20日，由TVBS和新新聞周刊舉辦「認識臺灣教科書大辯論」，有新黨、民進黨人士和學者參加。人們對教科書內容所作的批評，民進黨不直接進行辯論，只是強調好不容易有了一套認識臺灣教科書，雖有不少瑕疵，比以前是進步了。新黨則認為教材內容有很多錯誤，應當修改後使用。在辯論過程中可以看出：民進黨人主張以臺灣觀點看臺灣歷史，放棄大中國觀點；而新黨則認為臺灣人也是中國人，必須用這種立場認識臺灣。可見，有關教科書的爭議不是單純的學術問題，而是和國家認同有密切關係的重大問題。

二、教科書的主要問題

《認識臺灣》教科書分為地理篇、歷史篇、社會篇三本。大家對地理篇沒有爭議；對歷史篇有觀點上的分歧，也有對史實的看法問題，有人指出：「只要大

家坦誠溝通，修正應該不難解決。因為編寫歷史篇的學者，都是研究臺灣史的專家，指正者也都是臺灣史著作有成就的學者」；至於社會篇，大家認為問題最為嚴重，「該書似乎不是要學生認識臺灣的社會，而似是在教導青少年要如何凝聚編者心目中的所謂『臺灣意識』」，要大家去「營造新臺灣」，「社會篇不像是教科書，而像是政治文宣」。

社會篇的問題不在於具體內容上有多少錯誤，而在於編寫的指導思想。編者實際上是在煽動民族分裂主義情緒，妄圖把臺灣與中國分割開來。他們極力鼓吹「我們都是臺灣人」，宣揚所謂「臺灣意識」「臺灣精神」「臺灣魂」「吾土吾民」，而絕口不提臺灣人也是中國人，不提「中國人」「中華民族」「中華文化」這樣的概念。這和「臺獨」分子主張的「臺灣是臺灣，中國是中國」、「臺灣不是中國的一部分」之類的謬論是一脈相承的。有人指出：社會篇「有重新打造國民意識的鮮明用意」，他們要向青少年灌輸什麼思想不是很明白了嗎？

至於歷史篇，按照編者的原意，是要「客觀中立」「單純描寫史實」，可是寫成之後，人們可以看到，它既有尊重史實、客觀中立的一面，同時又有受到政治干預的一面。

歷史篇說明了元朝在澎湖設立巡檢司以及早期漢人在臺澎地區活動的事實，介紹了中國大陸移民開發臺灣的事蹟，指明臺灣建省以後逐漸建設成為當時最現代化的行省等等，這有助於駁斥「日據當初，臺灣是荒蕪之地」之類的謬論。同時，該書也指出，日本殖民統治時期，臺灣成為日本稻米和蔗糖的供應地、日本南進和補給基地，從而揭露了日本殖民統治的實質。這些都是應當肯定的。

但是，由於受到政治的干預，該書也有一些淡化臺灣與祖國大陸關係的傾向。例如，在第一章導論中寫到「臺灣歷史的特色」，在「國中」教科書中寫這一段，本來是沒有必要的，決定要寫顯然是出自政治的需要。該書所列的特色是：多元文化、對外關係密切、對外貿易興盛、冒險奮鬥和克服困難的精神這四點。其實，這幾點並不是臺灣所特有，而臺灣真正的特色，例如：曾經被荷蘭侵占38年，被日本殖民統治50年；臺灣與全國其他地區相比，是一個開發較晚的地區，也是最遲建立行省的地區，臺灣主要是由大陸移民開發的，因而在歷史上

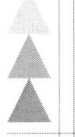

臺灣史事解讀

臺灣與閩粵兩省一直有著特別密切的關係：這些特色在書中卻沒有提及。此外，歷史上中國政府和軍隊在臺澎地區活動的史實也被刪節了。臺灣通商口岸的開放、「二二八事件」的發生等歷史事件，由於沒有放在整個中國歷史的背景下考察，而孤立地就臺灣講臺灣，以致無法講清歷史的真相。

編者主張採用「中性」的字眼和詞句，但往往在「中性」的表述中體現了立場和傾向。例如：用鄭成功「進取」臺灣，而不用「收復」臺灣，實際上反映了對領土主權的看法；用日本「取得」臺灣，而不用「侵占」「占領」，實際上掩蓋了日本的侵略罪行；用臺灣「脫離」日本的殖民統治，而不用「臺灣光復」，用意何在，也令人懷疑。正如日本有人把入侵他國「中性」地稱之為「進出」，臺灣有人把「日本投降，臺灣光復」改稱中性的「終戰」，這都不是什麼「客觀中立」，而是表達了明顯的政治立場和傾向。至於用非中性的「中華民國在臺灣」取代中性的「第二次世界大戰後」，其政治目的就更加明顯了。

該書對日本統治時期歷史的寫法，是爭議最大的問題之一。編者主張「既要批判其黑暗面，又不忽視其光明面」，這似乎是客觀的，問題在於用什麼態度來對待。該書「社會變遷」一節，從人口的激增、放足斷髮的普遍、守時觀念的養成、守法觀念的建立、現代衛生觀念的建立等五個方面，集中地介紹了「日本現代化帶來的光明面」。實際上，這五個方面在「社會變遷」中只是極其次要的問題，重大的問題如社會結構、生活方式、價值觀念、行為規範等等卻沒有講到，而專講「光明面」的部分所占分量竟然超過第三節反抗日本的「社會運動」。為什麼要如此重視日本殖民統治的「光明面」，對它不加分析地給予肯定呢？難怪有人批評這是「把臺灣殖民地階段的歷史加以美化和正當化」，給人以「日本統治有理、有利」的印象。

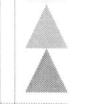

歷史篇出現上述問題，是和編委們的指導思想有關的。編審委員會主任委員黃秀政教授指出：在編委會中，「對臺灣的定位雖有『臺灣的臺灣』與『中國的臺灣』之爭論，但最後終能各讓一步，取得以客觀中性的用詞來解讀臺灣歷史的共識」。又說：「當時大家都有共識，不論統獨，單純描述史實。」但是，編委中有人認為不同主張學者難免各持所學，各逞己見，不過卻有一個「基本共

識」,那就是「至少堅持住以臺灣人的觀點寫臺灣史」。這說明主張「臺灣的臺灣」與主張「中國的臺灣」進行爭論的結果,並非「各讓一步」,而是一方戰勝另一方,即以「臺灣人的觀點寫臺灣史」取得了勝利,而主張「中國的臺灣」的一方不得不作出讓步,使得編審過程中在臺灣定位上遠離了「中國的臺灣」。本書中的許多問題就是由此而產生的,它使得「單純描述史實」的美好願望無法實現,這就是政治干預學術的最大危害所在。我們不是簡單地反對「以臺灣人的觀點寫臺灣史」,關鍵要看「臺灣人的觀點」是否一定要排斥「中國的臺灣」。黃教授希望能夠排除「政治干預學術」的困擾,力求「客觀中立」。經過20次的討論,才達到「不論統獨,單純描述史實」的共識,又經過30次會議,花了200個小時,才寫出課本,可是卻受到各方的批評,他感到相當委屈,對於這一點,我們是可以理解的。不過黃教授卻可以好好研究一下,為什麼「基本共識」無法落實,為什麼會留下不少政治干預的痕跡。看來如何對待「政治干預」——不論是從編審委員會內部,還是從外部、從上面來的干預——已經成為學者們,特別是編審會的負責人需要研究的學術以外的課題了。

(刊於姜殿銘主編:《臺灣1997》,九州圖書出版社)

評所謂「臺灣漢人」與「大陸漢人」

史明先生在《臺灣人四百年史》一書的序言中明確指出,該書要站在「臺灣人」的立場,來探索「臺灣民族」的形成和發展過程。他為了炮製「臺灣民族論」,還提出了一些「理論依據」,而所謂「臺灣漢人」與「大陸漢人」的區分,則是其中最重要的觀點之一。儘管很少人同意這個觀點,但它在臺灣還有一些影響,有必要從史學的角度加以澄清。

史明的「理論」及其修正

史明把清末以前到達臺灣的漢人分為「兩個陣營」:

統治階級:包括漢人文武官員、將兵、大租戶、大商人、大陸商業資本等。

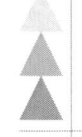

臺灣史事解讀

這些人「始終停留於統治臺灣的外來者的地位」,所以稱之為「大陸漢人」。

被統治者:即「移住來臺的漢人破產農民」,包括現耕佃人、漁民、鹽民、農村貧民、都市貧民、小商人、手工業者等。這些人「融合」於開拓農民社會,「定住在臺灣」,「成為名正言順的一個臺灣本地人」,所以稱為「臺灣漢人」。

至於小租戶,則根據他們具有「中華思想」還是「本地人意識」,而分列在兩類之中。

這是史明獨創的理論,他把所有的統治階級都說成是外來者、新參者、唐山人,是具有「中華思想」的不定居的「大陸漢人」,而把被統治者都說成是土著者、先住者,具有「本地人意識」的定居的「臺灣漢人」,界限十分明確。

如果這個理論能夠成立,那麼只要把「大陸漢人」除去,「臺灣民族」便自然突顯出來了。但是,如果一種理論可以被簡化到這種地步,恐怕就會碰到許多難以解釋的問題。我想,可能基於這個原因,在《臺灣人四百年史》日文版出版26年之後,史明又寫了《臺灣獨立的理論與實際》(以下簡稱《獨論》)一書,對上述理論加以修正。《獨論》保留了「兩個管道,造成兩個層次的社會」的基本理論框架,即分為「外來的、不定住的漢人統治階級」和「定住的、臺灣發展動力的漢人開拓農民被統治階級」,但它與《四百年史》有以下幾點不同:

一、不再提「大陸漢人」與「臺灣漢人」;

二、不再提誰是新參者,誰是先住者;

三、不再把小租戶分列在兩類之中,而把小租戶稱為「臺灣小租戶的買辦分子」,全部歸入「臺灣的土豪劣紳階級」;

四、不再把大商人全部歸入「大陸漢人」,除了大陸商人之外,還有本地的「商人高利貸資本」這樣的「上層勢力」,因為他們為「中國商人取得聯繫」,而稱之為「買辦商人」。

由此可見,史明對自己的理論已經有所修正,但他並沒有說明修正的理由。本文試圖說明史明為什麼要修正自己的理論,以及修正之後還有哪些需要修正的

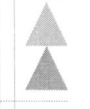

地方。這樣，可能對《四百年史》的讀者有所啟發。

理論上的錯誤

史明的主要錯誤是：第一，他把清代臺灣說成是一個「殖民地社會」；第二，他創造出一個「清朝時代的臺灣本地人社會」，而把所謂「大陸漢人」排斥在這個社會之外。

大家知道，所謂殖民地，是資本主義時代的產物，是受資本主義強國侵略而喪失了主權，在政治上經濟上完全受外國統治和支配的地區。早期，即資本主義原始積累時期，殖民者主要透過武力征服、海盜式的掠奪、欺詐性的貿易（以香料、糖、奴隸為主）、殘酷的剝削來榨取殖民地的財富。後來，在資本主義時期，則透過商品輸出和資本輸出，使殖民地成為工業國家的商品市場、勞動力和原料的供應地、投資場所和軍事基地。大家也知道，當西方資本主義興起時，中國還停留在封建社會階段，中國也沒有經歷過資本原始積累時期，它不但沒有成為殖民者，而且還成為殖民者的掠奪對象，直至淪為半殖民地。

如果不從殖民主義產生的歷史背景進行考察，只是列舉某些似是而非的現象，而把清朝說成是殖民者，那就會歪曲了事物的本質。實際上，清朝當局與荷蘭殖民者不同，它並沒有把臺灣當做一個殖民地。清朝作為一個封建帝國，它把臺灣收入版圖，設官置守，先是一個府，後是一個省，把它同內地省份以及邊疆的移民地區一視同仁。臺灣與清朝當局的關係絕不是殖民地與宗主國的關係。

其次，有沒有一個「清朝時代的臺灣本地人社會」呢？一個社會是一個複雜的系統，是各種社會關係的總和。社會結構包含了組成這個社會的各種因素及其相互關係，而階級的結構則是社會結構的基礎和主要表現形式。在一個社會中，有統治者，也有被統治者；有地主，也有佃戶；有頭家，也有伙計；有船東，也有水手；如此等等。上述關係是相互依存的，沒有一方也就沒有另一方，沒有統治者也就沒有被統治者，把二者割裂開來，就不成為一個社會。所以，史明所謂沒有統治者、剝削者，沒有地主、大商人的「臺灣本地人社會」是不存在的。「臺灣漢人」一定要和他所謂的「大陸漢人」結合才能成為一個社會。換句話說，「臺灣漢人」和「大陸漢人」都是臺灣社會結構內部的組成部分，只不過是

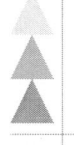

存在著階級差別而已。

可能史明已經發覺，把統治階級完全排除在臺灣社會之外是講不通的，所以在《獨論》中才作了修正。他寫道：「透過大陸官方管道來臺的官員、將兵、大租戶的統治勢力，及臺灣小租戶買辦分子，壓在開拓農民大眾頭上，而施加封建的、殖民地的壓迫剝削，就是滿清政府統治下的臺灣殖民地社會的基本結構。」他還把大租戶稱為「滿清統治勢力的經濟代理人」，把小租戶稱為「臺灣的土豪劣紳階級」，把大商人中的一部分列入臺灣社會的上層勢力，稱之為「買辦商人」。這樣，臺灣社會就不只是由被統治者組成，還包括了統治階級，也就是說，臺灣社會內部存在著階級差別，存在著統治與被統治、剝削與被剝削的關係。於是，他原來把統治階級全部說成是「大陸漢人」的「理論」已經站不住腳了——史明的修正本來應當說明這一點，可是他沒有公開改正這個錯誤。

為了進一步說明這個理論的錯誤，有必要對下列問題進行探討：

一、大租戶究竟是不是本地人？

按照史明的說法，大租戶是「外來特權階級」、「大多是住在城市或中國大陸而坐享其成」，日據時代有不少人「逃回大陸」。《獨論》則說大租戶「置本宅於大陸，富強者在臺灣設私宅，置碉堡，養私兵，實有小諸侯之稱」。前後的說法已有差別。實際上，大租戶和開拓農民都是從大陸移民到臺灣的。早在康熙、雍正年間，臺灣就已經出現大租戶。那時為了開墾荒地，一些「有力者」出來籌集資金，「招佃」開墾。由他們請領墾照、購置工具、建造茅舍、領頭修築水利，這些人成了墾戶，收取大租，而其他人則成為佃戶。這是開發過程中階級分化的表現。大、小租制度也是從福建移植過來的。《問俗錄》指出：「管荒埔者收大租，即內地（指大陸）所謂田骨也。墾荒埔者收小租，即內地所謂田皮也。」大租戶和多數的佃戶一同住在當地，有一部分住在城鎮，這和大陸的情況基本一致。從現在的土地文書中可以看出，住在大陸的大租戶只是個別的情況。所以把所有的大租戶都稱為「外來特權階級」，顯然是不符合歷史真實的。

二、誰是「外來者」、「新參者」，誰是「土著者」、「先住者」？

早期臺灣所有的漢人都是陸續從大陸移民來的，如果這樣就是「外來者」，

那麼不論統治者和被統治者都應當稱為「外來者」，而都不是「土著者」。如果居在住臺灣若干年以上，或若干代之後，便可以算是「土著者」，那麼在「土著者」中既有被統治者，也有統治者。顯然，外來與土著是不能以階級來劃分的。早期來臺的墾戶和佃戶逐漸成為土著者和先住者，後來的移民多是一般平民，也有少數統治階級人物，相對於早期渡臺者來說，他們是「新參者」。如果把後來渡臺的平民歸入「土著者」、「先住者」，而把康熙、雍正年間來臺的大租戶及其後裔稱為「外來者」、「新參者」，那顯然是講不通的。由此可見，所謂外來者、新參者與土著者、先住者的區別，主要在於到達臺灣時間的先後，從現在來講，這種區別已經毫無意義了。史明強調這個區別，是要為「臺灣民族論」提供依據，可是這個論據是不能成立的。

三、所謂「外來的、不定住的漢人統治階級」是哪些人？

史明的說法只有一部分是對的，而他把「漢人統治階級」都說成是「外來的、不定住的」，則是錯誤的。「外來的、不定住的」是清朝駐臺的文武官員和班兵，基本上是「官三年轉遷，兵三年一換」，官員還有五年一任的。官員不是常住人口，在當時全中國各地都是這樣，實際上臺灣官員的任期比閩浙等地為長。至於班兵，也都是要輪換的，臺灣三年換一次，駐哈密的班兵則是「二年一受代」。這些人可以列為「外來的、不定住的」，但把班兵列入「統治階級」，則難免言過其實。至於其他的「漢人統治階級」，是否都是「不定住」的呢？如果這樣，臺灣就沒有大租戶、小租戶、大商人之類的統治階級世家了。事實並非如此，大部分統治階級是屬於臺灣本土社會的。「富戶曰頭家，上者數百萬金，中者百萬金，數十萬金之富戶，所在多有。」不住在臺灣的地主為數不多。不住在臺灣的大商人是有的，他們不僅對臺灣進行貿易，其商號遍布大陸其他省份，甚至經營對外貿易，這些人屬於外省商人。但多數商人則是屬於本土社會的。由此可見，把統治階級全部列為「外來的、不定住的」，這種論點是沒有事實根據的。

四、清代臺灣社會動亂的原因和性質是什麼？

史明把「三年小反、五年大亂」說成是反對外來統治的「反唐山」的武裝鬥

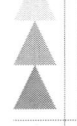

爭,「在實質上,已經是非常合乎所謂近代殖民地解放的革命理論」。這個觀點顯然是在上述錯誤理論的基礎上形成的。實際上,清代臺灣社會的動亂,除了分類械鬥以外,基本上都是農民起義、遊民暴動,還有少數的地主抗糧鬥爭。我們把歷次動亂加以分析,可以看出,這些動亂多是在社會主要矛盾(地主階級與農民及其他勞動人民的矛盾)的基礎上爆發的。正如《問俗錄》所說:「全臺田地大半歸於富戶(又稱頭家)。」他們勾結官吏,「以此虎嚇窮民,霸占田業……故歷來匪民為亂,多起於攔米穀、搶頭家」。起義的一方基本上是農民、遊民和其他勞動者,而鎮壓起義的一方則是清朝地方當局以及地主、商人之類的「義民首」所組成的武裝力量。這種情況和當時大陸全國社會各地是一樣的,而不是什麼本地人反對外來人的「反唐山」鬥爭。

實際上講不通

所謂「臺灣漢人」與「大陸漢人」的區別,不論從歷史和現實來看,都無法解釋實際社會的現象。

我們從臺灣各個姓氏的族譜中,一般都可以查出「開臺祖」的情況,其中有不少人是「隻身渡臺」從事開墾或其他勞動,按史明的說法,這些人應列入「臺灣漢人」。可是經過幾代以後,他的子孫發家致富,成為地主、商人,這樣,按史明的說法又變成「大陸漢人」了。還有些人初到臺灣時,從事一般勞動,算是「臺灣漢人」,後來發了財,買了田地,或成為商人,這時卻變為「大陸漢人」了。這種「由臺灣漢人變為大陸漢人」的事例,可以舉出很多:

著名的板橋林家第一代林平侯,原來是米店學徒,後來自營米店,又透過賣鹽而成為富商,他的後代就是有名的林本源大租戶。

張秉鵬17歲隻身渡臺,打雜為生,後來開船頭行,成為道光年間艋舺一帶的大商人。

李志清道光年間隨父來臺,起初提竹籃賣雜貨為生,後來開店、買船,成為泉郊大商人。

現在臺南南勢港的許姓居民,其祖先是碼頭苦力,清朝末年有的開「簽仔

郊」，經營食品雜貨進出口；有的開鴉片煙館，成為大商人。

臺南蕃薯港施姓居民，早期多數充當碼頭苦力，到道光、咸豐年間出過一對父子進士，在新美街蓋了進士大厝。

臺南西區西羅殿郭姓居民，其祖先原是苦力，道光年間，郭拔萃成為三郊領袖之一。

如果按照史明的說法，上述祖先從大陸來臺，從事勞動，算是「臺灣漢人」，而子孫出生在臺灣，有的從未到過大陸，只因發財致富，卻成為「大陸漢人」，這顯然是講不通的。

至於清代的大租戶、大商人和個別官員的後裔，今天仍然生活在臺灣的，為數也不少。例如著名的霧峰林家、板橋林家以及早期的大墾戶林成祖（林秀俊）、張達京、賴科，大郊商張德皇、李勝發、王益興，大稻埕廈郊郊長、三郊總長林右藻，雲林漳籍墾首鄭萃徘、林克明、蔡麟，福建水師提督藍廷珍，著名知識分子陳維英、鄭用錫等人的後代，還生活在他們祖先生活過的地方，或繁衍到島上各地。其他曾經是「一方豪族」「貲產巨萬」「家有田園數千甲」「累世以財雄於鄉」的大家族的後裔，仍然所在多有。如果按照史明的說法，他們的祖先都不是「臺灣漢人」，現在能不能承認他們是臺灣人似乎還成為問題了。

還有一些臺灣知名人士，按其出身來說，也不能歸入「臺灣漢人」。例如，被史明稱為「當代最為堅強的臺灣民族自決主義者」蔡惠如，出身於臺中清水望族，其曾祖經營「源順號」船行，叔祖是「富甲一方」的財主。被史明稱為臺灣「解放運動的骨幹分子」、臺灣新民報總編輯林呈祿，出身於桃園「世代耕讀之家」。光復後第一位臺灣省議會議長、「臺灣民意的最高代表」黃朝琴，出身於臺南鹽水港富戶。早期從事「臺獨」活動，自稱「臺灣共和國，臨時政府大統領」的廖文毅，出身於西螺望族。按照史明的說法，都不能列入「臺灣漢人」一類。

至於當今臺灣在朝的本土政要和在野的本土精英，如果仔細查一查他們的家世，我相信會發現有不少人是「大陸漢人」的後裔，能不承認他們是臺灣人嗎？

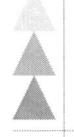

由此可見，史明的理論有很大的破綻，無法自圓其說，把大陸移民區分為「臺灣漢人」和「大陸漢人」，進而把社會矛盾歸結為民族矛盾，這不僅在理論上，而且在實際上都講不通。

所以，史明不僅應當修正他的「臺灣漢人」與「大陸漢人」相區分的理論，而且必須修正他還在堅持的「兩個管道，造成兩個層次的社會」的理論，以及由此產生的「民族壓迫史觀」。當前在臺灣從事反對運動的一位人士指出，史明這種「過度簡化的民族壓迫的觀點」，不僅對臺灣現實社會體制缺乏分析能力，而且在實際運用中將對反對運動帶來不利。一旦抽掉了上述理論，就等於抽掉了史明的「臺灣民族論」的基礎。這樣，這種「臺獨」理論就沒有多少依據了。

（刊於《史明臺灣史論的虛構》，人間出版社）

評臺北「福爾摩沙特展」

2月間，我參加中國社會科學院臺灣史研究中心組織的訪問團，到達臺北時，正好遇上「福爾摩沙特展」，我非常迫切地要求參觀，因為這是瞭解臺灣方面對臺灣史最新解讀的難得機會。陳忠信先生熱情地為我們作了安排。參觀當天，訪問團由中國社會科學院近代史研究所所長張海鵬教授率領，一行七人，來到臺北故宮博物院。杜正勝院長親自出面接待，他向我們介紹了「特展」的基本內容，並且贈送了他自己專門為這次「特展」而寫的一部新著：《臺灣的誕生：17世紀的福爾摩沙》。隨後，派了一位專業人員為我們作了詳細的講解。

參觀之後，果然大開眼界，同時也引發了深沉的思考。

不惜代價 留有遺憾

舉辦這個「特展」是用了大力氣、花了大本錢的。主辦單位從島內外38家博物館、檔案館、收藏單位和個人（其中荷蘭就占了17家）徵集到359件展品，都是珍貴文物，而不是圖片或複製品，這是十分難得的，也是很有價值的。這裡

有「番社采風圖」的原件、許多早期的臺灣地圖、當年按照歐洲人需要製作的中國瓷器、鄭成功與荷蘭人簽訂的和約荷蘭文本原件、鄭芝龍和鄭成功的畫像等等。其中「鄭荷和約」原件已經成為荷蘭的「國寶」，能夠借來展出非常不易，據說有幾幅地圖是「以最高價借到的文物」。我看到聞名已久的「沈有容諭退紅毛番韋麻郎等」石碑，還以為是一件複製品，解說員告訴我，這是原物，特地從澎湖運來展覽，然後要歸還原處。其他大型展品，如從荷蘭等地運來的巨大的橡木餐櫃、東印度公司水手工具箱、「荷使朝貢圖」彩漆屏風、畫在鹿皮上的地圖、荷蘭軍隊的盔甲和武器、17世紀荷蘭製造的印刷機、許多大幅的油畫等等，都要經過長途運輸，才能展現在參觀者面前。可見，這次展出所付的代價是相當可觀的。

　　舉辦鄉土歷史的展覽，以當地的歷史教育後人，本來是很有意義的。這次展出，從一定程度上說，有其積極的一面。有的觀眾從鄭成功對待荷蘭人寬容的態度，「推崇鄭氏是一位具有謀略的人才」；有人從當年的轉口貿易看到了歷史上的臺灣所具有的活力。不過，看了以後，我總感覺得有些奇怪，這究竟是如杜院長所說的為了「呈現17世紀臺灣的風貌」，還是為了「介紹17世紀的荷蘭」？因為荷蘭的展品大大超過臺灣的展品，有些是與臺灣毫無關係的東西，不知道為什麼也放在那裡。例如，一位荷蘭天文學家畫像、一隻18世紀荷蘭的醫藥箱、一臺荷蘭的橡木餐櫃、一架荷蘭製造的「布勞印刷機」模型、一艘400年前漂流到日本的荷蘭船「愛情號」的模型以及許多描繪荷蘭風景、人物的油畫等等。陳其南教授寫道，其中有一幅由「一位不怎麼出名的畫家」畫的荷蘭醫生解剖課的油畫，「這幅畫本身與臺灣沒有關係」，為什麼要展出呢，他解釋說：「可以借此從其典型的解剖學群體畫風格分開來探索荷蘭醫學傳統與藝術思想的影響。」舉辦以臺灣為主題的展覽卻考慮到要「探索」的是荷蘭的醫學、荷蘭的藝術，至於要「探索」臺灣的什麼則沒有明說。不過，如果用這樣的辦法來舉辦展覽，不僅這些「與臺灣沒有關係」的文物可以展出，恐怕任何國家、任何時代的文物都有可能成為任何「特展」的展品了。

　　陳其南寫道：中國人「才是荷蘭人在臺殖民事業的主力」。可是，中國人作為當時生活在臺灣的主人，與他們相關的展品卻很難看到，與臺灣關係最為密切

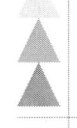

臺灣史事解讀

的中國大陸的展品也很難看到,這不能不算是一個遺憾。

當然,要找到當時的實物是相當困難的,但問題在於有沒有像蒐集荷蘭的展品那樣用心、用力去找。如果認真向民間收藏家徵集,要找到比「解剖學」「橡木餐櫃」之類更好的、與當時臺灣有更加密切關係的實物,恐怕不至於太難吧?實際上,在南部,現存的文物並不少。此外,為了突出荷蘭,不惜把19世紀末葉(光緒十一年,1885年)「紅毛親戚」(即自稱荷蘭後裔)控訴漢人的「悲憤詩」,也拿到「17世紀的臺灣」中展出,「離題兩個世紀」,也遠離了學術,這未免過於政治化了吧。

精心策劃 去中國化

這次展出可以說是經過精心策劃的。展覽的全稱是「福爾摩沙:17世紀的臺灣、荷蘭與東亞」,英文的全稱是:The Emergence of Taiwan on World Scene in 17th Century,即「17世紀臺灣在世界舞台上的出現」。在展出的同時,《中國時報》連載了由陳其南教授寫的「福爾摩沙特展發現臺灣系列」短文幾十篇,與展覽互相配合,進一步宣揚他們對臺灣史的看法,看來臺灣當局對於策劃這次「特展」是相當用心的。

當時我想,這次展出可能是根據杜正勝「同心圓」理論來設計的。用他自己的話來說:「在90年代中期,我提出同心圓的架構來規劃歷史教育,即從臺灣史出發,擴及中國史、亞洲史以至世界史。我也希望這個架構在史學界能夠開展,歷史學者不再限於中國史的範圍,建立臺灣的解釋觀點,而發展為世界性的格局。」這個「架構」就是要把臺灣史「擴及」到世界上去,根據中研院歷史語言研究所一位研究員的解讀,這就是研究臺灣史「不再把目光集中在中國」。

可是,「同心圓」畢竟還是臺灣史─中國史─亞洲史─世界史這樣一步步地「擴及」的,同心圓由近及遠,第一圈是臺灣,第二圈就是中國,第三圈才是世界,而這次展出卻直接從臺灣史「擴及」到荷蘭和東亞,而「跳越」了中國。看來,到了21世紀,杜正勝的理論又有新的發展,他似乎已經拋棄了「同心圓」,那麼他的新「架構」該叫做什麼,只好留待他自己來命名了。

顯然,按照主辦者的意圖,這次「特展」的主要目的是要讓臺灣「跳越中

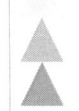

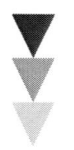

國」，它要說明當時臺灣是單獨出現在世界舞台上的，臺灣只和荷蘭、東亞有關，而極力抹殺和淡化臺灣與中國的關係。為此，陳其南這樣指導觀眾：「在觀看臺灣的同時，我們也在凝視世界。如果用心地看這次展覽，也許比在學校裡念整學期的『認識臺灣』或歷史課本可能更有收穫，目前國內的人文教育內容是很欠缺對於西方文明內涵與思維體系的深化理解。」他們的指導思想是「凝視世界」「認識西方文明」，而不是「認識臺灣」。因此，與臺灣無關的荷蘭展品多，臺灣主人的展品少，與中國大陸有關的展品更少，正是體現了策劃者的意圖。

杜正勝的著作中有這樣的觀點：「臺灣歷史不始於歷史時期的中國移民，但17世紀這100年卻是最重要的開端。」「臺灣這塊土地這時（17世紀）才屬於所謂的歷史時期。」「在荷蘭人統治的38年中，臺灣的主人，也就是掌握國際化運作，並從中得到好處的，並不是原住民，也不是漢人，而是荷蘭人。」

看來他的意圖十分明確，他把荷蘭殖民時期說成是臺灣歷史的開端，而且竟然把荷蘭人說成是當時臺灣的主人。這樣的觀點不知臺灣有多少人可以接受。

根據外國人的記載，「當荷蘭人在1624年到達臺灣並且準備在那裡定居時，他們發現很多中國人的小社會，其數目之多，足以為他們引起不少難題」。這就是說，在那裡確實存在著「歷史時期的中國移民」，他們比荷蘭人更早在臺灣定居。杜正勝說「臺灣歷史不始於歷史時期的中國移民」，顯然是要抹掉這段歷史，目的是「去中國化」。

根據專家的研究，在荷蘭統治後期，僅在赤崁附近就有中國移民35000人，受荷蘭統治的土著居民大約有6萬多人，而荷蘭人只有1000多名，其中多數是士兵，還有一些「外勞」。怎麼可以把少數外國殖民統治者當做臺灣的主人呢？

更能模糊人們視野的是，在他們的精心策劃下，「17世紀」似乎等同於「荷蘭人的世紀」。大家知道，一個世紀長達100年，而荷蘭人侵占臺灣只有38年，其他時間的臺灣都和荷蘭人無關，而和中國有關。1600—1624年的臺灣歷史是土著居民和大陸漢人共同生活的歷史；1624—1662年在荷蘭東印度公司統治下，是中國移民和土著居民共同開發臺灣的歷史，他們都是歷史的主人；

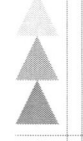

臺灣史事解讀

　　1662—1683年在鄭氏政權下，1683—1700年在清朝統治下，都是中國人民開發臺灣、建設臺灣的歷史。怎麼可以把荷蘭人「策劃」成為整個17世紀臺灣的「主人」、主角，而極力抹殺中國人作為主人和主角的地位和作用呢？可見，把17世紀等同於荷蘭人的世紀，其根本目的就是「去中國化」，這是再明顯不過的了。難怪一些觀眾批評這次展出荷蘭人剝削、壓迫土著居民部分，是被「美化或簡化」了，有的更直接地指出：「此展為錯誤的殖民史觀展。」

　　但是，「去中國化」是永遠辦不到的。杜正勝指出：「荷蘭人以臺灣為轉口站，臺灣納入世界貿易的一環。」陳其南寫道：「17世紀的臺灣，搭載歐洲人的商業殖民體系，已在全球網絡中無限延伸，向外發信。」但是，他們沒有向人們說明，當時的臺灣並不是可以「跳越」中國就能直接進入世界的。多年前，我已經說過：「實際上，荷蘭侵占時期臺灣的海上貿易是中國海上貿易的一個組成部分。」荷蘭人將中國的生絲、絲織品、瓷器運往日本和巴達維亞，從巴達維亞將胡椒、香料、琥珀、錫、鉛及歐洲貨物運往中國大陸。供應和推銷貨物主要依靠大陸商人，特別是鄭芝龍及其手下的大商人。「在大陸發生戰爭、中國商人參與爭奪貨源的情況下，臺灣的轉口貿易便漸趨衰落。」由此可見，當年臺灣在「納入世界貿易」時，不論是貨物、商人還是商船，以及轉口貿易的盛衰，都和中國大陸緊密相關，去除了中國，臺灣怎能空手進入世界？人民有知的權利，舉辦展覽應當把真實的歷史告訴觀眾。如果任意「剪切」歷史，掩蓋歷史的主導面，那是經不起歷史事實的檢驗的。

　　從哪裡尋找臺灣的前途和位置？

　　杜正勝的著作結尾一段的標題是「臺灣歷史的十字路口」，在總結性的文字中他表示：

　　「歷史不會重演，但有啟示。今天臺灣面臨的許多問題，例如全球化在世界體系中的位置，臺灣主體性和本土化，以及該與中國維持什麼樣的關係等等，早在17世紀似乎都出現過。17世紀給我們的啟示是：

　　臺灣不能孤立或被孤立

　　臺灣不能喪失主體性

臺灣無法切斷與中國的關係

但不能淪為邊陲

臺灣要在更大的世界網絡中尋找自己的前途和位置。」

顯然，這次展出絕不單純是臺灣歷史的展覽，其真正目的在於探尋臺灣的「前途和位置」。主事者固然沒有明確回答「前途和地位」何在，但是，他們卻不斷地給參觀者以誘導和啟發：

杜正勝說：「如果荷蘭人的統治繼續下去，臺灣很可能像澳洲、紐西蘭一樣，長期成為歐洲國家的海外殖民地，到20世紀成為獨立的國家。」「在陸權思想體系中，臺灣只落得邊陲的地位。」「這100年歷史，你可以看到一向被排除在中國社會正統價值之外的邊緣人士多麼有活力，而且具備世界觀。」

陳其南說：「臺灣和當時歐洲文明核心之間的空間距離多麼接近，隨著歐洲人的離去，臺灣好像是忽然又掉入了過去傳統歷史的地窖中，在中華文明的樟木櫃中儲藏，自我發酵。」「對臺灣而言，事實上時代並未脫離17世紀中華帝國想像的空間與秩序。」

在這裡，我們似乎可以聽到這樣的夢囈：「如果殖民者不走該多好呀！」「如果能夠擺脫傳統歷史和中華文明該多好呀！」難道他們就要從這裡去尋找臺灣的前途和位置嗎？

看來，「官學兩棲」的人士還不便露骨地道出主政者的真實意圖，而當權者則急不可待地要人們瞭解展覽的現實用意。陳水扁說，展覽給予的啟示是：「必須在歷史傳承下，在今天的世界體系中，認清自己的位置，才能掌握時代的潮流。」那麼，「位置」何在呢？他指出：「我們從臺灣與海洋及週遭地區的關係，重新思考臺灣的定位，積極地推動南向政策。」呂秀蓮說，「臺灣正遭遇中國空前磁吸效應的歷史關頭」，這次「特展」很有意義，她的答案是：「把臺灣建設成新的世界島。」可見，他們都是要引導人們「跳越」中國，從「南向」「世界島」去「尋找臺灣的前途和位置」。這正是這次「特展」引起臺灣當局如此重視的原因，可惜卻找錯了方向。

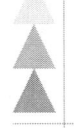

是的,「臺灣不能孤立」,孤立是沒有前途的。但是,臺灣首先要自己不孤立,才不會被孤立,而要「切斷關係」「去中國化」就是自我孤立的表現。

是的,「臺灣不能喪失主體性」,但只有認清自己的位置才能找到自己的主體性。

是的,「臺灣無法切斷與中國的關係」,所以,臺灣的地位不能從「切斷與中國關係」中去尋找。

只有明確了定位,才能找到發展的「正路」,才不會走到邪路上去,才能在當家做主的基礎上,處理好「無法切斷的關係」,共同攜手走進世界,並且在世界體系中找到自己最恰當、最能發揮活力的地位,找到最光明的前途。

(《兩岸關係》)

註釋

[1].《「兩岸對峙下的臺灣史觀」專輯》,《歷史》月刊,第105期,1996年10月。

[2].陳芳明:《探索臺灣史觀》,自立晚報社,1992年,第25頁。

[3].張隆志:《當代臺灣史學史論綱》,《臺灣史研究》16卷4期,2009年12月。

[4].張亞中:《建立兩岸共同體史觀(一):現有史觀的問題在哪裡》,《中國評論》2010年11月號。

[5].蘇起:《臺灣的歷史與地理》,《聯合報》2010年9月2日。

[6].《戰後史觀與臺灣史研究演講側記》,203.68.236.93/doc/discuss/taiwan/1010309-01.doc

[7].張亞中:《建立兩岸共同體史觀(一):現有史觀的問題在哪裡》,《中國評論》2010年11月號。

[8].王汎森:《歷史教科書與歷史記憶》,《思想》雜誌,2008年第5期。

[9].劉阿榮:《全球在地化與文化認同—臺灣文化認同的轉化》,《全球在地文化研究》,桃園:元智大學通識教學部出版,第123—129頁。

[10].王晴佳:《臺灣史學50年》,麥田出版社,2002年,第118、123、126頁。

[11].蔡篤堅:《口述歷史實踐與臺灣認同發展》

[12].陳翠蓮:《臺灣人的抵抗與認同》,遠流出版社,2008年。

[13].宋佩芬等:臺灣史的詮釋轉變》,《教育科學研究期刊》第55卷第3期,2010年。

[14].《學者:臺灣史才是國史》,《自由時報》2010年2月27日

[15].《臺灣歷史課綱涉大是大非》

[16].張亞中:《異化的史觀與認同:從我者到他者》,《中國評論》2012年4月號。

[17].楊開煌:《透析「臺獨」史觀,解構「臺獨」教育》

[18].張海鵬:《關於臺灣史研究中「國家認同」與臺灣史主體性問題的思考》

[19].參閱陳孔立:《臺灣民意的三個層次》、《從「臺灣人認同」到雙重認同》,《臺灣研究集刊》2012年第1期、第4期。

[20].楊渡:《臺灣最大優勢 深厚中華文化底蘊》

[21].陳福裕:《從文化認同過渡到國家認同的契機》,引自張方遠編:《高中歷史課綱烽火錄》,海峽學術出版社,2013年。

[22].王曉漁:《歷史教科書的兩個怪圈和兩種敘事》,《同舟共進》2013年第5期。

[23].葛劍雄:《歷史教科書的「底線」》,《同舟共進》2013年第5期。

[24].參閱陳孔立:《夷洲非「夷州」辨》,《臺灣研究集刊》2001年第1

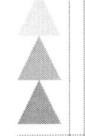

期。

[25].陳福裕：《從文化認同過渡到國家認同的契機》，引自張方遠編：《高中歷史課綱烽火錄》，海峽學術出版社，2013年。

[26].知乎：《鄭成功收復臺灣，還是攻占臺灣》

[27].參閱孔立等：《鄭成功評價的方法論問題》，《廈門大學學報》1983年第1期。

[28].《經濟學人：如何紀念鄭成功》

[29].辛在台：《鄭成功蓋棺難定論》，《自由時報》2007年5月10日。

[30].]管仁健：《鄭成功為何要屠殺荷蘭牧師？》

[31].《許添財讚鄭成功維護海權》

[32].[美]菲力普·巴格比：《文化：歷史的投影》，上海譯文出版社，1987年，第115—116頁。

[33].陳奇祿：《民族與文化》，臺灣，黎明文化事業公司出版，1981年，第36頁。

[34].陳碧笙：《臺灣地方史》，中國社會科學院出版，1982年，第277頁。

[35].同上，第279頁。

[36].王曉波：《走出臺灣歷史的陰影》，臺灣，帕米爾書店，1986年，第302頁。

[37].戴國煇：《兩個尺碼與認識主題的確立》刊載於《臺灣與世界》1986年第2期，第78頁。

[38].宋澤萊：《臺灣人的自我追尋》，臺灣，前衛出版社1988年，第125—126頁。

[39].李喬：《臺灣運動的文化困局與轉機》，臺灣，前衛出版社，1989年，第36—37頁。

[40].陳奇祿：《民族與文化》，臺灣，黎明文化事業公司出版，981年，第42頁。

[41].[美]菲力普·巴格比：《文化：歷史的投影》，上海譯文出版社，1987年，第123頁。

[42].鄭欽仁：《歷史文化意識對中國改策之影響》，臺灣，「國家政策資料研究中心」，1989年，第16頁。

[43].陳孔立：《清代臺灣移民社會研究》，48—53頁，廈門大學出版社，1990年。

[44].李國祁：《清代臺灣社會的轉型》，《中華學報》，五卷二期，149頁。

[45].中國論壇》，二十七卷三期，25頁。

[46].濱田恆之助等：《臺灣》，644頁，東京。

[47].《臺灣地區社會變遷與文化發展》，代序，11頁，中國論壇出版，1985年。

[48].蕭新煌：《富裕化多元化和社會結構的轉型》，《潮流月刊》，十五期。

[49].陳紹馨：《中國社會文化研究的實驗室—臺灣》，中研院民族所集刊二十二期。

[50].李亦園編：《辨思與擇取》，83頁，敦理出版社，1987年。

[51].同上書，17頁。

[52].馮天瑜等：《中華文化史》，第四章，上海人民出版社，1990年。

[53].[美]菲力普·巴格比：《文化：歷史的投影》，115—116頁，上海譯文出版社，1987年。

[54].林美容：《族群關係與文化分立》，中研院民族所某刊六十九期。

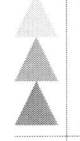

[55].臺灣《中國時報》1997年6月6日。

[56].同上。

[57].臺灣《聯合報》1997年6月6日。

[58].同上，1997年3月20日。

[59].同上，1997年3月28日。

[60].林滿紅：《四百年來的兩岸分合》，臺北，自立晚報文化出版部，1994年版，22頁。

[61].臺灣《中國時報》1997年6月6日。

第二部分

夷洲非「夷州」辨

　　《光明日報》2000年5月6日綜合新聞版發表消息，說是史志編纂工作者楊靜琦發現，早在一千多年前的史志記載中，臺灣就是中國臨海郡的一個「州」，並以「一千八百年前臺灣就是中國的一個州」的醒目標題作了報導，第二天，《文摘報》給予摘要發表。這是十分令人驚訝的見解，可惜卻是一個錯誤的論點。

　　三國時期的臺灣叫做什麼，有關著作有兩種不同的說法，有的說是「夷洲」，有的說是「夷州」。所以說，「夷州說」早已存在，可是並沒有人從而引申出是臨海郡的「一個州」。說它是一個州確是楊靜琦首先提出的。

　　我們先來查閱一些基本史料：

　　標點本《三國志》卷四十七，吳書，吳主傳第二：黃龍二年「遣將軍衛溫、諸葛直將甲兵萬人浮海求夷洲及亶洲」。這裡用的是「洲」，但同書也用過「州」。查「四部叢刊」本、「四部備要」本、「四部全書」本的《三國志》吳志二，黃龍二年條均作「夷洲」，其中「四部叢刊」本用的是宋紹熙年間的刊本，應當是較早的版本。

　　《太平御覽》卷七百八十，四夷部一，敘東夷：「臨海水土志曰夷州在臨海東南，去郡二千里。」用的是「州」。

　　《太平寰宇記》卷九十八：「夷洲四面是溪，頂有越王釣石在焉。」用的則是「洲」。

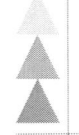

《後漢書》卷一百一十五，東夷傳：「又夷洲及亶洲。」並引《臨海水土志》，也作「夷洲」。

《資治通鑑》卷七十一：「吳主使將軍衛溫、諸葛直將甲士萬人，浮海求夷洲亶洲。」並引《後漢書》東夷傳及《臨海水土志》，均作「夷洲」。

上述史料說明在古代文獻上曾經是「夷洲」和「夷州」混用的。那麼究竟哪一個正確呢？

「洲」是地理名詞，指的是水中的陸地，而「州」則是地方行政單位，是有行政建置的。

關鍵在於三國時期吳國有沒有在臺灣設立這樣一個建置。

《臨海水土志》寫到夷州時，說那裡是「眾山夷所居」，「此夷各號為王，分畫土地」。可見當時的臺灣是由「山夷」自行管理的，吳國並沒有在那裡設官置守，就不可能有行政建置了。

更重要的是，需要搞清當時吳國的地方行政制度。吳國設有三個州，即揚州、荊州、交州，在各州之下設有若干郡。以臨海郡為例，吳太平二年以原來的會稽郡東部為臨海郡，其下有臨海縣。臨海郡是在揚州之下，屬於揚州的一個郡。當時，揚州之下還有丹陽郡、會稽郡、吳郡、新都郡、臨川郡、建安郡、都陽郡、豫章郡、廬陵郡、蘄春郡等。這就是說，一個州之下有好幾個郡，州比郡大得多，怎麼可能在臨海郡之下設立一個比它大的「夷州」呢？（至於說今浙江、福建等沿海地區屬於三國時吳國的臨海郡，這是把臨海郡的範圍誇大了，臨海郡大約管轄浙江瑞安以南、福建福安以北的地區，瑞安以北的浙江沿海和福安以南的福建沿海不屬於臨海郡管轄）

以上史實可以說明，當時的臺灣應該稱為「夷洲」而不是「夷州」。在這個方面，劉偉毅所著的《漢唐方志輯佚》採取了相當慎重的態度，在第65頁的注中說明夷州在《後漢書注》、《通鑑注》中「俱作洲」，他沒有把夷洲斷定為「夷州」。可是，楊靜琦卻根據劉偉毅的著作把夷洲斷定為「夷州」，並從而引申為「中國臨海郡的一個州」。

本來，把夷洲誤解為「夷州」，還只是一個小小的誤會，可是由此把臺灣說成在「一千八百年前就是中國的一個州」，則是一個大大的笑話了。更嚴重的是以這個錯誤的論點作為批駁他人的「鐵證」，在學術上是非常不嚴肅的，在政治上也是不慎重的，所以有必要給予糾正和澄清。

(《臺灣研究集刊》)

元置澎湖巡檢司考

元代在澎湖設置巡檢司，這是中國在臺灣附近島嶼設立專門的政權機構的開始。由於文獻記載比較簡略，多年來國內外不少學者對這個問題沒有弄清，產生種種不同的看法。對於這樣一個重要的史實，有必要加以辨正。本文就「隸屬」、「年代」兩個問題作一考證。

隸屬

元代澎湖巡檢司屬於何縣，有三種不同的說法。

第一種說法是屬於福建省晉江縣。元代汪大淵所著《島夷志略》指出：澎湖「隸泉州晉江縣，至元年間立巡檢司」。柯劭忞寫的《新元史》也持此說。

第二種說法是屬於福建省同安縣。清朝乾隆年間刊行的胡建偉所著《澎湖紀略》寫道：澎湖「迨元末時，始置巡檢司以官斯地，隸屬泉州郡同安縣治」。後來，嘉慶年間刊印的《臺灣縣志》、光緒年間刊印的《澎湖廳志》，以及連橫的《臺灣通史》等書，也都沿襲這個說法。新中國成立以後出版的吳壯達著《臺灣的開發》、王藝生著《臺灣史話》、中國青年出版社編《臺灣地理》，以及1973年美國出版的《近代的臺灣》、[1]1975年臺灣出版的《年鑑》等書，仍然採用這種說法。

第三種說法是不提及隸屬問題。從清初以來，有不少著作由於對「屬同安說」有懷疑，或是由於未及考證，為慎重起見，未提及隸屬於何縣。如乾隆年間

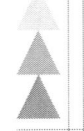

刊印的范咸《重修臺灣府志》、劉良璧《重修福建臺灣府志》、余文儀《續修臺灣府志》、王必昌《重修臺灣縣志》，以及同治年間刊印的《臺灣府志》等書就是這樣。私家著作如杜臻著《澎湖臺灣紀略》、朱景英著《海東札記》，以及新中國成立後出版的劉大年等所寫的《臺灣歷史概述》，也未提及隸屬問題。

究竟哪一種說法是正確的呢？這就需要根據各種史料進行分析。早期提及澎湖的隸屬問題，是南宋趙汝適寫的《諸番志》，它指出：「泉有海島，曰澎湖，隸晉江縣。」後來，元代汪大淵的《島夷志略》也說屬於晉江。到了明朝，由黃仲昭編纂的《八閩通志》，在卷七地理晉江縣條目之下，記載了澎湖嶼的情況。明朝後期陳懋仁寫的《泉南雜誌》也說：「澎湖嶼，在巨浸中……訟者取決於晉江縣。」由此可見，早期的文獻都說澎湖屬於晉江縣，直到明代還沒有出現屬於同安縣的說法。

「元置巡司，隸屬同安」的說法是到了清朝才出現的。這個錯誤是經過以下三種記載逐漸形成的。

第一，康熙二十四年林謙光所著《臺灣紀略》最先提出澎湖「舊屬同安縣」，但所謂「舊」是什麼時代並未指明。

第二，康熙三十五年高拱乾《臺灣府志》寫道：「明嘉靖間，澎湖屬泉同安，設巡檢守之。」康熙年間刊印的陳文達《臺灣縣志》、周元文《重修臺灣府志》也採用同一說法。

從宋、元以來，澎湖一向屬於晉江，為什麼到了明末要改隸同安呢？這不能不令人發生疑問。實際上，在明代，澎湖仍然屬於晉江縣。上引《八閩通志》就是一個證明。此外，《明史·地理志》在晉江縣條下寫明：「海中有澎湖嶼。」清初顧祖禹輯著的《讀史方輿紀要》卷九十九，也有同樣的記載。說澎湖屬於同安，可能是因為澎湖游擊曾經屬福建南路參將管轄。據《廈門志》卷三記載：「萬曆二十年，移南路參將駐鷺門，居中調度，轄銅山、浯嶼二寨，浯銅、澎湖二游。」鷺門即廈門，明時屬於同安縣管轄。這條史料只能說明澎湖游擊曾經受駐紮在廈門的南路參將管轄，並不能說明澎湖在行政上屬於廈門或同安。所以乾隆年間刊印的《澎湖臺灣紀略》一書，在專門記述澎湖歷史的部分就不採用這種

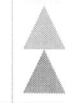

說法,而明確指出澎湖「明隸泉州府晉江縣」。

由於高拱乾等人的錯誤,把「同安」和「巡檢」二者聯繫起來了,但還只提到澎湖在明代屬於同安,尚未形成元代屬同安的說法。

第三,乾隆年間胡建偉所著《澎湖紀略》,進一步發展了上述的錯誤,其中寫道:「迨元末時,始置巡檢司以官斯地,隸屬泉州郡同安縣治。」這樣,就把前人所說明代的事套到元代上去,於是「元置巡司,隸屬同安」的說法便最後形成了。以後凡是持這種說法的,其根源就在這裡。

透過以上資料排比,可以看出,「屬同安說」的錯識是從康熙年間的林謙光開始,到乾隆年間的胡建偉最終形成。後來由於人們沒有仔細考證,特別是由於光緒《澎湖廳志》作為當地的地方志,也沿用這種錯誤的說法,於是以訛傳訛,流傳到今。

年代

關於澎湖巡檢司設立的年代,國內外史學界也有種種不同的說法:一、至元初,如柯劭忞《新元史》;二、至元年間,如汪大淵《島夷志略》;三、至元末,如顧祖禹《讀史方輿紀要》;四、至元中,如連橫《臺灣通史》;五、元末,如范咸《重修臺灣府志》等臺灣地方志書;六、至正二十年,如日本種村保三郎《臺灣小史》、東嘉生《臺灣經濟史研究》。近年來,日本出版王育德寫的《臺灣》(日文本)採用元末說,寫明在14世紀後半期;史明寫的《臺灣人四百年史》(日文本)定為至元十八年;臺灣出版的《年鑑》沿用至正二十年的說法;美國出版的《近代的臺灣》(英文本)則主張在13世紀。以上種種說法,都沒有提出自己的論據。

新中國成立後出版的有關臺灣史的著作,對這個問題進行了研究,提出三種不同的看法,並且闡述了史實的根據。

第一種看法是劉大年等著《臺灣歷史概述》所提出的,他們主張在1280年至1287年間(即至元十七年至二十四年),其理由是:「一二八〇年和一二八七年,元世祖忽必烈兩次謀征日本。第一次派范文虎率領南方軍隊十餘萬人,戰

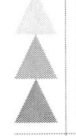

艦三千五百艘，是從南方海上出發的。忽必烈已經注意到，要遏制日本，必須加強對澎湖、臺灣的管理和經營。正在這個時期，元政府在澎湖設立巡檢司。」[2]

這種說法試圖把澎湖設巡檢司同遏制日本的政治目的聯繫起來考察，但是缺乏足夠的史料根據。《元史》記載，至元十七年范文虎出師日本，是從浙江慶元路（寧波定海）出發的，向北航行到平湖島（日本九州西部的小島），遇風而返，並沒有涉及澎湖。從地理位置來看，澎湖離日本遠，離瑠求（臺灣）近，澎湖的設治顯然與經營瑠求有關，而同遏制日本關係不大。

第二種說法是吳壯達著《臺灣的開發》和中國青年出版社編《臺灣地理》等書所提出的。他們主張在順帝至元年間（1335年至1340年），其論據是：第一，《臺灣府志》、《縣誌》都採用元末說；第二，至元二十九年派楊祥等招諭瑠求無功而返，到了大德元年才立省泉州以圖瑠求，可見至元二十九年已在澎湖設官置守是有疑問的；第三，順帝至元年間多次記述在各地設置巡檢司之事，因此在這時設澎湖巡檢司可能性較大。[3]

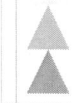

這種看法的理由是不充分的。第一，「順帝至元年間，各地農民不斷起義，元政府已無力經營海島」。[4]在元末歷史上，很少看到經營海島和出兵海外的記載，相反地，在元世祖至元年間這類記載則比比皆是。第二，順帝至元年間在一些地方設置了巡檢司，這是事實，但是它不能作為澎湖也在那時設置巡檢司的依據。因為元代設巡檢司並不是僅僅在後至元年間才有的，在前至元也有設巡檢司的記載。例如，《新元史‧百官志八》寫道：「至元二十年置香河等處巡檢司。」「十一年置治麗正門以東巡檢三員，二十一年置西北南關廂巡檢司二。」第三，至元二十九年「招諭瑠求，無功而返」，這只能說明那時還不可能在瑠求設官置守，卻不能排除在澎湖設治的可能性。相反地，在這次招諭的過程中，為了便於經營瑠求，在澎湖設立巡檢司以策應招諭的活動倒是很有可能的。大德元年「徙治泉州，以圖瑠求」，這並不是經營瑠求的開始，而是在原有的基礎上採取進一步的措施。所以在此以前，先在靠近瑠求的澎湖設官置守，也是可能的。至於說臺灣的一些地方志採用了元末說，那都是清代的著作，並沒有提出可靠的史料，不足為據。

第三種說法是榮孟源在《澎湖設巡檢司的時間》一文中提出的，認為應在至元二十九年至三十一年之間（即1292年至1294年），其論據如下：第一，至元二十九年和大德元年兩次派兵去臺灣，而第一次派兵的出發地點和回師地點都在澎湖；第二，順帝至元年間，各地農民不斷起義，元政府已無力經營海島；第三，世祖至元年間稅額尚輕，大德以後稅額日增，而《島夷志略》所說澎湖鹽課很低，不可能是大德以後的事。

這種說法是比較可信的。

我們認為，在確定澎湖設巡檢司的年代時應當注意以下兩點：第一，《讀史方輿紀要》所引的《元志》和元代的著作《島夷志略》是有關這個問題最早的記載，前者說是「至元末」，後者說是「至元年間」，二者應當是一致的，都是指元世祖時代，而且是元世祖的末年。因為元人寫的《元志》，所提及的「至元末」，顯然不能理解為「到了元朝的末年」。第二，要把澎湖的設官置守同元代歷史的發展趨勢聯繫起來考察，特別要同元代對瑠求的經營活動聯繫起來考察。

元世祖至元年間，元軍南下，平定南方。十五年在福建設行省，從十六年開始就有遣使安南、「造征日本及交趾戰船」、「詔諭占城國王」、「征緬甸」等活動。《元史·唆都傳》寫道，福建設行省後，唆都入覲，「帝以江南既定，將有事於海外，升左丞，行省泉州，招諭南夷諸國」。那時主要對象是東南亞各國，還沒有提到經營瑠求的問題。元政府對瑠求採取行動是從至元二十八年開始的，其過程如下：

至元二十八年（1291年）以楊祥為宣撫使，前往瑠求。二十九年楊祥等「無功而返」。大德元年（1297年）二月，福建行省徙治泉州，以圖瑠求。十二月，派張浩等赴瑠求，俘一百多人。二年正月，遣所俘瑠求人歸。這七八年是元朝積極經營瑠求的時期，在這個時期，為了便於對瑠求的活動，在澎湖設置巡檢司是有可能的。早期文獻所說的「至元年間」或「至元末」，正和這個時期相符。因此，在這個時期，特別是至元二十九年至三十一年，設置澎湖巡檢司的可能性最大。

有沒有可能在至元二十九年以前設置呢？根據《元史》瑠求條記載，至二

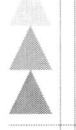

十八年吳志斗上言，說他「生長福建，熟知海道利病，以為若欲收附（瑠求），且就澎湖發船往諭，相水勢地利，然後興兵未晚也」。這樣一個簡單的建議，在當時還被看做是內行的意見而受到重視，吳志斗因而被任命為禮部員外郎，參加招諭瑠求的活動。這說明，在此以前，元朝當局還沒有把澎湖作為經營瑠求的一個基地，所以，在至元二十九年以前設置巡檢司的可能性是不大的。

本文的結論是：元代澎湖巡檢司設置於至元二十九年至三十一年（即1292年至1294年）之間，隸屬於福建省晉江縣。

（《中華文史論叢》）

澎湖不屬同安考

長期以來流行一種說法：「澎湖在歷史上曾經屬於同安縣管轄。」有關這種說法，可以舉出一些史料作為依據，至於這些依據是否可靠，則需要經過一番考訂，才能得出結論。早在25年前，我就寫了《元置澎湖巡檢司考》，[5]說明元代澎湖屬於晉江縣。本文的重點則是探討明代澎湖是否屬於同安縣。為了把問題說清楚，還需要從元代講起。

元代澎湖屬於晉江縣

至今仍有不少著作提出，元代所設澎湖巡檢司屬於同安縣。他們的依據主要有兩條：

一、康熙二十四年（1685）林謙光《臺灣紀略》指出：「澎湖舊屬同安縣。」

二、乾隆三十五年（1770）胡建偉《澎湖紀略》指出：「迨元末時，（澎湖）始置巡檢司以官斯地，隸屬泉州郡同安縣治。」

實際上，更晚的光緒十九年（1893）林豪《澎湖廳志》也說：元時澎湖巡檢司「隸同安縣兼轄」。

此外，還有一些地方志書（包括新編的《同安縣志》）沿用了這個説法。但是，上述三條史料是不可靠的。理由是，在此之前沒有任何史料説明「屬同安縣」，而全部説是「屬晉江縣」。請看：

早在南宋寶慶元年（1225）趙汝適寫的《諸番志》就指出：「泉有海島，曰澎湖，隸晉江縣。」

《閩書》卷七引用「宋志」説：「澎湖嶼在巨浸中⋯⋯有爭訟者，取決於晉江縣。」這也是宋代的記載。[6]

元代汪大淵寫的《島夷志略》指出：澎湖「隸泉州晉江縣，至元年間立巡檢司」。

明代黃仲昭編撰的《八閩通志》在卷七晉江縣條目之下，記載了澎湖。

明代後期陳懋仁寫的《泉南雜誌》也重複了澎湖「有爭訟者，取決於晉江縣」的説法。

這説明，在林謙光之前沒有人説過澎湖屬於同安。林謙光的説法是沒有史料依據的。後來胡建偉進一步發展了上述錯誤，他把元代澎湖巡檢司説成屬於同安。可見，「屬同安説」的錯誤是設巡檢司後大約400年後才形成的。

明代澎湖不屬同安縣

有人主張明代澎湖屬於同安縣，也有一些史料依據：

康熙三十三年（1694）高拱乾《臺灣府志》寫道：「明嘉靖間，澎湖屬泉同安，設巡檢守之。旋以海天遙阻，棄之。」

康熙四十九年（1710）周元文《重修臺灣府志》沿襲了上述説法。

在此之前，沒有任何人説明代澎湖屬於同安，相反，一些可靠的史料卻證明澎湖仍然屬於晉江。請看：

上文已經提出《八閩通志》《泉南雜誌》等明代著作都説澎湖屬於晉江。

明萬曆年間擔任福建巡撫的許孚遠在《議處海壇疏》中明確指出：「彭湖屬晉江地面。」作為當年的「省長」，他對自己管轄範圍的説法應當是具有權威性

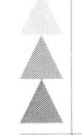

的。

明萬曆年間何喬遠《閩書》在晉江縣條目下寫了彭湖嶼，（並）引用「宋志」：「有爭訟者，取決於晉江縣」，並在「彭湖游」下指出「晉江海外絕島也」。

乾隆五年（1740）周于仁、胡格《澎湖志略》寫道：澎湖「明隸泉州府晉江縣」。

明代澎湖作為一個被當局把居民全部遷出而「墟其地」的海島，顯然沒有必要特地為之更改其隸屬關係。透過資料排比，可以發現「明代澎湖屬同安說」是由於高拱乾的錯誤引起的，後來撰寫臺灣府志的人（如范咸、余文儀等）就沒有再重複這種說法了。

關於「澎湖遊兵」

主張明代澎湖屬於同安的，估計還受到「澎湖遊兵」的影響。

道光十九年（1839）周凱在《廈門志》「兵制略」中指出：「萬曆二十年，移南路參將駐鷺門，居中調度，轄銅山、浯嶼二寨，浯銅、彭湖二遊。」乾隆二十八年（1763）《泉州府志》、光緒四年（1878）《漳州府志》都有類似記載。此外，《廈門志》「職官表」「武秩」有：「南路參將，萬曆二十年自漳州移駐」，「澎湖游擊，萬曆二十五年增設，屬南路參將，駐廈門，而澎湖其遙領也」。

「澎湖遊兵」與澎湖的隸屬有什麼關係呢？現將相關原始資料介紹如下：

一、王家彥《閩省海防議》寫道：「萬曆二十四年，撫臣金學聖委分守張鼎思、都司鄧鐘躬閱汛地，復請添設　山、海壇、湄州、浯銅、懸鐘、礵山、臺山、彭湖諸遊於一寨之中，以一遊翼之。」《明實錄》萬曆二十五年福建巡撫金學聖奏：「唯彭湖去泉州程僅一日，綿亙延袤，恐為倭據，議以南路游擊汛期往守。」這個建議得到「部覆，允行」。但是，局勢稍為平靜之後，「會哨之法遂杳然矣」。

二、《天下郡國利病書》也提到「澎湖遊兵」：萬曆「二十五年冬，初創一

遊、一總、四哨,冬鳥船二十艘,目兵八百有奇。二十六年春,又慮孤島寡援,增設一遊總哨」。「今僅有一總二哨,冬鳥船二十艘,官兵八百五十有奇,月糈則漳泉共餉之」。

三、明代後期福建巡撫黃承玄《條議海防事宜疏》指出:萬曆二十年「當事者始建議戍之。鎮以二遊,列以四十艘,屯以千六百餘兵,而今裁其大半矣」。他還說官兵視戍守澎湖為畏途,經常尋找藉口「偷泊別澳」,實際上是「有守之名,無守之實」,因而建議:「今合以彭湖並隸浯彭遊,請設欽依把總一員,專一面而兼統焉。」

四、沈鈇《上南巡撫暨巡海公祖請建彭湖城堡置將屯兵永為重鎮書》建議:專設游擊一員,鎮守湖內;召募精兵二千餘名,環守湖外。

這些資料表明,當年為了防倭,在萬曆二十年(1592)以後,才考慮在澎湖設置「遊兵」,但沒有接納派兵駐守的建議,而是採取「會哨」巡查的方式,軍糧還要漳泉兩地分攤,實際上是有名無實,作用很小。

這裡還要說明兩個問題:一是南路參將。據《福建通志》「兵制」載:明代分福建地方為三路,以福寧為北路、興化為中路、漳州為南路。又「職官」載:「南路參將,嘉靖間置,駐漳州。」澎湖遊兵屬南路參將。二、「澎湖游擊,萬曆二十五年增設」,這是1996年版《廈門志》職官表的記載。我懷疑「澎湖游擊」應是「澎湖遊兵」之誤,因為「澎湖游擊」是天啟五年(1625)才設立的,《明實錄》記載,當年六月,命鑄「彭湖新設游擊關防」。《明史》兵志也說:「天啟中,築城於彭湖,設游擊一、把總二,統兵三千。」

總之,上述資料已經表明,「澎湖遊兵」只涉及兵制,而不涉及行政隸屬關係。《廈門志》編者周凱還是把握原則的,他把「澎湖遊兵」列入「兵制」和「武秩」,而不列入「建置」和「職官」(文職)之中。所以,沒有任何理由認為因為澎湖遊兵屬南路參將,明代澎湖就要改屬於同安縣。

明代澎湖是否設巡檢司

上面引述高拱乾《臺灣府志》:「明嘉靖間,澎湖屬泉同安,設巡檢守之。

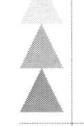

旋以海天遙阻，棄之。」後來，乾隆七年（1742）劉良璧的《重修福建臺灣府志》寫得更加具體：「嘉靖四十二年，流寇林道乾擾亂邊海，都督俞大猷征之，追及澎湖，道乾遁入臺。大猷……留偏師駐澎。……道乾既遁，澎之駐師亦罷，因設巡檢守之，既以海天遙阻，裁棄。」這是有關明代澎湖設巡檢司的主要依據。後來由於連橫《臺灣通史》也沿用這個說法，因此流傳甚廣。

這些史料說明：第一，巡檢司的設立與嘉靖四十二年俞大猷追擊林道乾有關；第二，巡檢司設置不久就廢除了，此後就沒有再設。

先看俞大猷的史料。除了一些臺灣方志以外，有關原始資料及俞大猷傳記資料，都沒有俞大猷追擊林道乾到澎湖的記載。《明實錄》嘉靖四十二年（1563）有關俞大猷的記載有：正月，漳州月港設守備，聽總兵俞大猷節制；四月，新倭自長樂登岸，俞大猷等合兵擊退，又擊（敗）犯興化倭於平海衛，平之；五月，因俞大猷赴援不及，「戴罪自效」；七月，因四月平海大捷，俞大猷獲賞銀二十兩；十月，福建巡撫譚綸奏：「總兵官俞大猷宜復還伸威營。」這說明嘉靖四十二年沒有俞大猷與林道乾作戰的記載，可能是由於當時林道乾只是吳平集團中的一股勢力，尚未單獨成為官兵的對手，所以，《明實錄》中還沒有出現林道乾的名字。

現在查到一條有關史料是《南澳縣志》的記載：嘉靖四十五年（1566）三月，林道乾與曾一本結為聲援，犯詔安。「總兵俞大猷逐之，遁入北港。大兵不敢進，只留偏師駐守澎湖」，道乾南奔占城。[7] 這與臺灣一些方志的記載相當接近，只是時間相差了三年。此外，《明史》列傳「呂宋」也有類似的記載：「萬曆四年（1576），官軍追海寇林道乾至其國（呂宋）。」不過，時間比嘉靖四十二年晚了13年。這說明林道乾究竟是哪一年被官兵追擊到臺灣，是有不同說法的。此外，《明史》雞籠山條記載「嘉靖末，倭寇擾閩，大將戚繼光敗之，倭遁於此，其黨林道乾從之」，而沒有提到俞大猷。

再看林道乾的資料。嘉靖四十四年十月，俞大猷與戚繼光夾擊海賊吳平於南澳。四十五年吳平敗，林道乾是吳平的「餘黨」。早在70多年前，前輩學者就對林道乾事蹟作過考證，張星烺寫了《林道乾事蹟考》，黎光明作了補正。黎先

生認為，有關林道乾的事蹟，「遍覽各書所載，無早於嘉靖四十三年（1564）者」，那就是張燮的《東西洋考》所說，嘉靖四十三年戚繼光「討吳平、林道乾於詔安，滅之」，因為「二林（指林道乾、林鳳）雖皆吳平之餘黨，而在吳平未死之前，固尚屬跳梁之小丑」。[8]

嘉靖四十五年九月開始，《明實錄》才有林道乾的資料：「時吳平既敗，餘黨陳新老、林道乾等後窺南澳。」隆慶三年（1569）提到「撫賊林道乾叛服不常」，「林道乾最號黠狡」，又說「撫民林道乾等實用命，宜許贖罪」；六年提到，林道乾名為「招安」，至今無可奈何；萬曆元年（1573）林道乾叛招出海投奔外國；到了萬曆六年，提及林道乾曾經打暹羅國船不勝，要打劫海門各所；八年，林道乾「以大泥、暹羅為之窟穴」。這說明在嘉靖四十五年以後，沒有林道乾到澎湖的有關記載。值得注意的是，福建巡撫塗澤民在嘉靖四十五年以後寫的《行廣東撫鎮》指出：「其實道乾自聚黨下海，實未嘗驚動閩中一草一木，閩中實不忍無故加之以兵，以阻其向善之念。」似乎福建官民對林道乾還有好感。

此外，在臺灣的方志中有關林道乾還有一些傳說，包括其妹埋在金山、林道乾掠殺土番等等，早已有人提出質疑。林道乾究竟是廣東惠來人、澄海人，還是福建泉州人？是1563年到臺灣，還是1566年？是從北港上岸，還是從打狗山、蘇澳上岸？退出臺灣後，是到大泥（北大年），還是到占城、崑崙或呂宋？關於這些問題，說法都不一樣。

羅列這些資料是為了說明「嘉靖四十二年俞大猷征林道乾於澎湖」的說法有不少矛盾，是令人懷疑的。如果無法證實，那麼由此而引發的設巡檢司，也就成問題了。臺灣學者曹永和在《早期臺灣的開發與經營》一文中指出，沒有林道乾「逃至臺灣的確實記載」。可能有鑑於此，在他的論文和許雪姬專門研究明代澎湖的論文中，[9]都不提設巡檢司的事，這是一種慎重的態度。

值得注意的是，《明實錄》卻有林鳳的相關記載：萬曆二年十月，福建海賊林鳳自澎湖逃往東番魍港，總兵胡守仁等追擊之。四年九月，把總王望高等以呂宋夷兵敗賊林鳳於海。這說明與林道乾相比，有關林鳳到達澎湖、臺灣的說法則是有原始資料作為依據的。

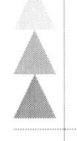

臺灣史事解讀

最後，還要澄清一種說法：「澎湖巡檢司兼轄臺灣地區。」實際上，巡檢司是一個最小的官，職權十分有限。《元史》「百官七」載：「巡檢司，秩九品，巡檢一員。」《明史》「職官志」指出：「巡檢司：巡檢、副巡檢，俱從九品，主緝捕盜賊，盤詰奸偽。凡在外各府州縣關津要害外俱設，俾率徭役弓兵警備不虞。」讓晉江縣裡最小的官，管澎湖三十六島，已經夠吃力的了，要他管整個臺灣，怎能擔當得起。

總之，本文的結論是：一、歷史上的澎湖曾經屬於晉江縣，從未屬於同安縣。二、明代澎湖設巡檢司一事，沒有可靠的史料依據，應當存疑。

（《臺灣研究集刊》）

鄭成功研究學術討論會綜述

鄭成功研究學術討論會於2月19日至24日在廈門舉行。會上，對鄭成功所處時代的社會主要矛盾等問題展開了熱烈討論。這裡將幾個主要問題重點介紹如下：

鄭成功所處時代的社會主要矛盾

大家認為，當時存在著三種矛盾：地主和農民之間的階級矛盾、滿族統治集團和各族人民之間的民族矛盾、西方殖民者和中華民族的矛盾。此外，還有地主階級內部的矛盾。但是，對於當時（特別是清兵入關後）社會主要矛盾的認識卻有分歧：

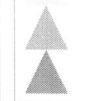

第一種意見認為，清兵入關後，實行民族壓迫，破壞社會生產力，這種暴力的統治，必然引起廣大人民及部分地主階級分子的反抗，因此，當時滿族統治集團和各族人民（以及部分地主）的矛盾，上升為主要矛盾。雖然階級矛盾仍然存在，但是農民軍的鬥爭很快地和南明政權及部分地主階級的勢力聯合起來，共同抗清。同時，中國人民和西方殖民者的矛盾也已經存在，但是並未成為主要矛

盾，只是在局部地區（東南沿海一帶），在一定的歷史條件下，才轉化為主要矛盾。至於轉化的標誌，有三種看法：一、郭懷一起義（1652）；二、江南戰役（1658）；三、進軍臺灣（1661）。

第二種意見認為，從全國形勢來看，當時仍然以階級矛盾為主。清軍入關後，聲稱「滅流寇以安天下」，並替漢族地主階級「報君父之仇」。清軍的主力聯合明朝的殘餘軍隊，著重對付大西和大順兩支農民軍和各地農民起義。當時國內民族矛盾也正在上升，並緊緊地和階級鬥爭相結合。在局部地區，民族矛盾顯得非常突出，例如東南地區的抗清鬥爭，就是體現以民族矛盾為主導的。

第三種意見認為，清兵入關後，矛頭主要是指向農民軍，而抗清的旗幟主要是掌握在農民軍手中，他們所反對的是入關的新興地主。至於漢族地主則紛紛投靠滿族統治集團，因此當時雖然也存在著民族壓迫，但是實質上主要矛盾仍然是階級矛盾。

第四種意見認為，清入關後所採取的政策比明末統治者好得多，北方幾乎沒有什麼反抗，福建的反抗也不激烈，只是西南比較突出。因此從全國形勢來看，民族矛盾不一定是主要矛盾。而以福建來說，清軍入閩時間短，人數少，滿族官員也少，民族壓迫不算嚴重，清朝將吏和鄭軍將領之間投來叛去、互相轉化的現象十分突出，這些情況表明，當時的民族矛盾不很尖銳，因此，當時福建社會的主要矛盾不是民族矛盾，而是「擁明派地主」和「擁滿派地主」之間的矛盾。

第五種意見認為，鄭氏集團主要是依靠海上的商業活動，荷蘭人占據臺灣以後，侵犯了他們的利益，因此，鄭成功和西方殖民者（主要是荷蘭）的矛盾，始終是主要矛盾，是敵對的矛盾，而他和清朝的矛盾卻是次要的，是國內兄弟民族間的內部矛盾。

此外，這個問題的討論，還涉及中華民族的形成、落後民族進入先進民族地區所發生的影響、古代民族和近代民族的區別以及國內民族矛盾和國外民族矛盾的特點及其發展途徑等問題。

鄭成功抗清的性質和評價

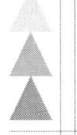

由於對社會主要矛盾的看法不同，在抗清的性質和評價方面也有不同的意見。

一種意見是：鄭成功的抗清是反抗民族壓迫的鬥爭，是正義的，是代表全民利益的，因此他能得到廣大人民的支持。有人指出，鄭成功雖然出身於反動的官僚大地主家庭，但是他堅定地背叛了他的家庭，以畢生精力和人民在一起，與滿洲貴族和漢奸大地主進行鬥爭，因此，他是地主階級中的先進人物，是「地主階級反滿派」（或抗戰派）。還有人認為，鄭成功已經超越了地主階級利益的範圍，他的軍隊是人民的子弟兵，他不僅是地主階級反滿派，而且是中華民族的民族英雄。

另一種意見也同意抗清是正義的、反抗民族壓迫的鬥爭，但是他們認為，鄭成功的抗清是從本階級利益出發的，他始終沒有背叛自己的階級，只是由於他和人民的利益有一致性，他的抗清鬥爭客觀上反映了人民的要求，因而得到人民的擁護和支持。所以，鄭成功是值得稱讚的地主階級抗戰派的領袖人物，不愧為民族英雄。

第三種意見則認為，鄭成功的抗清只是為了維護海上商業資本的利益，他的抗清鬥爭，從本質上說，是地主階級內部的鬥爭。因此，他在抗清鬥爭中不如李定國那樣堅定，而表現出一定的動搖性。在初期，由於鄭成功的家庭和自身受到清兵迫害，起來反抗，這是正義的。後來，民族矛盾已經緩和，國內出現了大統一局面，這時再繼續抗清就不一定是正義的了。至於人民支持鄭成功，那並不是由於反抗異族的壓迫，而是由於鄭成功的海上貿易活動，基本上符合沿海人民（特別是商業資本階層）的利益，而清朝的海禁遷界政策卻損害了他們的利益。因此，他們認為，不能把鄭成功的抗清估計過高，更不能把它和收復臺灣相提並論。

鄭成功收復臺灣的主要原因及其偉大意義

關於鄭成功收復臺灣的主要原因，有不同的看法。

一種意見是：荷蘭侵略者占領臺灣以後，封鎖和威脅沿海一帶，並且極力企圖擴大侵略，進攻福建沿海。同時，臺灣人民更是受到他們的殘酷剝削和壓迫。

所以，鄭成功收復臺灣是荷蘭殖民者和中國人民矛盾尖銳化的必然結果，這是鄭成功出兵收復臺灣的主要原因。至於以臺灣為其抗清根據地，也是一個原因，但那是次要的。

另一種意見則相反，認為鄭成功收復臺灣的主要目的是抗清，收復臺灣應當看做主要是抗清的延續。

對於鄭成功收復臺灣的偉大意義的估計則沒有分歧：大家一致認為，收復臺灣是鄭成功一生中最偉大的功績。這個鬥爭在世界反殖民主義鬥爭史上必須占有重要的地位。過去的歷史著作沒有充分地估計這個事件的偉大意義，這是必須加以糾正的。

具體說來，鄭成功收復臺灣的偉大意義有下列幾個方面：

第一，維護了祖國領土主權的完整，解放了臺灣人民，制止了荷蘭殖民者的擴大侵略，推遲了中國大陸淪為殖民地和半殖民地的進程。

第二，鄭成功收復臺灣，開發臺灣，推進了臺灣經濟的發展，加強了臺灣和大陸的聯繫，從而有利於中國社會經濟的發展。

第三，驅逐荷蘭殖民者鬥爭的勝利，是世界上從殖民地區把殖民者趕出去的第一次偉大勝利，它不僅對中國人民作出了巨大貢獻，而且大大地鼓舞了亞洲和世界各地的反殖民主義鬥爭。

此外，還有人指出，鄭成功收復臺灣，對於促進東西方貿易的發展，以及對南洋各地的開發，都有巨大的影響。

總之，鄭成功收復臺灣的鬥爭是中國歷史上反抗外國侵略者的一個偉大的勝利，同時也是反殖民主義鬥爭史上空前的勝利，不論在中國史還是世界史上都必須給予應有的地位。

其他問題

關於鄭成功時代對外貿易的性質：有人認為，當時從事海上貿易的除了豪富官商外，還有私商經營，其中已經有了資本主義萌芽的因素。但有人則認為，當

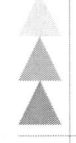

時中國對外貿易商人還沒有資本原始積累主要源泉，商業資本並未從流通領域轉向產業領域，因此對外貿易仍是封建性質的，並沒有產生資本主義萌芽的因素。

關於鄭成功和康熙的關係：有的論文作者認為，鄭成功收復臺灣，對於康雍乾盛世的形成是有影響的，雖然鄭成功和康熙是處於對立的地位，但為保衛地主階級的國家，促進中國封建經濟的發展，兩人實際上起了相同的作用，甚至可以說康熙承繼了鄭成功的某些未竟事業。他認為，鄭成功採取了積極的開國政策，比康熙所採取的消極的鎖國政策來得偉大。有人不同意這種說法，他們認為，康熙的鎖國政策是用以對付外國侵略者的，康熙的對外政策從當時歷史條件看來，已經是夠開明的了。

關於鄭芝龍的評價： 有人認為，鄭芝龍不顧大節，投降清朝，是個賣國賊和壞蛋，而鄭成功大義滅親，堅決和鄭芝龍各奔前程，這正是鄭成功偉大之處。但是也有人認為不能把鄭芝龍說得太壞，他在東南沿海堅持多年的反荷鬥爭，他所建立的武裝，為鄭成功的事業準備了物質基礎，他對開發臺灣有一定的貢獻。這一切都應當給予洽當的評價。

（《文匯報》）

鄭成功收復臺灣戰爭的分析

在鄭成功學術研究討論會上，對於鄭成功在軍事方面的成就，曾經展開爭論。有些同志認為鄭成功是一個傑出的軍事家，而另一些同志則表示懷疑。他們指出，鄭成功在抗清鬥爭中，打了幾次敗仗，在收復臺灣的過程中，也有估計不足、準備不夠、攻堅不力、久圍不下等缺點。其所以能夠取得勝利，主要是依靠人民的力量，鄭成功在軍事方面並沒有出色的成就。

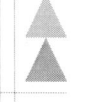

本文不準備全面地評價鄭成功在軍事方面的成就，只是試圖分析鄭軍在復臺之戰中在戰略戰術上的得失。這裡需要說明兩點：第一，復臺之戰的勝利是和政治、經濟、軍事、外交各方面的因素有關的，本文僅就軍事方面進行探討；第

二，復臺之戰的過程，在許多著作中已有詳盡的闡述，這裡不再重複，只是對戰爭過程中的幾個主要問題加以分析。

一、戰前雙方力量的對比

鄭成功在進軍臺灣時，面臨著兩大敵人。他必須防備清朝軍隊對金、廈根據地的襲擊，同時，也要以主要力量對付主要的敵人——荷蘭殖民者。

荷蘭殖民者自從1624年侵占臺灣之後，不斷地擴展其侵略勢力，對臺灣人民進行殖民統治。他們透過「長老」控制臺灣人民，並且實行軍事鎮壓，灌輸宗教思想，厲行徵稅，壟斷貿易，極力榨取掠奪。30多年來，他們的殖民統治力量增強了。但是，這種強力統治並沒有牢固的基礎，臺灣人民的反抗鬥爭屢次爆發。失道寡助，這是荷蘭殖民者不可克服的致命的弱點。

他們為了防範人民的反抗和抵禦鄭成功出兵收復臺灣，曾經一再地增強在臺灣的軍事力量。1650年，荷蘭東印度公司的十七人董事會決議：「熱蘭遮城堡即在太平時期守軍也不得少於一千二百名。」[10]此外，還有近千名士兵分派到各地各個行政區去。1660年，巴達維亞方面又派樊德朗率領12艘軍艦和一批軍隊增防臺灣。後來，樊德朗離開臺灣，留下了三艘兵船、一艘供需艇和600名士兵。他們擁有30000磅火藥和大批軍械，並且在臺江口一鯤身沙洲上建築了熱蘭遮城堡，在赤崁建造了普羅文查城堡。此外還先後建造了熱堡、烏特勒支堡和弗里辛根堡，以增強防禦力量。

當時，荷蘭所侵占的地區，是臺灣西南部和北部的基隆、淡水等地，而其主要兵力則集中在西南部的熱蘭遮（大員）和普羅文查（赤崁）兩個城堡。臺灣長官揆一等人，由於職守所在，曾經不斷地要求公司當局增防臺灣。1660年，當他們得知鄭成功準備進軍臺灣時，也曾加強防禦工事，封鎖海口，加緊盤查從大陸來的人，並向巴達維亞請求援兵。但是，一般的荷蘭人則自恃荷蘭是當時頭號的資本主義強國，認為「就戰術戰法而論，中國人本來敵我不得，加之有安平的要塞，有精銳的武器彈藥，況兼進入臺灣僅有赤崁城下一條水道而已，大可高枕無憂」。[11]他們在1652年曾經以少數兵力鎮壓了郭懷一起義。於是「據荷蘭人估計，二十五個中國人加在一起還抵不上一個荷蘭士兵，他們對整個中國民族都

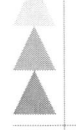

是這樣看法，不分農民和士兵，只要是中國人，沒有一個不是膽小而不耐久戰的。這已經成為我方戰士不可推翻的結論」。[12]對於鄭成功軍隊，他們固然也曾聽到關於「國姓爺」抗擊韃靼軍隊的勇敢事蹟，但是，他們仍然狂妄地估計：「國姓爺士兵只不過同可憐的韃靼人交過鋒，還沒有同荷蘭人較量過，一旦和荷蘭人交戰，他們便會被打得落花流水。」[13]這種思想，普遍存在於不可一世的荷蘭軍隊中，這是不足為奇的。

　　至於鄭成功方面，自從1646年海上起兵以後，十餘年來經歷了大小數十戰，軍事力量不斷增強，戰爭經驗也日益豐富。這時，他已經擁有久經鍛鍊的十幾萬大軍，兵將精銳是鄭軍突出的優點。鄭成功認為精選兵將是「制勝要著」。所以他對「選將選兵，用心有素」，他的部下都是「隨征多年，個個堪以自信」。[14]尤其是水師，更是鄭軍中的骨幹力量，鄭成功曾經說過：「我師所致力者全繫水師。」[15]他對水師特別嚴格地進行操練，「舳艫陳列，進退以法」，水師將士「在驚濤駭浪中，無異平地，跳躑上下，矯捷如飛」。[16]鄭成功依靠這支水師曾經打過不少勝仗。軍紀嚴明，是鄭軍另一個突出的優點。鄭成功一再告誡部將：「在上之戒緝必嚴，則在下之奉行惟謹。」[17]嚴禁姦淫、焚燬、擄掠和宰殺耕牛等，早已成為鄭軍將士不可違反的紀律，每遇出征作戰，鄭成功總是重申這些禁令，如有觸犯，必加嚴懲。有一次，一個士兵「拾人一雞」，被捕議罪，統領甘輝「對眾自認統御陸師失律，去衣請責示儆」，結果甘輝被責十棍，「犯兵梟示，副翼司哨隊各捆責」。[18]因此，《島上附傳》指出：「鄭氏兵興以來，紀律嚴肅，禁絕淫掠；軍行，孺子、婦人至與爭道。」這支受過良好訓練的、紀律嚴明的強大軍隊，是鄭成功收復臺灣的有力保證。

　　在戰略戰術方面，十幾年的抗清鬥爭，也使他們獲得了豐富的經驗。鄭成功善於調度兵力，以眾敵寡，並充分利用水師的優點，配合陸軍進攻、退卻。瓜州之役便是充分估計敵軍的力量，慎重部署兵力，水陸並進，前後夾攻，而取得重大勝利的。而閩安之戰，則是利用清軍主力遠在漳州，集中兵力，乘虛而入，突破弱點，打擊敵人的一個事例。在戰爭中，鄭成功十分強調保存實力，避免過多的傷亡。他往往採取戰略上或戰役上的圍困，而儘可能地避免攻堅。在1652年

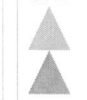

漳州之役時，他避開氣焰正盛的援兵，主張「縱之入城，然後圍之。城內多添人馬，必多糧食。外調既遲，內勢窘促，破之必矣」。[19]在進攻泉州時，也主張：「善戰不如善守，彼恃其城堅固，若使四方悉歸，諒彼亦囊中物耳。姑置之，毋損士卒。」[20]後來在進逼南京時，鄭成功不顧敵人的緩兵之計，而固執「攻城為下，攻心為上」的見解，圍而不攻，給敵人製造了反攻的機會，以致遭到失敗。以上所舉，只是鄭成功用兵的某些特點，其中有得有失，但是這些經驗和教訓，對於鄭軍收復臺灣都可以作為借鑒。

南京戰敗後，雖然鄭軍並沒有遭到嚴重損傷，但是畢竟已經陷於困難的境遇。在當時情況下，既要保衛廈門根據地，對付清軍的進襲，又要遠航150海里進兵臺灣，在軍需供應、兵力部署和調度上，都存在不少困難。但是，由於進軍臺灣是符合沿海和臺灣人民利益的正義行動，必然可以得到廣大人民的支持。鄭成功透過何斌的報告，瞭解到臺灣人民要求驅逐荷蘭殖民者的願望，同時估計到可以集中數倍的兵力戰勝敵人。他吸取了南京之役因驕致敗的教訓，慎重地進行準備，徵集和製造了大批船隻、軍械，布置了二程的兵力，滿懷信心地向臺灣進軍。

總之，當時荷鄭雙方的力量對比，有下列幾個特點：第一，荷蘭殖民者是侵略的、非正義的一方，必然受到人民的反抗；鄭成功是反侵略的、正義的一方，必然得到人民的支持。第二，荷蘭守軍兵力單薄，鄭成功則可以用十倍以上的兵力對付敵人。第三，荷方的軍械、裝備、防禦工事在當時條件下還算是比較強的，而且占據了有利的戰略要地，以逸待勞，占了便宜；鄭軍軍備較差，而且渡海遠征，存在不少困難。第四，荷方大部官兵對鄭軍力量估計不足，麻痺輕敵，而鄭軍在出發前則進行了一定的物質準備和思想準備。

上述力量對比的狀況，決定了鄭軍有可能取勝，但是也存在較大的困難。他們必須經過一場艱巨的鬥爭，才能戰勝盤踞臺灣達30多年的荷蘭殖民者。

二、三個戰役的分析

收復臺灣之戰從1661年4月21日出師東征，到1662年2月1日荷蘭殖民者投降，歷時共九個多月。其中主要的軍事行動有登陸臺灣、收復赤崁和圍困大員三

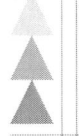

個戰役。現在就這三個戰役的若干問題,進行初步的分析。

順利登陸的原因

鄭成功決定進軍臺灣後,在思想上和物質上作了準備,於4月21日渡海東征,4月30日到達鹿耳門。在臺灣人民的幫助下,「不到兩小時,大部分敵軍(荷蘭人指鄭成功軍隊)已進入我們的海灣,幾千個士兵已經完成了登陸,其戰船則駛抵我方兩個城堡——熱蘭遮城堡及普羅文查城堡之間」。[21]這支擁有數百艘戰船和二萬五千名官兵的龐大隊伍,能夠在極短的時間內,不受任何反擊地完成登陸任務,占據了收復臺灣的戰略據點,這的確是一個驚人的偉大勝利。

這次登陸的勝利,是和各方面的因素有關的,首先是和臺灣人民的援助、鄭軍平素的訓練以及戰前在思想上、物質上的準備分不開的。這些問題本文不擬加以論述。僅就這次軍事行動本身來看,正確的戰略起了重要的作用。

第一,正確地選擇了進攻的時機。

鄭成功很早以前就已經決心收復臺灣,但是進攻時機的選擇,則必須以客觀形勢為根據。在當時,必須考慮到荷蘭、清朝以及鄭軍自身三方面的條件。鄭成功未能更早地進兵臺灣,一方面是由於物質上和思想上的準備尚未成熟,另一方面,當時還必須以主要力量對付清軍,進行北伐,北伐失敗後,又受到清兵壓境的威脅,而巴達維亞方面又派兵增援臺灣。在這種情況下,當然不宜貿然行事。

而這次出兵時,形勢有了顯著的、有利於鄭軍的變化。事後,當時的臺灣長官揆一指出,當時對鄭成功說來,「出現了一個大好的時機」。[22]因為:第一,當時臺灣荷軍的力量十分單薄。從巴達維亞來的援軍首領樊德朗,「已率領他的軍官回到巴達維亞去了。支援船隊的船隻又分散在各地。派來的援軍還不到六百名,即使包括原有的守軍在內,也不足以保衛臺灣這塊遼闊的土地」。[23]第二,當時臺灣荷軍難以再度獲得援助。因為「北貿易風快要過去,如果臺灣遭到進攻,任何船隻幾乎不能到巴達維亞去求援」。[24]那時還沒有其他先進的通訊設備,只要鄭軍封鎖住進攻的消息,便可以使臺灣荷軍陷於孤立無援的困境。而且樊德朗回到巴達維亞後,到處聲言鄭成功不會進攻臺灣,這也使得東印度公

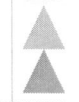

司當局不急於增強臺灣的防務。以上兩點固然是揆一在失敗後強調困難、為自己開脫的說法，但是，應當承認，樊德朗率領支援艦隊的多數艦隻和全部軍官離臺，確是削弱了荷方的力量。這個弱點，在鄭成功二萬五千大軍面前，更顯得十分突出。同時，南風季節的到來，固然也給鄭軍的東征造成困難，但是從福建沿海到臺灣，畢竟比從巴達維亞到臺灣近得多。當時從臺灣逃出的馬利亞號快艇，「冒險逆著南貿易風，沿菲律賓群島航行，歷盡艱險，足足花了五十天，才到達巴達維亞港外的碇泊場」。[25]因此，相權之下，南貿易風季節對於鄭軍還是有利的。

此外，當時正適「（清）世祖新崩，無暇征戰」，[26]鄭成功可以暫時免除或減少後顧之憂，這也是一個有利的機會。

誠然，在鄭軍出師時，南風已發，以致在澎湖遇風，後來運載糧食也發生困難，但是這不能說是鄭軍誤了時機，因為在此以前尚未出現上述有利的條件，鄭軍既有後顧之憂，出師的準備也未周全，更早出發是有困難的。到了這時，鄭成功能夠抓住時機，加緊準備，出師東征，這個決策可以說是相當英明的。

第二，正確地選擇了主攻方向。

臺灣海岸線很長，可以登陸的地點很多。早在1655年，在臺灣的荷蘭長官卡薩便曾經指出，「萬一國姓爺攻擊臺灣，最可慮的是我們無法阻止他登陸，因為他很可能從幾個地點上來」。[27]因此，他要求巴達維亞當局在打狗要塞增強防衛力量。但是，在各個港口中，有的港淺沙多，大船難以進入，有的離荷蘭人的戰略據點和鄭成功的根據地較遠，在當時交通不便的情況下，如果從那些地點登陸，荷軍便會有更多的時間準備應戰，因此都不適合於登陸。

至於鹿耳門，位於赤崁、大員附近，形勢險要，易守難攻。在鹿耳門附近，可以登陸的路線和地點主要有以下三個：一個是透過北線尾和一鯤身之間的南航道，在赤崁附近登陸。然而在一鯤身沙洲上，有荷蘭人的熱蘭遮城堡，它以重炮控制了航道，而且赤崁方面的普羅文查城堡也是主要的火力點，所以要突破這道防線，必須付出很大的代價。一個是直接攻打熱蘭遮城堡，在一鯤身登陸。這也需要經過一場激戰，而且以後登陸臺灣本島時，還要克服同樣的障礙。還有一個

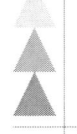

就是鄭成功所選擇的登陸地點——透過北航道，在北線尾島的北部和臺灣本島赤崁西北的禾寮港登陸。

這條航道「海道紆折，僅容數武，水淺沙膠，雖長年三老不能保舟之不碎」。[28]在北線尾島北部，原來有一座熱堡炮台，那時已經毀壞了。荷蘭人只是「沉夾板於鹿耳港口」，[29]以為大船無從出入，不甚防備。當時荷軍「駐守在北線尾的只有一個班長和六名戰士」。[30]由此可見，這個登陸地點，一方面由於荷軍疏於防範，有利於登陸，另一方面，由於道紆水淺，登陸也有困難。鄭成功事前詳細查閱了何斌所獻的地圖，「知水路不從炮台前經過，胸中已有成算」。[31]同時，由於何斌早已派人進行實地勘察，探得在汙泥中有一條港路，「自赤崁城直入鹿耳門，水深有四尺餘」，[32]而且還利用漲潮的時間，依靠何斌的引導和久經鍛鍊的水師的駕駛，順利地透過了這條險阻的航道，完成了登陸任務，以至「紅夷大驚，以為自天而下」。[33]

選擇這個登陸地點，不僅可以避開敵人的炮火，順利地登陸，而且還為下一步的軍事行動提供了有利條件。首先，鄭軍不僅在沿海小島登陸，而且直達臺灣本島，這樣，鄭軍就能夠和臺灣群眾取得聯繫，得到他們的援助，並且對於當時的最大困難——糧食問題也可給以部分的解決。其次，占領了戰略據點，取得了廣闊的活動場所，使荷軍難以出擊，有助於鞏固鄭軍在臺灣的地位。第三，由於同時在兩個地點登陸，大員、赤崁兩地的荷蘭守軍都面臨強敵，因而無法集中兵力，只得分兵把守，這對鄭軍顯然是有利的。他們不僅可以「由不虞之道，攻其所不戒」（《孫子兵法》），而且還為以後的軍事行動創造了有利條件。這個決策是有遠見的。

當然，除了上述兩個原因以外，力量部署的周密、部隊行動的神速等戰術上的正確措施，都是順利登陸的必要條件。但是從戰略方面來說，決定突擊的方向和選擇施行突擊的時機則是最重要的任務。登陸臺灣，是復臺之戰中有決定意義的一著。鄭軍採取了正確的戰略，出色地完成了這個任務，這是應當加以肯定的。

收復赤崁的成就

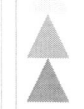

登陸的勝利，使荷蘭人「感到束手無策，他們進退維谷，無力抵抗如此強大的敵人」。[34]這時，荷軍方面的弱點迅速地暴露出來了，他們只有兩隻戰艦、兩隻小艇和一些中國船，熱蘭遮城堡內「約有一千一百人，另有全副武裝的人員四十名。……但熟練的軍官、能幹的警察、擲彈手和工兵則寥寥無幾」，[35]兩個城堡之間的海道已被鄭軍封鎖，他們無法互相援助。雖然如此，荷蘭殖民者仍然企圖依靠軍備、物資、地勢等有利條件，在鄭軍立足未穩之時，先發制人，打退鄭軍。

　　這次戰役是在5月1日進行的。荷軍三路出擊，一路在海上，兩路在陸上，都被鄭軍打敗。接著，鄭成功集中兵力圍困赤崁，「駐在普羅文查周圍的軍隊（指鄭軍）有一萬二千人」。[36]從5月1日到4日，短短的四天中，就使赤崁荷軍「由於日夜守望而精疲力盡，尤其是在援兵不能迅速到達的情況下，不能再堅持下去了，也經不起再次的攻擊」，[37]同時由於「城中乏水」，[38]而鄭成功又警告他們「如不降，周圍放火焚之」，[39]因此不得不宣告投降了。

　　這個戰役的勝利，證明了鄭軍善於發揮自己的長處，利用敵人的弱點，採取正確的戰略戰術，打敗在武器裝備上處於優勢地位的荷蘭軍隊。

　　在這次戰役的每個戰鬥中，鄭軍都集中兵力以眾敵寡。在海上，以五六艘最強的戰艦「從各個方向向赫克托號（荷方主力——引者）圍攻」。[40]在赫克托號因火藥爆炸而沉沒後，鄭軍戰船更是「像螞蟻似的圍住了我方（荷方）的其他三艘船隻」。[41]在北線尾，鄭軍集中了四千人，對付貝德爾（拔鬼仔）所率領的240名荷蘭士兵，終於消滅了這股敵人。同樣，在赤崁方面，荷方由阿爾多普所率領的200名兵士，受到大批鄭軍的攻擊，被迫「放棄了戰鬥行動」。因此，後來荷蘭人也承認，在這次戰役中，鄭軍使用「前僕後繼、以多勝少的辦法」，[42]給他們以很大的威脅。

　　對於敵軍在武器裝備上的優勢，鄭成功是估計到了的。針對這一點，他採取了一系列有效的措施。以多勝少的辦法，在一定程度上也能彌補武器低劣的缺陷。此外，還採用了相應的戰術。例如，鄭成功在部署七鯤身戰鬥時指出：「荷蘭無別技，惟恃炮火而已。黃昭爾可帶銃手五百名，連環煩二百門，分作三隊，

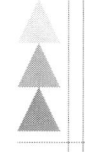

前往鯤身尾列陣以待，候他對攻，楊祥爾可帶藤牌手五百名，從鬼仔埔後繞過鯤身之左，橫中截殺，蕭拱宸爾整據仔二十隻，看彼隊伍將過七鯤身，欲與我們交鋒，隨即搖旗吶喊，駕駛作過去攻城狀。彼兵見之，自然慌亂，不敢戀戰，破之必矣。」[43]這是根據敵我雙方兵力的情況作出的正確的部署。由於荷方炮火較強，鄭方必須準備對攻，以免被動，所以布置了第一路兵力。但是只靠對攻顯然是不利的，還必須根據荷方兵力不足的特點，布置第二、三路兵力，一面進行佯攻，分散敵人的注意力，一面進行抄襲，短兵相接，使敵軍的炮火不能發揮作用。戰鬥的過程表明，鄭成功的兵力部署是完全正確的，在這次戰鬥中，荷軍受到夾擊，驚慌失措，「立陣不住，敗下。死者過半，退守其城」。[44]

此外，鄭軍還善於運用各種兵種聯合作戰。他們不僅有弓箭手、藤牌軍、長刀兵、炮兵和水師，而且還有兩隊黑人兵。弓箭手和使用來福槍的黑人兵，能夠在遠距離內攻擊敵人，而藤牌軍、長刀兵則在肉搏戰中，給敵人以巨大的殺傷。他們還利用水師配合陸軍作戰，並且以火攻、斷水等辦法，置荷蘭守軍於困境。所以，荷蘭人不得不承認「經過一段戰爭，證明了國姓爺十分熟悉兵法」。[45]

在這次戰役中，鄭軍所採取的戰略方針也是正確的。他們以優勢的兵力箝制住赤崁、大員兩地的荷軍，使他們無法集中兵力，以致兩個城堡都顯得力量單薄。鄭軍「切斷了海陸交通，包圍了普羅文查要塞，切斷了它同熱蘭遮的聯絡，使各自陷於孤立」。[46]這時普羅文查守軍感到「力量單薄，處境危急」，[47]只好向熱蘭遮求援，而熱蘭遮的情況也十分困難，他們只有五百名守軍，保衛的力量非常薄弱」，[48]甚至連熱蘭遮市區都已經「完全處於敵軍的包圍之下」，[49]他們認為，「即使從城堡裡抽調更多的人，我們也沒有足夠力量來長時間保衛熱蘭遮市區」，[50]因而更談不上援助普羅文查了。

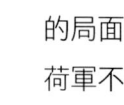

孤立了兩個城堡的荷蘭守軍以後，鄭軍已經完全掌握了主動，造成兵臨城下的局面。這時，鄭成功為了減少損傷，採取圍困的戰略，配合以政治攻勢，逼使荷軍不戰而降。另一方面，也作好準備，要在敵人拒絕投降時進行攻城。他向荷蘭使者指出：「你們應該從幾次的失敗取得教訓。你們的力量還不及我的千分之一。難道你們還是那樣不識時務嗎？」並且警告他們，荷蘭人所恃的戰艦和士兵

都已經敗在鄭軍手下，如果拒絕投降，「我的健兒便會向它（指赤崁）進攻，加以占領，並把它夷為平地」。[51]這些話是建立在軍事實力基礎上的高度自信的表現，它終於逼使赤崁守軍在孤立無援的狀態下，不得不自動投降。孫子說：「不戰而屈人之兵，善之善者也。」這次戰役的出色成就便在於此。

這次戰役不僅粉碎了荷蘭人先發制人的計劃，而且打掉了頭號資本主義侵略者的威風。在交戰之前，荷蘭官兵曾經以為鄭成功的軍隊「受不了火藥的氣味和槍炮的聲音，只要放一陣排槍，打中其中幾個人，他們便會嚇得四散逃跑，全部瓦解」。[52]可是，初次的交鋒，證明膽怯的不是鄭成功的軍隊，而是荷蘭侵略者。「他們的勇氣這時則完全為恐懼所代替，許多人甚至還沒有向敵人開火便把槍丟掉了，他們抱頭鼠竄，落荒而逃，可恥地遺棄了他們英勇的隊長和同袍。」[53]從此以後，荷蘭人不得不以「驍勇」、「不顧死活」、「十分兇猛而大膽，彷彿每個人家裡還另外存放著一個身體似的」這一類的字眼和詞句來形容鄭軍了。

總之，這個戰役是鄭軍和荷蘭侵略者的首次交鋒。鄭軍首戰的勝利打掉了侵略者的威風，拔除了荷蘭人的兩大戰略據點之一。不僅如此，赤崁的收復，是把荷蘭殖民者的主力驅出臺灣本島的偉大勝利，從此以後，基本上已經把荷蘭人的力量壓縮在大員這個小島上，雖然它仍是鄭軍面前的一個障礙，但是對於鄭成功收復臺灣、建設臺灣來說，已經不是一個嚴重的阻力了。鄭軍決定首先收復赤崁，並且不經攻城而取得勝利，可見他們所採取的策略是正確的。

圍困大員的得失

收復赤崁以後，鄭軍便開始了對大員（熱蘭遮城堡）的圍困。但是，直到八個多月以後，即1662年2月1日，荷蘭守軍才宣告投降。

長期圍困是不是必要，有沒有可能在更短的時間內收復大員，這些問題值得研究。

早在收復赤崁後的第二天（5月5日），鄭軍就已經攻進熱蘭遮市區，開始了對熱蘭遮城堡的圍困。但是，那還是戰術上的圍困，在戰略上仍然「企圖經過

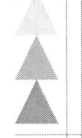

一次大攻擊以結束戰爭」。[54]從5月5日到25日，鄭軍按兵不動，準備進行總攻。5月26日發動進攻，但是由於處在不利的地勢，而且大炮和士兵沒有很好的掩蔽，在荷軍炮火的猛烈轟擊下，傷亡很大。這時，鄭成功決定改變戰略，用現代的話說，就是從速決改為持久，從戰略進攻轉為戰略圍困。

孫子說：「攻城之法，為不得已。」鄭成功一貫主張儘可能避免攻城，減少殺傷。顯然，他決定進攻熱蘭遮城堡，是過低地估計了敵方的力量，但是他能及時吸取教訓改變戰略，這種措施還是正確的。其所以正確在於：

第一，赤崁收復後，荷軍對鄭軍在臺灣的各種活動已經無法阻擋了。這時本來可以不急於進攻大員，但是鄭成功企圖乘勝追擊，一鼓而下，這在當時也不是不可能的，不過必須付出很大的代價。既然進攻失利，又沒有必要立即收復大員，因此「藩以臺灣（大員）孤城無援，攻打未免殺傷，圍困俟其自降」，[55]這種保存實力、消耗敵人的措施是切合時宜的。

第二，到達臺灣以後，鄭軍不僅要克服被荷蘭人占據的戰略據點，而且必須深入內地，爭取群眾，站穩腳跟，並且解決軍需上的困難（首先是糧食問題）。因此，鄭成功一方面「派提督馬信督轄兵紮臺灣街守困之」，[56]另一方面可以抽出力量深入各地，在政治上、經濟上採取種種有效的措施，開發臺灣，建設臺灣，為徹底打敗荷蘭殖民者和臺灣的發展奠定基礎。由此可見，這個戰略的轉變在當時還是必要的。

第三，那時大員的荷蘭守軍已經完全陷於困境，「大員只是一塊荒漠的沙洲，寸草不生，四面環海，不能跨出一步」，[57]荷蘭守軍「經常處在緊張和疲勞的狀態中。即使從最樂觀處著想，假定敵人不會進攻城堡，只是單純地封鎖幾個月，也足夠使城堡內的軍民陷於飢餓」。[58]他們唯一的希望是得到從巴達維亞來的援助。可是，這個希望也很渺茫。據鄭成功估計，即使派來援兵，至多只有十隻戰艦和2000名士兵，這個力量在強大的鄭軍面前並不能起多大作用。因此，他們深信「單單圍困也可以使被圍者落入他們手中」。[59]事實也正是如此，經過長期的圍困，熱蘭遮城堡內「日用品奇缺，兵士患血痢、壞血症、水腫，日有死亡，九個月內餓死戰死達一千六百多人」，[60]在這種情況下，荷蘭

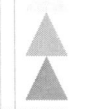

人不得不投降。

既然改變戰略是必要的，而且也有可能以圍困的戰略戰勝荷軍、收復大員，因此，決定改變戰略是完全正確的。

戰略的改變，使鄭軍得到了休整，這在長途遠征而又遭遇到糧食困難的情況下，是十分必要的。另一方面，荷軍則「由於繼續不斷的警戒，使戰士們疲累不堪，人數大減，城堡裡只剩下四百名健壯士兵，其他不是戰死就是染上了各種疾病」。[61]相形之下，鄭軍顯然處於主動的地位。

戰略的圍困，並不排斥戰術上的進攻。可惜當時鄭軍沒有清楚地認識到這一點，他們沒有充分利用有利的條件和掌握主動權，在長期圍困中，只和荷軍進行過三次戰鬥。一次是在9月間荷蘭援軍到達以後，向鄭軍進攻，被打敗；一次是10月間鄭軍在北線尾增設炮台，準備轟擊大員，荷軍企圖破壞，雙方進行了一次炮戰；最後一次是在11月間，鄭軍以火船燒毀荷蘭的夾板船，並從鯤身夾攻，獲得小勝。鄭軍既沒有發動連續的進攻以疲憊敵軍，又沒有及早地截斷敵人的航道，甚至在10月間荷蘭人還得以派船向清朝求援，後來還把病人、傷員運到小琉球島去。[62]此外，鄭軍在圍城期間，也沒有積極地尋找和探測荷方工事上的弱點，以便組織力量發動進攻。這一切說明了鄭軍沒有很好地利用有利的形勢和敵軍的弱點，白白地放棄了主動權，拖延和喪失了進攻的時機。

直到12月底，荷軍投降軍曹拉迪斯向鄭成功獻策，「他勸國姓爺充分利用圍城內普遍存在的驚慌情緒和疲弱狀態，不僅再用封鎖，而且要用連續攻擊，來徹底疲憊敵人使其完全絕望」，[63]並且指出，應當攻占烏特勒支堡及小山頭，以便順利地攻占熱蘭遮城堡。這時，鄭成功才決定「把封鎖戰術（略）轉為進攻」。[64]顯然，如果及早採取上述措施，進攻的時間完全可以提前。

拖延戰機給鄭軍帶來了不少困難。由於清政府實行禁海遷界，「寸板不許下海」，鄭軍的糧食無法得到接濟，以致「糧米不接，官兵日只二餐，多有病歿，兵心嗷嗷」，[65]甚至引起激變。據荷蘭人從鄭軍逃兵口裡所得的消息，鄭成功在「圍城期中已經損失八千多精銳部隊，他的大小船一有機會便開小差逃走，由於長期進行圍城戰，他的士兵和其他在臺灣的中國人對他的忠誠已有所減退，運

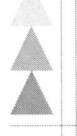

進來的糧食已不像以前那麼充裕」。[66]這個說法難免有些誇張,但是鄭軍的困難處境則是不可否認的。

同時,拖延戰機還給荷軍的增援創造了有利條件,增援隊伍固然不多,但總是增強了敵方的力量,如果不是由於支援艦隊司令卡宇匆忙逃走,這支艦隊多少還會給鄭軍帶來一些麻煩。並且這時荷蘭侵略者已經和清朝當局進行勾結,如果這個陰謀得逞,將會造成更加不利於鄭軍的局面。

總之,鄭軍圍困人員在戰略上是正確的,但是他們沒有採取必要的措施,把戰略上的圍困和戰術上的進攻結合起來,沒有積極創造條件,更早地結束戰略圍困階段從而轉入進攻,這不能不說是一個失策。

三、結語

復臺之戰以荷蘭殖民者的徹底失敗而告終,這是鄭成功及其軍隊的偉大功績。

當然,復臺之戰之所以能夠取得勝利,不單純是軍事上的因素,它和戰爭的性質、人民的援助以及政治上、經濟上、外交上的種種因素有關。但是,從登陸開始,經過收復赤崁、圍困大員,直到最後勝利,鄭軍基本上都能採取正確的戰略戰術,以己所長,攻敵所短,特別是在登陸臺灣和收復赤崁時,出色地完成了任務,這是必須加以肯定的。

在圍困大員時,拖延了戰機,在交戰中,對敵方力量估計不足,造成較大的損失,糧食上的困難沒有很好解決,軍隊的思想教育不夠,以致有些人動搖、反叛,等等,這都是鄭軍的缺點。其中有的是在當時情況下難以避免的,但也有些是由於指揮者的過錯而造成的。我們既不能掩蓋鄭成功及其軍隊的缺點和錯誤,也不能超越當時的條件而苛責於前人。

鄭成功作為一個年青的將領,能夠在海上堅持抗清達十餘年之久,成為對清朝統治者的一大威脅,這除了他的政治、組織方面的天才而外,軍事上的才能也是不可低估的。經過長期抗清的鍛鍊,鄭成功積累了不少經驗,在復臺之戰時,已經成為一個相當成熟的軍事將領了。試想,在三百多年前,率領二萬五千名大

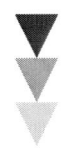

軍,渡過臺灣海峽,和當時頭號的資本主義強國作戰,並取得徹底的勝利,而指揮作戰的卻是一位不滿四十歲的青年將領,如果沒有傑出的軍事才能,怎能承擔這樣的重任?

因此,我們可以說,復臺之戰是一個偉大的勝利,在政治上如此,在軍事上也是如此。

(刊於《鄭成功研究論文集》,上海人民出版社)

臺灣歷史學界對鄭成功的研究

鄭成功作為一個偉大的愛國者和民族英雄,在中國歷史上有著崇高的地位,永遠受到中國人民的懷念和敬仰。近30年來,全國歷史學界發表了數以百計的論文,從各個方面對鄭成功進行研究。鄭成功與臺灣關係密切,臺灣歷史學界對鄭成功的研究也十分重視。1961年臺灣歷史學者發表過大量論文,紀念鄭成功收復臺灣300周年。此後20年間,已陸續發表的論文達100篇以上。此外,還出版了《鄭成功全傳》(陳三井總纂,臺灣史蹟研究中心發行,1979年出版)、《鄭成功史事研究》(黃典權著,商務印書館1975年出版)、《明鄭研究叢輯》第四輯(賴永祥著,臺灣風物雜誌社1971年出版)、《細說明鄭》(陳澤著,臺灣省義獻會1978年出版)等專著,公布了清朝一些有關鄭氏的檔案,翻譯了一些外文資料。這些論著涉及鄭成功歷史的各個方面,包括收復臺灣、開發臺灣、抗清鬥爭、對清和議、與南明諸王的關係、與李定國的關係、與天地會的關係;內政、建置、兵制、軍需、經濟建設、海上活動;與荷蘭、日本、英國、西班牙的關係;鄭芝龍、鄭經、陳永華以及其他官員和將領;史實的考證、史料的考訂、史蹟、軼事等等。從研究的廣度和深度來看,都比20年前有較大的進展。

從上述論著可以看到,臺灣海峽兩岸的學者對鄭成功的評價有許多共同之處。大家都認為鄭成功是中國歷史上偉大的愛國者、傑出的民族英雄。大家都高

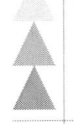

度讚揚鄭成功收復臺灣和開發臺灣的偉大業績,一致肯定鄭成功在中國歷史上的重要地位。在不少具體問題上也有一致或比較接近的看法。當然,學者們在學術問題上的不同看法是存在的。我們相信透過學術交流,促進互相瞭解,將有助於學術研究的深入和提高。這裡,我們僅就臺灣歷史學者近20年來發表的研究鄭成功的論著加以評介,為全國歷史學界提供參考。

鄭成功收復臺灣的研究

收復臺灣是鄭成功歷史上最光輝的篇章,史學界向來重視這個問題。臺灣學者在不斷充實有關史料的基礎上,比較詳細地描述了收復臺灣的整個過程。近年來,又在這個基礎上,對某些問題提出了不同的看法。

一、鄭成功何時決定進取臺灣

過去,某些西方著作提到荷蘭人在隆武二年(1646年)便得知鄭成功有進攻臺灣的計劃,一些日本學者也採用這種說法。另外,有人指出,1652年郭懷一起義便是在鄭成功支持下進行的。

臺灣學者對以上看法提出了不同意見,認為那個時候鄭成功還不可能作出遠征臺灣的計劃。具體看法有以下幾種:一、鄭成功的東征計劃是在何斌獻圖之前制訂的,永曆十三年(1659年)南京戰敗後,才決定把這個「多年的計劃」付諸實現。[67]二、永曆十四年(1660年)清兵進攻廈門被擊敗後,鄭成功「憶起謀臣以前的獻策,乃有東取臺灣以為根據地的決意」。[68]三、《鄭成功全傳》認為,鄭成功決定東征,「應在江南之敗,何斌獻計之後」,[69]不過,同書第六章卻有不同說法,認為「早在隆武年間(指1646年)就已有此打算。四、在長江之役以前,「鄭成功東征之意早經決定」。[70]

這個問題從表面看似屬於史實考證的範圍,其實它關係到鄭成功對臺灣的認識和戰略部署問題,史學界向來存在不同的看法,對它進行討論是必要的。

二、進兵臺灣的原因和目的何在

臺灣學者大多認為鄭成功收復臺灣的目的在於取得一個繼續抗清的根據地。至於鄭成功決定進兵臺灣的具體原因,則有不同的估計。有人認為是由於南京戰

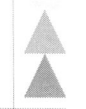

敗，損失慘重，後來雖然倖勝達素，但鄭成功已感到「向大陸爭衡已不易為，而困守金廈兩島亦難為長久之計」。[71]有人則指出，當時清兵可能再度進攻金廈，「軍民不斷地為應戰而搬家未免怨聲載道」，鄭成功「為了作長久的、萬全的打算」，決定進取臺灣。[72]《鄭成功全傳》作了這樣的概括：清軍可能再犯，孤守金廈終非長策；與西南聯繫斷絕，大陸之經略陷於停頓；臺灣與金廈可以相應，「先驅逐紅毛，在軍事與經濟上立於不敗之地，再生聚教訓，培養戰力，以之繼續對清作戰，相機反攻」。[73]

鄭成功進兵臺灣的主觀和客觀原因是多方面的，從各方面進行分析很有必要。那時荷蘭殖民者侵占臺灣，對臺灣人民進行殘酷的壓榨，也侵犯了鄭氏家族的利益，因此鄭荷雙方的矛盾十分尖銳，這應當作為研究的重點之一，看來在這個方面的研究工作還有待於進一步開展。

三、關於鄭荷和約簽訂日期等問題

有關鄭荷和約簽訂的日期，過去有三種記載：一是1662年2月1日，二是1661年11月，三是1662年2月10日。一般學者多採用2月1日的說法。近來有人專門作了考證，認為2月1日遞交降書，經過幾天談判，到2月10日才簽訂和約。[74]不過最近出版的《鄭成功全傳》沒有採用這個說法，仍然寫道：「永曆十五年十二月十三日（1662年2月1日），於山川台（今臺南市東門圓環）正式舉行受降典禮。」[75]

此外，有關鄭軍登陸臺灣的日期也有兩種說法，即4月29日和4月30日。[76]對登陸地點，也有人作了考證。[77]

四、收復臺灣的重大意義

歷史學界一致認為鄭成功收復臺灣具有極其重大的歷史意義。臺灣學者作出了如下評價：鄭成功驅逐荷蘭，「光復了漢人久經失去的固有的領土」；[78]「將臺灣收歸中國版圖，嗣永為中國東南海上之長城，以貽惠國家後世，功不可沒」；[79]「賜姓畢生最大的功業，莫如光復我臺灣傳為子子孫孫永世國土」。[80]

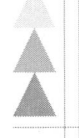

至於應當從哪些方面認識這個事件的重大意義，臺灣學者從不同角度提出了自己的見解。例如，有人強調它在反清復明方面的意義，認為取得臺灣「這一片乾淨土」，保存「故國衣冠」於海隅，使流亡的明朝宗室和遺老得到安置，可以鼓舞人心，同時也使抗清力量有了安定的後方，可以得到經濟上的支持。[81]有人則強調它在國防上的意義，認為收復臺灣「是中國人第一次收回歐洲人的殖民地」，透過開發和建設，杜絕了外國對臺灣的覬覦，「這實為中國邊防的一大貢獻」。[82]還有人從經濟、文化方面來考察，指出鄭氏時代臺灣社會發生了變化，「頗有構成一個初期封建制度社會的可能」，土地私有制的出現，促進了臺灣生產力的發展；隨著大量移民來到臺灣，把大陸的制度、文化「移植」到臺灣，「成為引導臺灣社會發展的一個精神力量」。[83]

鄭成功收復臺灣，對臺灣歷史的發展確實有著重大的影響，但是它的影響不僅僅侷限於臺灣，不論從反侵略鬥爭來看，還是從中國歷史的發展來看，收復臺灣在全國的歷史上都占有重要地位。不僅如此，鄭成功收復臺灣對亞洲其他國家、對反殖民主義的鬥爭都有影響，在世界歷史上也占有一定的地位。臺灣學者已經提出要從世界史的角度研究鄭成功，[84]我們認為這個意見應當受到重視。

鄭成功抗清活動的研究

抗清活動是鄭成功一生中一項重要的政治活動，雖然在鄭成功的歷史上不占重要地位，臺灣學者在這方面發表了不少論著，涉及軍事活動、鄭清和議等問題。

一、鄭成功抗清的軍事活動

有關鄭成功在金廈附近以及閩浙粵三省沿海的軍事活動，以及「南下勤王」、「北征諸役」等抗清活動，臺灣學者都作了研究，在史料蒐集和排比方面作出不少成績。有的文章還從軍事史的角度，對各次戰役的戰略、戰術進行評述。其中比較有爭議的問題有北征的動機和失敗原因（特別是南京戰敗的原因）、南下會師未成的原因等等。

關於北征的動機，有人針對史書上的不同說法加以分析，指出它既不是由於

「奉永曆詔書」，也不是因為與李定國有約在先，或是聽從陳豹、潘庚鍾、張煌言等人的「進言」，而是在永曆九年前後便已決定北征，其主要原因是：一、和局已臻破裂，清必增兵入閩，遠征南京使之不能南顧，以期保全金廈基地；二、在和議期間增強了兵力，足以與清兵作戰；三、回顧十年來沿海活動的得失，決定同清兵「一決雌雄，以期恢復大業」。[85]另一種看法是：為了挽救西南的頹勢，為了確保金廈基地，同時也是記取了永曆帝的詔命，以北征來響應皇家的號召，並且配合李定國的戰略，奪取南京作為北伐中原的準備。[86]

北征失敗的原因，看法也不一致。有人不同意朱希祖先生的說法（見《從征實錄》朱序），認為鄭成功當時只採用周全斌所獻的下策是由於形勢所迫；鄭成功並非「欲致獨占之功」，他企圖「孤注一擲」也是不足厚非的。北征失敗的原因在於與李定國不能東西呼應，常失時機；而南京戰役（關係到整個北征）失敗的最大原因，就在於鄭成功堅執「欲待援虜齊集」「邀而殺之」的戰略，「他會堅執這種戰略，就是出於一字『驕』字」。[87]《鄭成功全傳》指出：一、出征時機一誤再誤，以致形勢變為對鄭軍不利了；二、鄭軍不利於陸戰；三、南京戰役的種種失誤；四、孤軍深入，自老其師。[88]還有人強調偶然的因素，認為「羊山遇颶以致舟師損失慘重」，這是「此次北伐未能成功最大的原因之一」。[89]

對南京戰役失敗的原因，臺灣學者從多方面進行探討，具體看法也有出入。《鄭成功全傳》指出，鄭成功在時間上、心理上、戰略上、指揮上都有失誤：延誤時機，以致清方援兵源源而來；企圖不戰而勝，影響戰鬥的準備和決心；過分評估自己的武力，輕敵驕滿；判斷軍情、戰略運用、通訊指揮都有錯誤。[90]有人還從戰略戰術上提出以下問題：不聽潘庚鍾、甘輝等人的勸告，而急於進攻南京；由水路進軍，拖延時日；中清方緩兵之計；未能阻撓清方援兵入城，等等。[91]不過對於潘、甘等人的建議，有人也提出疑問，如果根據他們的建議暫住瓜鎮，「也難免因孤軍無援，兵源、糧食、槍械的補給不繼，而被圍困」，而鄭成功決定直迫南京，「就是為爭取時間，以期挽救西南頹局」，因此上述建議未必妥當。[92]

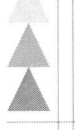

鄭成功的抗清鬥爭與張名振、張煌言等人有直接聯繫，也同在西南方面的李定國抗清力量有所接觸。李定國原是農民起義軍將領，後來又與南明的永曆小朝廷聯合抗清，所以，鄭成功與李定國的關係，還涉及與永曆帝的關係，即所謂「南下勤王」問題。對於這個問題，臺灣學者有如下不同的看法：有人認為，就鄭李關係來說，李對鄭的態度是誠懇而熱情的，而鄭成功「卻為了周旋和議，僅作了消極的會師，或至誤期失機，影響局勢至巨，不能盡其職責」，[93]對鄭成功有所批評。還有人就鄭李會師未成這件事進行評論，認為朱希祖先生批評鄭成功「專顧根本之地，不肯長離閩粵，且牽於清廷和議，故屢愆師期，……又不親征，徒爾塞責」等等是正確的，並且補充說，鄭成功「頗以豪傑自負，難免喜獨占之功」，「自命不凡，局量偏狹」，不甘受李定國的譏責，後來鄭成功責罰南下將領，「不過稍自彌蓋，且寬慰戰友而已」。又指出，鄭李二人都有「自命不凡、唯我獨尊之潛在意識」，以及「性情剛愎，局量不宏」等缺點，這正是鄭李二人「未成反清復明事業之主因」。[94]但是也有人不同意這種看法，指出鄭成功對於南下勤王有著「耿耿孤忠」的誠意，只是由於兵力不足、風信不順、閩海戰事、對付清廷等等原因而未能實現會師，李定國「對成功當時處境不夠瞭解」，因而對鄭提出了責難。[95]

　　此外，有的作者還對鄭成功在沿海作戰的戰略戰術、對部將的任用和獎懲、對招亡納降和背叛將吏的處理、對士兵的約束等方面的得失作了評論。[96]

二、鄭清和議問題

　　從鄭成功到鄭克塽，31年間（從永曆六年至三十七年）鄭清雙方有過16次的議和活動，其中鄭成功時代有7次。如何看待這些活動，也有不同的意見。《鄭成功全傳》的作者不同意把鄭清和議看做是鄭成功「有不忠於明室之心、無堅強的抗清意志」的表現，他們認為鄭成功與清方議和，「實非本心，不過是將計就計耳」。[97]另一位作者也認為鄭成功對清和議是「權宜之計，虛與委蛇」，因此提出照朝鮮例、不剃髮、不投降、索三省之地為條件，以難清方，並且始終在這些問題上打圈子，這表明鄭成功一向堅持抗清，「決無中途與清廷議和之理」。到了鄭經時代，仍然堅持上述條件與清方周旋，目的是要擺脫清方迫

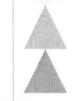

其就撫的陰謀。[98]

對於和談的效果，也有不同看法。有人認為它使鄭成功中了清廷「各個擊破之計」，未能與李定國會師，伏下了「南京戰敗之徵兆」。[99]有人則認為清方進行和談，「效果終歸於零」，反而使鄭氏「延長明祚達三十一年之久」。[100]

鄭成功的抗清活動，從1646年海上起兵到1661年進軍臺灣，前後15年。鄭軍的隊伍從小到大，從建立和鞏固金廈根據地，到擴大勢力、遠征江南，有一個發展的過程。在鬥爭過程中，鄭成功與南明王室和遺老、清朝當局和地方官吏、各地抗清力量（包括福建各地的所謂「山寇」）以及東南各省的平民百姓都發生過接觸，有著比較複雜的相互關係。蒐集大量資料，進行科學的分析，透過複雜的現象得出本質的認識，有助於認識鄭成功抗清活動的性質以及它在歷史上所起的作用等等重要問題。顯然這些問題是值得探討的，在這方面還有待於歷史學界的努力。

對鄭成功及其他人物的評價

對鄭成功本人，學者們都給予崇高的歷史評價，一致認為他是中國歷史上的偉大愛國者、民族英雄。不過，對他一生的功業有不同的側重面。有人強調他收復臺灣的功績，認為鄭成功的復臺，正是他「在歷史上的地位特別值得我們推崇的緣由」；[101]復臺，使他成為「一個遠識深見、雄才大略的民族英雄」；[102]「從荷蘭人殖民枷鎖中拯救臺灣」，「使他成為中國歷史上的民族英雄」。[103]有人還指出「鄭成功在臺灣不但在軍事上獨樹一幟，而且在政治上亦建制一新，成為明清之際嶄露頭角的國際性人物」。[104]有的強調他對開發臺灣的作用，認為鄭成功「在臺灣史上的卓絕地位和他在中國史上應得的評價，開創的意義大於其恢復的意義」。[105]有的則把二者並列起來，收復臺灣，使他成為民族英雄，開發臺灣，使他成為臺灣的「開山聖王」。[106]另一方面，有人強調鄭成功抗清的功績，把他和李定國並稱為「反清復明巨流中之兩大砥柱」；[107]鄭成功「畢生的偉大事業，是從事抗清復明的艱巨工作」。[108]還有人從「文化觀點」進行評價，認為他是「一位文武兼備具有強烈愛國情操與衛道精神

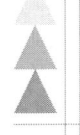

的大政治家」，是一個「儒家道統的維護和傳播者」。[109]還有人把鄭成功和洪秀全相比，指出二者「同為民族英雄，惟其出處進退根本殊途異勢，故其成就遂亦有不同之千秋」。[110]

對鄭芝龍的評價，臺灣學者一般採用前人的說法，如「民族的敗類，明朝的叛徒」，稱之為「不折不扣的投機分子」。[111]不過，有的學者也肯定了鄭芝龍在料羅打敗荷蘭侵略者的功績，認為那是「海上數十年所未有」的奇捷，「芝龍功殆無有加之者」。[112]

對鄭經的評價有較大的分歧。一種意見認為，鄭經雖然「英武不及其父」，但他堅持反清復明，在建設臺灣方面也有成就，可以算是一個「克紹父業的守成之主」。[113]另一種意見則認為，鄭經在對清和議以及對外關係方面有其成就，但他一生有許多錯誤：「好色亂倫」，造成內部分裂；在臺灣未能重視軍備；襲取汀州導致與耿精忠的矛盾，削弱了抗清力量；輕信馮錫範等人以致反攻失敗、自毀明鄭之基石。董夫人說，豎子無能，顛覆桑梓，辱及先王，所以，「鄭經實應負明鄭滅亡之實際責任」。[114]

對陳永華的評價則比較一致。有人指出，鄭經時代的一切成就都和陳永華的「忠心輔政」分不開，「將陳永華比之為諸葛武侯，真可謂最為允洽了」。[115]還有人認為鄭經「性謙柔，而怠於政事」，「其得丕承餘烈、奠安海宇者，諮議參軍陳永華勞瘁建設之功也」。[116]又說，陳永華「文武兼長，忠義並著」，按古人的標準「可以說是完人」，因而給予「人倫表率，文化象徵」的高度評價。[117]

以上對鄭成功以及其他人物的評價，顯然存在著不同的看法，全國歷史學界很有必要針對不同的觀點，進一步加以探討。

其他方面的研究

臺灣學者對鄭成功歷史的研究還涉及其他方面，特別是在史料的蒐集、排比和考訂方面做了不少有益的工作。臺灣學者還提出了一些令人感興趣的論點，例如，荷蘭侵占臺灣時，漢人早已奠定了不可撼動的經濟基礎和文化基礎，臺灣已

可以說是中國化了。顏思齊、鄭芝龍的開發臺灣,雖不是代表明朝政府,但卻可代表中華民族的力量。[118]鄭成功的海上貿易,打破了古老的傳統,注入了新的文化因素,「並為中國人開啟了一個新的發展目標——海洋與商業」。[119]又如,「就政治原則言,鄭成功所奉行的始終是儒家的正統」。[120]鄭成功是天地會的倡始者,天地會的香主陳近南,「即陳永華之自託也」。[121]在進軍臺灣時,「南將」多反對東征,因為他們都兼營商業,有複雜的社會關係,遠離漳泉顯非所願,而「北將」則支持東征。[56]此外,有關鄭氏「五商」、「牌餉」、軍糧、墾殖、兵鎮,鄭氏與荷蘭、日本、英國的關係的研究,有關鄭成功被封為延平王還是延平郡王、鄭芝龍的三弟是鄭芝鵬還是另一個人、《臺灣外紀》是史書還是演義體小說等等問題,也有爭論。

(《福建論壇》,本文與陳在正合作)

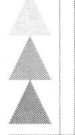

鄭成功研究學術討論會述評

　　為了紀念鄭成功收復臺灣320周年，福建省鄭成功研究學術討論會7月下旬在廈門大學舉行，來自大陸國內各地以及日本、美國的學者共120多人參加了會議。這是繼1962年鄭成功研究學術討論會之後，第二次大型的學術交流活動。提交大會討論的論文有50多篇。這些論文涉及政治、經濟、軍事、文化、人物評價、史實考訂等方面，研究了鄭成功收復臺灣、開發臺灣、鄭清關係、抗清活動、軍政建設、軍事才能、經濟活動和經濟思想、文化教育，鄭氏與南明、天地會、東林復社的關係，以及對鄭成功、鄭芝龍、鄭經、鄭克塽、陳永華、施琅等人的評價問題。從廣度來說，比以往有較大的擴展；在深度方面也有更大的進步。

　　關於鄭成功收復臺灣問題。許多論文在過去對收復臺灣的過程已經基本弄清的基礎上，進一步研究了收復臺灣對臺灣社會發展的意義，對東南沿海和全國的影響，對東南亞和日本、朝鮮的影響，從世界歷史的角度來認識它的意義。此外，還對收復臺灣與抗清的關係、鄭成功愛國主義思想的發展過程、收復臺灣與臺灣居民的關係等等，作了進一步的探討。因此，現有的論文能夠比較充分地評價收復臺灣的歷史意義，比之以往，作了更加科學的論證。

　　對清朝與鄭氏之間的關係，過去研究得比較少，現在大有起色，並且展開了爭論，涉及鄭成功對清方的態度、抗清鬥爭的性質和意義、抗清應否區分前後兩期予以不同評價等問題。對於清鄭和談、鄭經參加三藩之亂等問題也有所爭論。有的論文就清、鄭雙方的戰爭與和議的全過程作了全面考察，探討了雙方的動機，對他們的得失提出了新的見解。有些論文研究了清政府對鄭氏的政策，對清政府出兵臺灣、對鄭氏的招降政策等作了探討。此外，有些同志還就鄭成功抗清能不能被稱為民族英雄的問題提出不同看法，對民族英雄的概念也有不同的理解。

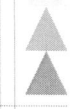

有關鄭氏集團經濟活動的研究，在提交會議的論文中占有相當的比重。一方面從更大的範圍作綜合的考察，涉及土地制度、屯墾政策、田賦制度及海上貿易等許多方面。例如：研究海外貿易的發展階段及其特點；分析海商集團的興衰及其原因，聯繫封建社會的政治經濟狀況，試圖說明中國海商資本不能像西方那樣得到充分發展的原因；從經濟政策和措施上探討鄭成功的經濟思想；等等。另一方面也從較小的範圍作了較深入細緻的研究，例如鄭氏的軍糧、田賦、海上貿易及其利潤額等。還透過對鄭氏經濟活動以及臺灣歸清前後社會經濟狀況的變化，說明鄭氏對臺灣的影響及其限度。這些研究都有新意。

　　對鄭成功的評價也有了新的進展。例如，對鄭成功抗清的階級屬性問題，本來早有爭論，有海商、全民和地主階級抵抗派等不同看法。這次有的論文對鄭成功隊伍的階級構成作了具體的分析，有的對階級分析方法、動機與效果的關係問題，從理論上作了探討，企圖從方法論上研究上述有爭議的問題。儘管分歧仍然存在，但已為進一步研究提出了值得思考的問題。有些論文還從政治思想（包括忠君、愛民思想）、經濟思想、軍事才能以及從世界歷史的角度等方面對鄭成功作了更加廣泛，更加深入的評價。

　　在鄭芝龍、鄭經、鄭克塽、施琅等人的研究方面，提出不少論文，表明鄭成功研究的範圍逐漸擴大和研究工作深入開展。對鄭經的評價有較大的分歧，涉及鄭氏政權的性質、鄭氏對開發臺灣和統一全國的作用等問題，這些還有待於進一步的研究。值得提到的是，有好幾篇論文對施琅作了研究，可見史學界對鄭成功收復臺灣與康熙統一臺灣的關係問題頗感興趣。有的論文闡明了鄭成功與施琅的敵對性和繼承性，提出「相反相成」的看法，認為他們是「一對不樂意的合作者」。對施琅的評價存在著分歧，涉及對施琅降清的看法、施琅與鄭成功的比較，也涉及掌握史料的問題。總之，透過對上述幾個歷史人物的研究，發掘了新的史料，從新的角度進行考察，有助於鄭成功研究的進一步深入。

　　這次提出的論文說明了以下兩個問題：

　　第一，不論從廣度或深度來說，對鄭成功的研究都比以前有了較大的進展，這是中國史學界學習和掌握馬克思主義理論、運用科學的方法所取得的成果。有

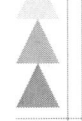

些論文試圖對鄭成功的研究作一些理論性的探討，例如提出抗清與統一全國的辯證關係、對歷史人物進行階級分析的具體方法等等。有些論文在研究方法上作了一些新的嘗試。例如有的作者運用了比較研究的方法：把鄭成功與同時代的幾個傑出人物作比較，把臺灣和大陸的大小租契約關係作比較，把鄭氏時期的田賦同荷蘭統治時期、清朝統治時期作比較，從而提出了一些新的看法。有的青年作者對鄭氏的軍糧、海上貿易額和利潤額、田賦等進行估算，試圖用量化的材料說明問題；有的青年作者探討了鄭成功的心理狀態和思想構成，試圖說明歷史人物的個人特點對歷史進程產生的作用。當然，以上的做法只是一個嘗試，是否妥當還有待於進一步的檢驗，論文的結論也不一定正確，但畢竟進行了新的探討，是應當予以鼓勵的。

第二，思想比較活躍，敢於針對國內外學者的不同見解，展開爭論，反映了史學研究日益繁榮。有許多論文是針對不同看法提出商榷的，例如，鄭成功收復臺灣的主要動機是為了抗清，還是為了反侵略或為了海商利益？收復臺灣是為了抗清還是退出抗清？收復臺灣是不是反殖民主義？鄭成功從什麼時候開始籌劃收復臺灣？鄭成功抗清是堅決的，還是動搖、妥協的？抗清是為了復明，還是為了維護海商利益？鄭成功是始終忠於南明，還是利用南明的旗號為海商謀利益？鄭軍是愛民的，還是也有擾民的行為？如此等等，爭論頗多。應當指出，有些文章還對外國學者的看法提出不同意見，例如關於荷蘭侵占以前臺灣的狀況，顏思齊、鄭芝龍進入臺灣的時間等。還有些作者與臺灣學者進行了商榷，例如，提出天地會並非鄭成功創立的，在清鄭和談過程中，既不是鄭方中了清方之計，也不是清方受鄭方擺布，而是雙方各有得失；不能認為施琅是「叛主反噬，為敵效命」等等。我們認為不同見解的爭論，對於提高學術研究水平大有好處。近年來由於我們更加瞭解臺灣史學界的動態，看到更多有關論著，因而產生不同的看法，這是正常的現象。透過報刊開展爭論是很有裨益的，如有機會當面談論那就更好了。在這次會議上，除了論文以外，還印發了《鄭成功研究論文選》、《臺灣鄭成功研究論文選》、《鄭成功收復臺灣史料選編》、《鄭成功史料選編》等專書和資料，對於瞭解這方面的研究成果和動態、促進學術交流是有幫助的。

從論文中可以看出，目前在鄭成功研究方面還存在一些不足之處。總的來

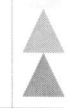

說，研究的廣度和深度還很不夠。我們知道，研究鄭成功的目的，不僅僅是為了表彰這位偉大的民族英雄，更重要的是為了正確地闡明那個時代的歷史。因此，不能孤立地研究他個人，而必須面對整個時代，從各個方面進行綜合研究，才能取得更大的效果。有一位美國學者向我們介紹了一批西文資料，他試圖說明「鄭成功不僅是中國歷史上的人物，而且也是十七世紀世界史上的人物，他在發展海上貿易、海上兵力方面有著很有趣的地位」。從世界歷史的角度研究鄭成功，將會開拓更加廣闊的研究領域。

目前還有不少課題沒有進行過研究，或是需要作進一步的研究。例如，有關鄭氏與荷蘭、英國、日本等國的關係研究甚少。據瞭解，荷蘭海牙國立圖書館、萊頓大學歐洲對外擴張研究中心，正在整理大量有關鄭氏與荷蘭關係的文獻，其中包括《熱蘭遮城日誌》等重要史料。此外，還有一些西班牙文、義大利文的資料也很有價值。所以，在利用西文資料開展對鄭成功的研究方面，我們還有許多工作可做。至於清方的資料，尤其是檔案史料，在研究中也還沒有引起廣泛的重視。實際上研究清、鄭關係，研究清、鄭雙方的軍事活動以及重要戰役的戰略、戰術等問題，不利用清方資料就不可能得到比較全面的認識。對於鄭氏集團經濟活動的研究，也有待於進一步開展，例如關於租稅、牌餉、貨幣、財政等等，都需要作專門的考察。此外，把鄭氏時期和荷蘭、清朝統治時期的臺灣作比較研究，對鄭氏主要部屬的研究，都是值得注意的課題。

從論文中還可以看出，有一部分論文仍然停留在史事的整理和敘述上，缺乏思想深度，提不出比較深刻的、新鮮的見解；有些論文只是引用幾種常見的史料，未能蒐集和發掘更加豐富的史料，以致內容貧乏，研究水平無法提高；還有一些作者不能廣泛瞭解研究動態，更多的同志不瞭解外國和臺灣學者的研究成果，因而不能在前人研究的基礎上提高一步，或是未能超過前人。顯然，這種狀況已經不能適應時代的要求了。

為了提高研究水平，我想，今後似乎應當注意以下兩個方面的工作：一方面，注意開展綜合性的研究（如，中國歷史上的海商與「海盜」的研究），從理論高度回答研究中提出的問題；另一方面，注意開展專題研究，對某些重要的具

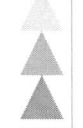

體問題（如樑頭餉，糖和鹿皮的貿易等），作深入細緻的考察。這樣，就可能克服一般化的缺點，使研究工作繼續深入一步。要做到這一點，須從以下幾個方面努力：第一，要努力學習和掌握馬克思主義思想武器，提高理論素養，增強思維能力，才能對複雜的歷史現象，作出科學的理論概括。實際上有不少爭論的關鍵不在於史料問題，而在於如何運用理論作出透澈的說明，這個事實就足以說明掌握理論的重要性了。第二，要努力蒐集、整理更多的史料（如檔案史料），翻譯和利用西文史料。第三，要廣泛開展與外國學者、臺灣學者的學術交流（近年來，臺灣學者在鄭成功研究方面做了不少有益的工作，我們已有專文介紹，見《福建論壇》）。我們相信，透過國內外學者的共同努力，必將進一步提高鄭成功研究的水平。

（《歷史研究》）

李自成・多爾袞・鄭成功

——歷史的「合力」之一例

李自成（1606—1645），農民軍首領。

多爾袞（1612—1651），滿洲貴族的實際領袖。

鄭成功（1624—1662），南明抗清主將之一。

這三個人代表明末清初中國的三股勢力，他們都是傑出的人物，他們都只活到39歲——這當然是一個偶然的巧合。他們出現在歷史舞台上有先後之分，而1640年代則是他們共同活動的年代：1644年李自成進入北京，推翻了明朝的統治，建立大順政權；1644年清軍入關，多爾袞被封為「叔父攝政王」，成為清王朝的實際執政人；1646年鄭成功在海上起兵抗清。在這個年代，他們三人猶如參宿三星，在中國大地的上空，並排地閃爍著自己的光芒。

恩格斯在致約・布洛赫的信中曾經提出這樣一個理論：歷史是從許多單個的

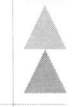

意志的相互衝突中產生出來的,「有無數互相交錯的力量,有無數個的平行四邊形」,相互衝突,相互牽制,而產生出一個總的結果,這個結果和任何一個人的願望都不一樣,它把各個人的意志匯合成「一個總的合力」。[122]

這個理論是恩格斯在闡明經濟基礎和上層建築的關係時提出來的,用它來說明個人意志和歷史發展規律的關係。顯然這個理論是以唯物史觀為依據的。

根據這個理論,我們在明末清初無數個力的平行四邊形中,選取李自成、多爾袞、鄭成功及其所代表的三股社會勢力和由這三股勢力所形成的平行四邊形進行考察,看一看它們的對角線怎樣體現出「一個總的合力」,看一看他們怎樣對清朝初期歷史發展的進程發生各自的作用。

三種政治勢力各自的願望

17世紀上半葉,殖民者已經東來,他們的魔爪伸入中國的澳門、澎湖和臺灣,沿海各地不斷地受到侵擾,而古老的中華帝國仍然處在封建制度的桎梏下,矛盾重重,日益衰敗。到了1640年代,李自成領導的農民起義軍取得了巨大的勝利,攻占北京,建立了大順政權,腐朽不堪的明王朝在農民起義的衝擊下陷於崩潰直至覆滅。與此同時,滿族勢力迅速興起,他們打敗明朝軍隊,進入關內,滿漢地主階級又互相勾結,顛覆了農民政權,清王朝定都燕京。

這時,中國社會存在著這樣幾組矛盾:中華民族與外國殖民者的矛盾,農民階級與地主階級的矛盾,滿洲貴族勢力與全國各族人民的矛盾,漢族地主階級內部抗清與擁滿的矛盾。階級矛盾和民族矛盾互相交錯,十分尖銳。

這時,中國國內存在著這樣幾股政治勢力:代表廣大農民利益的農民起義軍;代表滿族貴族和一部分漢族地主階級利益的清王朝,代表另一部分漢族地主階級利益的南明王朝。

這時,中國面臨的問題,對內來說,是三股勢力誰戰勝誰,由誰來掌握中國統治權的問題;對外來說,是能不能擋住殖民者的侵略,保衛祖國獨立和領土完整的問題。

中國向何處去?三股勢力各自作出了回答。

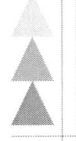

漢族地主階級企圖重建自己對全國的統治。起初，他們並沒有把清王朝當做主要敵人，而是企圖聯合清王朝共同消滅農民軍。史可法在致多爾袞書中寫道：「伏乞堅同仇之誼，全始終之德，合師進討，問罪秦中，共梟逆賊之頭，以洩敷天之憤。」[123]他在《請遣北使疏》中也提出，「是目前最急者無逾於辦寇矣」，並主張「借（清朝）兵力之強而盡殲醜類」。[124]在他們眼裡，農民軍仍然是心腹大患。後來，清軍南下，企圖征服全國，民族矛盾空前尖銳。在這種情況下，南明的隆武小朝廷打出抗清的旗號。唐王朱聿鍵在敕諭中寫道：「朕今痛念祖陵，痛惜百姓，狂夷汙我宗廟，害我子孫，淫掠剃頭，如在水火。」因而宣布「統率大師，御駕親征」。[125]圍繞著南明最後一個政權——永曆小朝廷的一批漢族官僚地主也曾打起抗清的旗號。何騰蛟、瞿式耜、堵胤錫、張煌言、黃道周、鄭成功等人就是地主階級抗清派的代表。漢族地主階級中的另一部分人，看到明王朝大勢已去，恢復無望，而清朝又對明王室和官員採取優容的態度，因此大批投降了清朝，這一部分地主階級降清派，他們的政治態度同滿洲貴族基本上是一致的。

滿洲貴族，按其本來的願望來說，只是企圖利用漢族內部的階級矛盾，進掠中原，起初並沒有準備奪取江南，統一全國。所以，在入關初期所發的詔書中指出：「其有不忘明室，輔立賢藩，戮力同心，共保江左者，理亦宜然，予不汝禁。」[126]這就是說，當時他們還允許明朝官紳保持在江南的統治。但是一個月以後，多爾袞在致史可法的信中，便已經改變了態度。他表示要「遣將西征，傳檄江南」，警告南明君臣「欲以江左一隅，兼支大國，勝負之數，無待蓍龜矣」。[127]這說明滿洲貴族已經決定奪取全國的統治權，不再允許南明小朝廷偏安江南了。

至於農民軍，當他們攻下北京時，有人便認為「江南可傳檄下也」，[128]清兵入關以後，農民軍面對著漢滿地主階級兩大敵人，李自成被迫撤出北京以後，還計劃南取漢中，西征甘肅，以關中作為抗清的基地。這表明農民軍仍然期望能夠保衛並擴大起義的戰果。

以上三者是三個政治勢力各自的願望，也可以說是不同階級的意志。

三個人物的個人意志和互相間的矛盾

階級的意志往往透過階級的代表人物或領袖的思想和行動體現出來。傑出人物既反映階級的意志，同時又有他自己個人的意志。這種個人意志基本上是和階級意志相一致的。但是，傑出人物往往比一般人有遠見些，高明些。所以有時他們可能從長遠利益考慮，而不為眼前利益所左右。但也可能由於判斷的失誤，而違背了階級意志。而且由於他們處於領導地位，他們的個人意志便可能發生較大的影響，便可能在歷史進程中有較大的作用。因此，考慮傑出人物的個人意志是有必要的。

李自成作為農民軍的傑出領袖，他的意志體現了廣大農民的要求。在起義過程中，農民軍所提出的「貴賤均田」、「蠲免錢糧」、「免徭賦」、「不納糧」等口號，反映了農民階級要求平分土地、免除官府和地主階級殘酷剝削的願望。李自成對大官僚、大地主加以鎮壓，他說：「王侯貴人，剝窮民視其凍餒，吾故殺之。」[129]並且分掉他們的田產，「割富濟貧」。他重視整飭軍紀，宣布：「大師臨城，秋毫無犯，敢掠民財者，即磔之。」[130]在他的領導下，農民軍終於攻進北京，建立了大順政權，給封建統治以沉重的打擊。在清兵入關以後，李自成便帶領農民軍進行抗清鬥爭，雖然屢遭失敗，仍然堅持到底。顯然，李自成的主觀意志仍然是為了維護農民階級的利益，不允許在推翻了一個封建政權之後，再出現一個滿洲貴族政權來統治農民。後來，農民軍餘部堅持抗清達十幾年之久，也正是繼承了李自成的遺志。李自成的意志體現了這個時代農民階級的最高思想水平，寫下了反封建鬥爭史上光輝的一章。但是他也無法擺脫歷史的、階級的侷限，不可能取得反封建鬥爭的徹底勝利。

多爾袞代表滿洲貴族的利益，但他比一般滿洲貴族要高明一些。在入關之初，一般滿洲貴族只是企圖進行一場屠殺擄掠，然後將主力退至關外，並不準備入主中原。據《李朝實錄》記載：「八王言於九王（即多爾袞）曰：『初得遼東，不行殺戮，故清人多為遼民所殺，今宜乘此兵威，大肆屠戮，留置諸王以鎮燕都，而大兵則或還守瀋陽，或退保山海，可無後患。』」[131]可是，多爾袞卻有長遠的打算，他力主遷都燕京，以圖進取。他利用漢族內部的階級矛盾，一

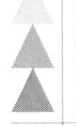

方面企圖聯絡農民軍,打擊明王朝的殘餘勢力,曾經以「大清國皇帝」的名義致書於「西據明地之諸帥」,提出「欲與諸公協謀同力,並取中原,倘混一區宇,富貴共之矣」;[132]另一方面又企圖瓦解農民軍,親自寫信給已經投降農民軍的明朝將領唐通,要他「先期率眾歸順」,「戮力同心,共平天下」。[133]與此同時,多爾袞還企圖聯合南明王朝的勢力,共同鎮壓農民軍。他在《致史可法書》中指出,「願諸君子同以討賊為心」,「報乃君國之仇,彰我朝廷之德」。[134]但是,這種分化瓦解漢族抗清力量的措施並沒有取得什麼效果。清朝主要是依靠武力,經過比較長期的較量,才取得了在全國範圍的統治權。

儘管多爾袞比一般滿洲貴族高明一些,採取了一些爭取漢族地主官僚、籠絡人心的措施,但是,總的說來,他基本上還是執行維護滿洲貴族利益的民族壓迫政策。儘管受到漢族各階層人民的反抗,他仍然要強制施行。順治三年多爾袞曾經下令:「有為剃髮、衣冠、圈地、投充、逃人牽連五事具疏者,一概治罪,本不許封進。」[135]所以按照多爾袞的個人意志,就是要使作為征服者的滿洲貴族成為中國唯一的統治者,而不允許漢族地主階級分享統治權,要讓他們剝削和奴役各族人民,而不允許有任何反抗。

鄭成功雖然不是南明抗清勢力的唯一代表,但他卻是一個傑出的代表。南明集團中的許多人物都曾經以「恢復中興」相標榜,他們妄想鎮壓農民起義軍,驅逐滿洲貴族,恢復大明王朝的統治。不過那時南明腐敗已極,大勢已去,但求偏安江左已非易事,所謂「志切恢復」只能是一句豪言壯語罷了,實際上也沒有幾個人能夠為「恢復大業」採取一些有力的行動。弘光皇帝的頭號忠臣史可法,曾經妄想借助清朝勢力來鎮壓農民軍,他實際上只想與清朝分治天下,並不打算恢復中原;隆武皇帝的頭號武將鄭芝龍,儘管被封為「平虜侯」,可是未曾直接交兵就投降清朝了,魯王諸臣除了張煌言、張名振等人打了幾仗以外,其他人更無作為;擁戴永曆皇帝的何騰蛟、瞿式耜等人,確是堅持抗清的,他們還與農民軍採取聯合行動,但也只能轉戰於西南一隅,「恢復中興」的希望始終是渺茫的。

鄭成功之所以是南明抗清活動中的傑出人物,首先在於他不僅始終以「恢復中興」為己任,而且親自帶兵南征北戰,甚至進兵長江,直逼江寧。南明諸臣的

抗清，多是陷於被動應付的局面，像鄭成功這樣主動出擊還是少見的。這是鄭成功比其他人高明之處。至於那些企圖偏安江左的南明君臣，更是不能和他相比了。其次，鄭成功能夠聯合其他抗清勢力有計劃地開展鬥爭。按照他的計劃，第一步，與福建等地的農民軍互相配合，鞏固在沿海的地盤，積聚和擴展自己的兵力，第二步，聯合李定國的大西軍，互為聲援，東西夾攻，以期會師江南，第三步，「掃清宮闕，誓盟畿輔」，[136]以實現「恢復大業」。這種情況也是南明諸臣中所少有的。最後，鄭成功在進軍江南遭到失敗以後，不是退兵死守金廈二島，束手待斃，而能力排眾議，決策東征，終於驅逐荷蘭殖民者，收復中國領土臺灣，建立了偉大的歷史功勳，這更是其他人所不能企及的。鄭成功收復臺灣，其主觀願望之一仍然是為了抗清，「假此塊地，暫借安身，俾得重整兵甲，恢復中興」。[137]此外，還應當指出，由於鄭成功所處的階級地位，他必然要代表海上貿易集團的利益，必然有發展海上貿易的願望。

他的抗清和復臺，都在一定程度上反映了這個意志。

三個人都為歷史進程作出貢獻

由李自成、多爾袞、鄭成功所代表的三種力量的鬥爭，其「總的結果」是什麼呢？從比較重大的「歷史事變」來說，有以下幾點：一、1662年清軍俘虜了永曆皇帝，最後一個南明政權宣告覆亡；二、1662年鄭成功收復臺灣；三、1664年清朝統治者最終打敗了農民起義軍餘部；四、1683年康熙統一臺灣，鄭氏集團投降。從總的結局來說，就是出現了一個由滿漢地主階級統治的統一的封建國家，這就是歷史的合力的體現。

這個結局並沒有體現任何個人的意志，它是「誰都沒有希望過的事物」。

它不是李自成的意志。李自成企圖推翻封建王朝、建立農民政權的願望雖然曾經一度得到實現，但終於遭到失敗。後來由於形勢的變化，李自成的餘部竟然同他們原來的敵人——明王朝的殘餘勢力聯合抗清，這更是他所意料不到的。

它也不是多爾袞的意志。滿洲貴族獨霸中原的願望沒有完全實現，他們不得不與漢族地主階級實行聯合統治。早在多爾袞執政時期，為了緩和民族矛盾，便

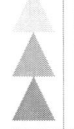

開始對漢族官僚地主作了一些讓步。例如，允許各衙門官員照舊錄用，甚至曾經投降過起義軍的官員，只要表示「歸服」清朝，也准予錄用；還透過科舉考試，使「讀書者有出任之望，而從逆之念自息」，[138]以此來籠絡地主階級知識分子；採取一些減免賦稅的政策，使漢族地主獲得利益。此外，還允許漢滿通婚等等。順治當權以後，繼續執行多爾袞的政策，重用漢族官吏，提倡漢族文化。康熙年間為了進一步緩和漢族官紳的對抗情緒，還增設「博學鴻詞科」等等，以延攬人才；並且提高漢官的地位，州縣官由漢官擔任，使漢族地主在政治上有更多的機會和出路；此外，還下令禁止強行「圈田」和逼民「投充」，滿洲貴族的莊田也逐漸採用封建租佃制，緩和了他們與漢族地主之間的矛盾。對於農民階級，他們也不得不採取一些「輕徭薄賦」的政策。多爾袞面對長期戰亂、田地荒蕪、人丁逃亡、財盡民窮的現實，為了恢復生產，只好暫時減輕對農民的剝削。他說：「養民之道，莫大於省刑罰、薄稅斂」，因而下令「今與民約，額賦外，一切加派，盡予刪除」。[139]宣布免除明末以來的遼餉、剿餉、練餉等加派，同時還召集流亡的農民，從事生產，下令「廣加招徠，給以荒田，永為口業」；[140]對於「勢家土豪，重利放債，致民傾家蕩產」者，予以追究。當然，上述政策是出自形勢所逼，而且收效不大，但畢竟是一種有利於恢復生產的措施。康熙年間，繼續採取蠲免賦稅、獎勵開荒等政策，規定「嗣後凡遇蠲免錢糧，合計分數，業主蠲免七分，佃戶蠲免三分」。[141]

顯然這種「蠲免」主要是對地主有利，但農民也相對地減輕了負擔。此外，還下令將明朝藩王的土地「給與原種之人，改為民戶」，[142]這就是所謂「更名田」，正式承認了在農民戰爭後已經歸農民所有的土地的所有權。總之，歷史的發展是「一個作為整體的，不自覺地和不自主地起著作用的力量的產物」。滿洲貴族不得不對漢族地主階級和農民階級作出一些讓步，並且迫使他們自己逐漸地適應於中原地區比較先進的經濟、政治和文化，這是多爾袞以及他的同時代人所沒有估計到的。

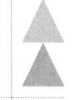

同樣，這個結局也不是鄭成功的意志。鄭成功抗清復明的願望沒有得到實現。臺灣並沒有成為抗清的基地。到了鄭經時代，基本上已經無法堅持抗清鬥爭

了，抗清的旗號也逐漸失去了號召力。到了鄭克塽時代，鄭氏集團便不得不放棄抗清，而決定將臺灣歸入清朝版圖，實現了全國統一。顯然，這種結局並不符合鄭成功的個人意志。

歷史的進程說明，由於各個意志之間的相互牽制，每個人的意志都受到別人的意志的妨礙，以致無法實現或無法完全實現。但是，正如恩格斯所說的：「從這一事實中決不應作出結論，這些意志等於零。相反地，每個意志都對合力有所貢獻，因而是包括在這個合力裡面的。」

現在，讓我們來考察各個意志對合力的「貢獻」究竟在什麼地方。

我們認為，「貢獻」應當是指對造成鬥爭結局所起的作用以及對這個結局的發展所起的影響，主要是對社會矛盾的變化及其後來的發展所起的作用。具體來說，這三個人的主要貢獻表現如下：

李自成：推翻了腐朽的明王朝，沉重打擊了封建地主階級的統治，迫使後來的清朝統治者採取輕徭薄賦、抑制豪強等措施，調整了社會關係，促進了生產的恢復和發展。農民軍提出的「均田免糧」口號，對清代農民的鬥爭有所影響。

多爾袞：指揮清軍向南進軍，並促使滿漢地主階級的聯合，為實現全國統一奠定了基礎，為清代前期生產的恢復和發展、階級關係和民族關係的調整準備了條件。

鄭成功：進行抗清鬥爭，迫使清朝當局調整他們與漢族地主的關係，緩和民族矛盾，因而促進了統一；率師東征，驅逐荷蘭殖民者，收復臺灣，開發臺灣，維護祖國的領土主權，為實現全國的統一準備了條件。

以上是李、多、鄭三者的意志對於形成合力所作出的貢獻。至於各個人貢獻的大小，還無法以數量來表述。當然，在形成由滿漢地主階級統治的統一的封建國家這個結局的過程中，有許許多多個人意志作出了貢獻，我們只是從複雜的歷史進程中，選出三個代表人物進行研究。

還應當指出，上面我們只是就個人意志來說的，但是，歷史的發展是不以人們的意志為轉移的，它必須服從於客觀的規律。在明末清初的中國社會，封建制

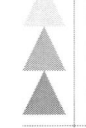

度賴以存在的經濟基礎仍然相當鞏固,還不存在進入資本主義社會的經濟前提和條件。因此,歷史發展的規律決定了合力的方向。清朝社會只能在原有的封建社會軌道上向前滑行,任何人的意志也無法使中國社會脫離這個軌道。李自成無法使農民起義取得徹底勝利,鄭成功無法使海上貿易不受阻礙地發展起來,多爾袞也無法把滿族落後的生產關係移植到中原;而李自成減輕農民負擔的要求,鄭成功恢復漢族地主階級統治的要求,多爾袞掌握全國統治權的要求,則可能在適應當時社會歷史條件的前提下,或多或少地得到實現。因此,在某種意義上說,在「無數互相交錯的力量」中,最大的力量就是既定的社會歷史條件。正如馬克思所說的:「人們自己創造自己的歷史,但是他們並不是隨心所欲地創造,並不是在他們自己選定的條件下創造,而是在直接碰到的、既定的、從過去承繼下來的條件下創造。」[143]

(《光明日報》,本文與李強合作)

鄭成功評價的方法論問題

　　鄭成功是一位偉大的愛國者、民族英雄,這是中國史學界一致的評價。但是在具體分析時,卻產生了幾種不同的看法。有的認為鄭成功代表南明王朝的抵抗派,他的一切行動都是為了抗清復明,他是歷史上傑出的忠臣。有的認為鄭成功是海上貿易商的代表,他的抗清和復臺都是從海商的利益出發的,因此他的抗清是不堅定的、不徹底的;鄭成功之所以是民族英雄,是由於復臺,而不是由於抗清。還有的認為鄭成功反抗滿族和荷蘭殖民者的民族壓迫,代表了全民的利益,他始終強調「民為邦本」「報國救民」,不愧是一位偉大的民族英雄。

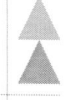

　　以上對鄭成功評價的分歧,關鍵不在於掌握了不同的史料,在基本史料方面是沒有什麼分歧的。那麼,為什麼根據同樣的史料卻會得出不同的結論呢?我們認為,關鍵在於理論。史料提供了現象,要透過現象看到本質,就必須根據正確的理論進行科學的分析。大家都試圖運用馬列主義理論對歷史人物、歷史事件加

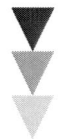

以分析,至於如何運用、如何分析就涉及方法論問題。這裡,我們僅就對鄭成功這個歷史人物應當如何正確地進行階級分析,如何全面地考察其動機與效果這兩個方法論問題,提出一些自己的看法。

一

大家都認為必須運用階級分析的方法來判斷鄭成功的階級地位,確定其階級屬性,可是對於如何進行階級分析,卻有不同的理解。

有的同志主要是從鄭成功集團的階級構成進行考察,認為鄭成功的隊伍中,既包括明王朝的宗室、官僚、地主、商人(包括海上貿易商)等屬於地主階級的人物,也包括手工業者、遊民、漁民、農民等等勞動群眾,他們在民族矛盾上升為主要矛盾的時候,為了各階層的利益而聯合抗清,因此鄭成功的隊伍是全民性的,鄭成功是全民抗清的領袖。這樣的分析,注意到了當時民族矛盾上升為主要矛盾的時代特點,也反映了各階層共同抗清的歷史真實,可是卻忽視了這支隊伍的主導面,即領導人物或領導集團的階級屬性,他們主要是代表什麼階級利益的。此外,這些同志為了說明其「全民性」,而不適當地迴避了一些史實,即鄭成功與人民群眾不一致或不完全一致的一面,因而不可能得出實事求是的正確的結論。

還有一些同志主要是從鄭成功的階級出身、階級地位進行分析,認為鄭成功出身於地主階級的海商家庭,他的一切言行都是為了維護海商集團的利益。這種看法強調了階層分析,似乎比一般地確定階級屬性深入了一步。但是,同一階層的人物也會有不同的政治表現,忽視鄭成功和一般海商的區別,也不能得到正確的結論。

我們認為階級分析不是簡單地確定一個人物的階級成分,或一個集團的階級組成成分,而必須透過複雜的歷史現象,進行全面的細緻的分析,至少需要考慮以下幾個方面:

一、首先要考察歷史人物的階級地位。這是因為不同的階級立場、政治態度一般說來是由不同的物質生活條件、經濟利益所決定的。馬克思指出:「在不同的所有制形式上,在生存的社會條件上,聳立著由各種不同的情感、幻想、思想

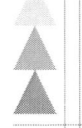

方式和世界觀構成的整個上層建築⋯⋯透過傳統和教育，承受這些情感和觀點的個人，會以為這些情感和觀點就是他的行為的真實動機和出發點。」[144]這是階級分析的重要的方面。也就是說，在對歷史人物進行階級分析時，要考察他的階級出身和階級地位，要有成分論。

　　二、考察階級地位是階級分析的一個重要的方面，但不是唯一的方面。因為同一階級或階層的人物，會有不同的政治表現。所以，馬克思又指出：「單獨的個人並不『總是』以他所從屬的階級為轉移，這是很『可能的』。」[145]所以，我們不能唯成份論，還要進一步分析其他的方面。特別是某些政治家、思想家，或者說「一個階級的政治代表和著作方面的代表人物」的情況就比較複雜，他們所代表的階級和他們個人的階級出身並不一定是一致的。我們不能像對一般地主、資本家那樣，直接根據他們的經濟來源和生活狀況來確定他們的階級屬性。這就需要考察他們的政治思想形成的客觀條件，考察他們在階級鬥爭中的實際表現，從而確定其階級立場。這就是說，應當重在政治表現。

　　三、考察歷史人物在歷史事件中的政治態度，要看他們代表什麼階級的利益。列寧指出：「重要的是這些觀點、這些提議、這些措施對誰有利。」[146]但是，有時由於某些客觀或主觀的因素，某些政治家也反映了其他階級的某些要求。因此，我們還必須加以具體分析，看看他主要是代表什麼階級的利益。

　　四、在階級分析時，還必須全面地考察歷史人物的思想和行為，特別是考察他們的實踐活動。這裡包括兩個方面：一是要把不同的表現都加以分析，不要只看一個方面而迴避另一個方面，這樣才能做到實事求是，避免片面性；二是要看發展和變化，因為一個人的政治思想、政治表現不是始終不變的。

　　根據以上認識，我們可以對鄭成功的階級屬性作這樣的分析：

　　他出身於海上貿易商兼大地主的家庭，15歲中了秀才，21歲進入南京太學，22歲就受到隆武皇帝的賜姓，並被封為忠孝伯，從此成為隆武小朝廷的重要官僚和將領。他從小接受儒家思想的教育，尊崇春秋大義、尊王攘夷、忠君報國以及追求功名富貴等等思想對他都有深刻的影響。當他登上政治舞台的時候，階級矛盾和民族矛盾互相交錯，他少年得志，懷有遠大的抱負，以「恢復中興、

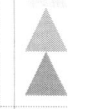

報國救民」為己任。這些情況表明，他的階級出身和階級地位，使他有可能成為海商集團直至整個地主階級利益的代表人物。

他作為一個政治家，他的政治思想是在依附於南明王朝的條件下，在抗清鬥爭的過程中逐漸形成和發展的。恢復中興、報國救民是他的政治思想的核心，這個思想是貫徹始終的。至於他在政治鬥爭中的態度，我們可以從他一生中的兩件大事——抗清和復臺進行考察。

先說抗清。在民族矛盾尖銳的情況下，地主階級的各個階層（包括海商集團）、農民階級以及其他勞動人民都可能投入這一鬥爭。問題在於鄭成功的抗清究竟是不是像有的同志所說的，僅僅為了維護海商集團的利益。我們認為，海上貿易商是地主階級中的一個階層，從根本利益來說，他們和漢滿地主階級沒有不可調和的矛盾，只要封建王朝允許開展海上貿易，他們便可以依附於任何封建政權，不管是明王朝還是清王朝。鄭芝龍先歸附於明後投降於清，鄭氏的許多部將和其他海商先後投清，便是證明。可見，作為海商來說，他們並沒有必要一定堅持抗清。有的同志指出，海商之所以抗清，其重要原因之一是他們的利益受到了清朝海禁政策的損害，這種說法是不符合歷史真實的。清朝的大規模禁海和遷界是在鄭成功抗清之後，是為了對付鄭成功及沿海抗清力量而採取的措施，而不是先有了海禁政策才使鄭成功興兵抗清的。再說，從海商的實際利益出發，他們只要求控制沿海的地盤，保障海上貿易，而不願意投入巨大的力量南征北戰，因為這勢必消耗自己的實力，對海商不利。因此，在北征之前，在鄭氏集團內部發生了一場爭論。吏官潘庚鍾主張北征，他說：「邊地雖得，亦不足以號召天下豪傑。……不如將數百號戰艦，直從瓜鎮而入，逼取江南。南京一得，彼閩粵浙楚以及黔蜀之豪傑志士悉響應矣。」[147]這個主張得到了工官馮澄世、參軍陳永華等人的支持，他們認為只在福建一帶抗清，難望達到中興的目的，而攻取江南也可以使「（金廈）兩島自安」。甘輝則反對這個主張，他認為出師江南會導致金廈兩島陷於危險的境地，「不如就近窺其釁隙攻取，進可戰，退可守」。鄭成功支持前者的主張，他說，「吾亦有心久矣」，決定北征。[148]對於這場爭論，有的同志認為它反映了海商集團為了根本利益，重視金廈、反對傾師出擊的思想情緒。可是，鄭成功畢竟決定出師江南，可見他並不是完全按照海商的利益

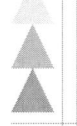

行事，他和他的一些部下有著恢復中興的抱負，他們的言行是不能簡單地用「維護海商的利益」所能解釋的。

　　鄭成功收復臺灣是代表哪一個階級的利益呢？有人認為他是從海商的利益出發的。我們知道海商是封建商人，他們一般和土地有著密切的關係，而且廈門及沿海一帶是鄭氏長期經營的地區，海上貿易已有基礎，保護這個基地比另闢一個新的基地當然更方便些。所以，海商一般不願意離開已有的商業基地。在鄭成功東征以前，他的部下又展開了一場爭論，即要不要出師東進的爭論。臺灣有些學者認為這場爭論是「南將」與「北將」之爭，「南將反對東征，北將反倒贊成」，並認為「南將」之所以反對，主要因為他們「都兼營商業，而且都有不薄的私積」，他們的商業基礎和社會關係都在漳泉廣，所以不願離開沿海。[149]我們認為，以籍貫的南北來劃分是不盡恰當的，因為主張東征的陳永華是福建同安人，楊朝棟是鄭彩、鄭聯的部將，估計也屬於「南將」，只有馬信是「北將」。不過，這場爭論卻反映了一部分海上貿易商不願意東遷臺灣的情緒。所謂官兵「多以過洋為難，思逃者多」，[150]以及後來鄭成功「嚴諭搬眷，鄭泰、洪旭、黃廷等皆不欲行」，[151]都可以說明他們的利益所在。尤其是鄭泰，他是鄭成功的戶官，掌管鄭氏集團的東西洋貿易，是一個典型的海商代表人物，他對鄭成功東征臺灣採取抵制的行動，更說明了這一點。所以，認為復臺僅僅是為了維護海商的利益是不妥當的。一般地主階級則更不願意離開故土，甚至連許多地主階級抗清派分子也反對東征。張煌言曾經對這個行動進行勸阻，他指出：進取臺灣對抗清活動來說是一個「退步」，「思明者，根柢也，臺灣者，枝葉也」，「自古未聞以輜重眷屬置之外夷而後經營中原者」。他認為這樣做「生既非智，死亦非忠」。[152]鄭成功的老師錢謙益也認為：進軍臺灣，則恢復中興更沒有希望了；所以「成功取臺灣，乃失當日復明運動諸遺民之心」。[153]既然海商和其他地主階級分子都不願意東征，那麼東征究竟對誰有利？我們認為，鄭成功是一個比較有遠見的政治家，他的復臺活動既考慮到海商集團的利益，也考慮到整個地主階級的長遠利益，直到那時，他還沒有放棄恢復中興的抱負。收復臺灣既為海商集團開闢了一個可以「廣通外國」的基地，同時也保存了鄭氏的實力──仍然是對清王朝造成威脅的一股漢族地主階級的抗清力量。

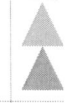

此外，我們還可以從鄭成功與人民群眾的關係來考察他的階級立場和政治態度。鄭成功作為地主階級抗清派的傑出人物，他和人民群眾的關係有兩面的表現，既有愛民、反映人民利益的一面，也有不愛民、損害人民利益的一面。在滿族貴族的民族壓迫下，廣大人民要求抗清，鄭成功的抗清活動在一定程度上反映了人民的要求，因此得到人民的接濟和支持。鄭成功也注意「收拾民心」，制定了比較嚴明的紀律，對於侵犯人民利益的官兵給予懲罰。在順治十六年北征期間，多次發布禁令，重申軍紀，嚴厲執行，這是眾所皆知的事實。但是，他的軍隊也有強徵糧餉、屠城搶劫、姦淫婦女等等不愛民的表現。有人認為那只是他的部下的過錯，與鄭成功無關。事實並非如此。我們從鄭成功親自領導的行動中可以看出這樣的事實。一、永曆十二年五月初七日重新公布「出軍嚴禁條令」。其中提出「沿海地方，多系效順百姓。官兵登岸之時，不准混搶」，而其他地方「如未有令」也不准搶，這説明如果「有令」是可以搶的。就是在進軍江南三令五申的情況下，鄭軍還是搶了不少地方，所以連鄭成功自己也説：「江北瓜州、六合、儀真，素稱富庶之地，所取定不勝計，官兵盡已富饒，亦可知足」。[154]富從何來，是搶來的。二、上述條令還規定：「攻剿地方，有附虜十分頑抗負固者，攻破之後，明令准掠婦女，以鼓用兵，而示懲創。」[155]他們把民間婦女當做負固頑抗者的替罪羊。三、《清初莆變小乘》記載，順治十四年七月十二日，「國姓統諸鎮數萬人，各駕戰艦，擁入涵江、黃石、塘下、馬峰等處，殺良民，焚大廈，淫少婦，擄小兒，殺二孝廉、三鄉紳。男婦殺死、溺死共有千餘人。拆屋結大筏，捆載衣服、器皿、米豆、牛羊、雞豕下海，一日一夜方退」。[156]楊英《從征實錄》在永曆十一年七月十三日條下，也有鄭成功親自帶兵到興化等地「搬運粟石，駐紮三日，各船滿載」的記載。這些糧食不但取自富豪，也以暴力向普通百姓強徵。四、永曆五年十月，鄭軍進攻漳屬霞帳寨，由於「頑民恃險拒敵」，鄭成功「親督攻打」，攻破之後，「剿殺無遺」。[157]以上史實説明，鄭成功也有與人民相對立的一面。這是不奇怪的，因為他不可能越出地主階級的界限。這是階級的侷限，也是歷史的侷限，同時也有條件的侷限，例如，在當時的情況下，鄭軍的糧餉只能取之於人民。作為地主階級的軍隊，能有比較嚴明的紀律已經不錯了，把他們看做是人民的軍隊那是抹殺了階級界限。

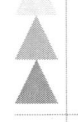

總之，我們認為鄭成功既代表了海商集團的利益，也反映了人民的抗清要求，但從他的政治思想和政治活動來看，他不是站在人民的立場，也不僅僅站在海商立場，他是為整個地主階級的長遠利益著想的，所以，就其階級屬性來說，應當認為他是地主階級的政治代表人物，是地主階級抵抗派的傑出人物。

二

在評價鄭成功時，還涉及動機與效果問題。有些同志認為鄭成功的抗清與復臺——特別是復臺——都取得了很好的效果，因而認為他的動機必然是好的：為了維護祖國領土的完整和人民的利益，為了反抗外族和外國的侵略，為瞭解放在荷蘭殖民者奴役下的臺灣人民。有的同志認為鄭成功的動機是為了維護海商集團的利益，為了保全和發展自己的勢力，南明的招牌、抗清的旗號以及驅荷復臺的行動，都是他用以實現上述目的的手段。還有的同志認為鄭成功一生的活動都是為了抗清復明，因而他們主要從抗清的角度進行評價。

我們認為，在評價歷史人物時，應當怎樣把動機和效果聯繫起來進行全面的考察，是一個重要的問題。在這個問題上，當前史學界還存在著不同的看法，有的強調動機，有的只講效果，有的從效果「逆推」其動機等等，因此有必要加以討論。

動機是引起人們進行某項活動的主觀原因，是發動和維持其行動的一種心理狀態（願望、理想、預期達到的目的），它是屬於主觀範疇的。效果是某項實踐活動所取得的客觀後果，它是屬於客觀範疇的。唯心論者往往強調動機而否認效果，機械唯物論者則強調效果而否認動機。馬克思主義者認為不但要看動機，而且要看效果。

那麼，在評價歷史人物時，應當如何考察其活動的動機和效果？我們認為至少需要考慮以下幾個方面。

一、既要看動機，又要看效果，而主要是看效果。因為在評價鄭成功時，還涉及動機與效果問題。

二、必須全面地分析各種動機，並把它們與客觀效果聯繫起來考察。動機往

往不是單一的，有時甚至是相當複雜的。恩格斯指出：「直接決定激情或思慮的槓桿是各式各樣的。有的可能是外界的事物，有的可能是精神方面的動機，如功名心、『對真理和正義的熱忱』、個人的憎惡，或者是各種純粹個人的怪癖。」[158]考察各種各樣的動機，可以發現「動機背後隱藏著的動力」，有助於理解歷史人物階級的、歷史的特性。只有把各種動機與客觀效果聯繫起來，具體考察其相互之間的關係，才能對歷史人物作出恰當的評價。

三、要具體分析動機與效果關係的各種不同表現。動機與效果有時是統一的，但並非在任何時候都是統一的。有一致的，也有不一致的，甚至有相反的，或是效果遠遠超出動機的情況。恩格斯說過：「在歷史上活動的許多個別願望在大多數場合下所得到的完全不是預期的結果，往往是恰恰相反的結果，因而它們的動機對全部結果來說，同樣地只有從屬的意義。」[159]所以，我們不能簡單地從動機「推出」它的效果，也不能從效果來「逆推」它的動機。

根據以上對動機和效果的理解，我們試對鄭成功的抗清和復臺作如下的分析；先看抗清的動機。鄭成功之所以興兵抗清，首先是為了實現他的政治抱負——恢復中興，報國救民，這是他的一切行動的主要動機。他自己說，他是「明朝之臣子」「中興之將佐」。他和歷史上許多地主階級政治家一樣，認為民心可用，所以提出「民為邦本」，「收拾人心」，「上報國恩，下濟蒼生」，但是這一切「總皆從恢復起見」，[160]主要目的在於恢復中興。當然，這裡也包含著忠君思想。其次，他也有維護海商集團利益的願望。他說：「夫沿海地方我所固有也，東西洋餉我所自主自殖者也。」[161]這種既得利益是不容清朝侵犯的。再次，是他的功名心。他多次以此來勉勵自己的部下，他說：「爾提督統領鎮營，勞征苦戰十有餘年所為何事，總從報國救民起見，亦為勳名富貴、後來子孫計」，[162]「大家俱上為千古勳名，下為身家顯榮」。[163]由此可見，他的抗清的動機主要是為了漢族地主階級的恢復中興，同時也考慮到海商集團的利益和個人的功名，並且在當時的歷史條件下，還反映了各階層人民反抗滿族貴族民族壓迫的要求。

至於抗清的效果，在前期表現得比較明顯。鄭清之間打了幾十仗，由鄭成功

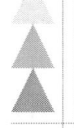

親自指揮的戰役,大都取得了勝利,使他成為清朝統治者眼中的「東南一巨寇」,他和李定國二人成為南明抗清的兩大砥柱。鄭成功的抗清,使他獲得沿海居民的廣泛支持,在清朝的檔案中可以看到諸如「合郡鄉村百姓剪辮蓄髮,烏合從叛」,「四處聞風附從,滿地皆賊」,「瀕海一帶刁民紳衿,暗通線索,揭竿附會,遙相煽惑」之類的記載。[164]這個鬥爭打擊了滿族貴族的勢力,抵制了民族壓迫政策的推行,在一定程度上維護了東南一帶地主階級和人民群眾的利益,它和全國各地的抗清鬥爭互相配合,成為對清朝統治者的巨大威脅。但是到了後期,由於清鄭之間的連年征戰,沿海居民遭到沉重的災難,民心厭戰,連一些鄭氏部將也相繼叛離而投降清朝。這時清朝已經占領全國大部分土地,統一已經成為不可抗拒的趨勢。在這個時期,鄭軍也曾打過一些勝仗,但總的來說並沒有取得很大的效果,北征戰役以失敗告終,鄭成功興兵抗清以達到恢復中興的預期目的沒有得到實現。可是,他所領導的抗清鬥爭迫使清朝統治者不得不調整他們與漢族地主階級的關係,採取緩和民族矛盾的政策,因而促進了全國的統一。這個效果是鄭成功所沒有意料到的。

　　把抗清的動機和效果聯繫起來考察,我們可以看出鄭成功抗清的性質:它是一場漢滿地主階級爭奪統治權的鬥爭,由於抗清反映了反抗民族壓迫的要求,因而它具有正義性。所以,從抗清的角度來評價,把鄭成功稱為漢族地主階級抵抗派是比較合適的,不必稱之為民族英雄,因為這畢竟是國內不同民族的統治階級爭奪統治權的鬥爭。

　　再看收復臺灣的動機。鄭成功明確地指出:「我欲平克臺灣,以為根本之地,安頓將領家眷,然後東征西討,無內顧之憂,並可生聚教訓也」,「移師東征,假此塊地,暫借安身,俾得重整甲兵,恢復中興」。[165]這就是說,復臺的主要動機仍然是和抗清一致的,要以臺灣作為抗清的根據地,以實現恢復中興的宿願。儘管這個目的是屬於恩格斯所說的如下一種類型,即「這些目的的本身一開始就是實現不了的,或者是缺乏實現的手段的」,[166]但是我們卻沒有理由否定這個動機。其次,他的復臺也是為了維護海商集團的利益,在大陸沿海難以固守的情況下,另闢新的海上貿易基地,以便「廣通外國」。再次,是鄭氏與荷蘭之間的矛盾。《從征實錄》寫道:「先年我洋船到臺,紅夷每多留難,本藩

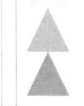

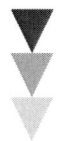

遂刻示傳令各港澳並東西夷國州府,不准到臺灣通商。由是禁絕兩年,船隻不通,貨物湧貴,夷多病疫。」荷蘭東印度公司瑪茲克給鄭成功的信中也承認,由於鄭成功「封閉港口,禁止臣民在臺灣貿易」,荷方也下令「如遇有殿下管轄之大小船隻,一律加以截獲,並暫時扣留於臺灣或巴達維亞」。[167]後來荷蘭派人前來要求恢復通商,鄭成功由於興師北征,暫時答應了他們的要求,但雙方的矛盾並沒有得到解決。此外,何斌向鄭成功獻策時也訴說了「土番受紅毛之苦」。所以,驅逐荷蘭侵略者,奪回臺灣,使他們不再危害海上貿易和欺壓臺灣同胞,也是鄭成功出師東征的動機之一。當然,以上幾個動機有主次之分,主要動機是鄭成功本人所說的,為了繼續抗清,以圖恢復。可是,由於在東征過程中,鄭荷兩方的矛盾不斷激化,上升為主要矛盾,而鄭清之間的矛盾卻暫時緩和,所以,在這個時期,驅逐荷蘭殖民者這個動機便被提到了突出的地位。

把上述動機與客觀效果聯繫起來考察,我們可以看出如下三種情況:

一、動機與效果相一致。驅逐荷蘭侵略者,收復臺灣,既是行動的動機之一,又是行動的直接效果。

二、預期目的未能實現。把臺灣作為抗清根據地,這個預期目的沒有實現。那時鄭成功不得不以全力對付荷蘭侵略者和處理臺灣事務,已經無力顧及抗清了。鄭成功死後,鄭經實際上是偏安一隅,雖然曾經參加三藩之亂,但並無多大作為,臺灣始終沒有成為一個抗清基地。另一方面,由於鄭成功出師臺灣,原有的金廈根據地和沿海地區陷於孤立無援的境地,清軍得以乘虛而入,同時又可以集中兵力對付西南等地的農民軍餘部,其結果是削弱了大陸抗清力量,鞏固了清朝的統治。

三、客觀效果超出了主觀願望。收復臺灣對於此後臺灣的開發和社會經濟的發展,對於亞洲各地反對殖民者的鬥爭,對於鞏固中國海防,對於發揚愛國主義傳統等等,有著深遠的影響,並且隨著歷史的發展愈來愈顯示出它的重大意義。此外,收復臺灣還成為有利於清朝統一全國的一個步驟。這些客觀的效果已經超出鄭成功的主觀願望,是他所意料不及的。

所以,我們在評價鄭成功收復臺灣這個歷史事件時,不能因為他的主要動機

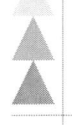

在於繼續抗清,而強調它對「保存故國衣冠於海隅」,「延續永曆正朔」的意義。這種看法抹殺了鄭成功驅逐荷蘭侵略者,收復臺灣的重大意義,把鄭成功看做是一般的封建時代的忠臣,因而貶低了鄭成功。我們不能無視鄭成功的主要動機而強調其次要動機(海商利益),並以次要動機進行評價。這樣,勢必把鄭成功看做是一個一心追求海商利益的商人首領,只能承認其收復臺灣的客觀效果,而從主觀動機上卻找不到任何積極的因素,這也是貶低了鄭成功。同時,我們也不能只看這個鬥爭的客觀效果,並從這些效果來「逆推」動機,認為鄭成功是為了維護祖國領土的完整,為了維護人民的利益,為了「反對殖民主義」而舉兵東征的。這樣,勢必抹殺了鄭成功這個歷史人物的階級特性和歷史特性,而把他「現代化」、「理想化」了。

我們主張把動機和效果聯繫起來,進行全面的考察,不僅看到他的歷史功績,而且看到他的階級侷限和歷史侷限,歷史主義地給予評價。在320年前,一位不滿40歲的將領,敢於率領25000名大軍,跨海東征,和當時頭號的殖民強國作戰,並且取得了徹底的勝利,如果沒有英雄的氣概,愛國的思想、傑出的才能,是無法完成這個偉大的歷史任務的。所以,把動機和效果聯繫起來考察,我們可以說,鄭成功確是地主階級抵抗派中的一個傑出人物,一個偉大的愛國者和整個中華民族的民族英雄。

(《廈門大學學報》,本文與陳在正、鄧孔昭合作)

朝鮮與鄭成功父子

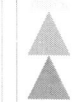

有關鄭成功父子與荷蘭、英國、日本、菲律賓等國的關係,都有專文作過論述,而鄭氏與朝鮮的關係則未見有專門的介紹。近讀朝鮮《李朝實錄》、日本《華夷變態》等書,看到一些頗有價值的史料,感到朝鄭之間的關係也有值得研究之處,因此寫成這一篇札記。

從現有資料看來,朝鮮與臺灣鄭氏之間沒有直接的官方的聯繫,鄭氏對朝鮮

的態度如何，尚未見有記載，朝鮮方面曾經注意鄭成功父子的動態，擔心鄭氏舉兵進取朝鮮，在朝鮮統治集團內部，對鄭氏的態度存在著分歧。此外，上述資料還涉及清朝當局擔心鄭氏與朝鮮「連兵」的問題。這都是研究臺灣鄭氏歷史所不可忽視的問題。

早在朝鮮李朝仁祖二十五年（清順治四年），朝鮮方面就已經得到有關鄭氏集團的消息。

那時有福建商賈51名前往日本貿易，船隻漂流到朝鮮。船主講了鄭芝龍等人奉立唐王，以及當時中國的一般情況，並說他們是由鄭芝龍派往日本，用「官銀」進行貿易「以助軍餉」的。[168]當時中國船隻經常往來於朝鮮的濟州一帶，遇風泊岸，停留數日，是常有的事，其中就有鄭氏的船隻，所以說「濟州乃鄭錦（經）船往來日本之路也」。[169]顯宗八年（康熙六年）鄭氏官商林寅觀等91人，十一年沈三等65人遇風漂到濟州，[170]肅宗七年（康熙二十年）又有高子英等26人，九年有「船頭」從東寧（臺灣）來到東萊府。[171]這些人是朝鮮方面獲得有關臺灣鄭氏消息的來源之一。

消息的第二個來源是朝鮮派往清朝的使臣。朝鮮當局經常派使者前來中國，並透過他們打聽中國的動態，其中包括有關鄭氏的消息。例如，顯宗即位年（順治十六年）朝鮮使者回國時報告說，傳聞鄭成功北征，「北京洶洶」，又說「通報有曰：國姓（鄭成功）死於亂軍中」，[172]後來，歷年的使臣都報告有關中國的見聞，包括鄭氏的消息。[173]

第三個來源是日本方面。例如，肅宗二年（康熙十五年）朝鮮譯官韓時說透過「探問島倭」，向上司報告有關吳三桂、鄭經與清方作戰，鄭經向日本請兵的消息。六年，日本商人報告了鄭經從廈門退往臺灣的消息。[174]

此外，朝鮮使者在北京時還向琉球使臣打聽有關鄭氏的消息。肅宗八年朝鮮使臣「欲知鄭錦事情」，派譯官金喜門向琉球使者「多般探問」。同年，朝鮮的使臣申琬也派譯官向琉球通官打聽鄭經的消息。[175]

由此可見，朝鮮當局獲得有關臺灣鄭氏的消息主要是依靠傳聞，其中有可靠

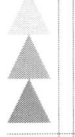

的，也有不可靠的，甚至是錯誤的。不過，有些消息及其所引起朝鮮方面的反應，則是值得注意的。主要有以下幾個問題：

一、朝鮮當局擔心鄭經進攻朝鮮

三藩之亂發生時，朝鮮當局便擔心「福建兵禍，不無延及本國之慮」，提出「方今天下之大亂，鄭錦之睥睨，海島之乘機，不可無深憂而預備之策」。[176]因此，他們對鄭經始終有所防備。

肅宗四年（康熙十七年）朝鮮大臣領議政許積提出，如果吳三桂、鄭經與蒙古聯合抗清，朝鮮就要受到威脅，要求研究「備虜之策」。[177]右參贊尹鑴則估計，鄭經與吳三桂合謀，可能用水師在海上活動，直逼山東，同時與日本聯絡，這就會威脅到朝鮮，因而主張「扶義自奮」，以鞏固朝鮮的地位。[178]不僅如此，臺灣鄭氏的存在，也曾經引起朝鮮平民的不安。日本延寶三年（康熙十四年），從朝鮮傳到日本的消息說，吳三桂對鄭經說，如果這次戰爭得勝，鄭氏可以統治朝鮮。鄭氏是朝鮮六姓之一，五六百年前就有釋家預言，五百年後將由鄭氏統治朝鮮，所以朝鮮百姓聽到這個消息都很擔憂。[179]

但是，實際上鄭氏的力量並沒有構成對朝鮮的真正威脅。幾年以後，雖然還有人擔心「安保其（指鄭經）不為中國（指朝鮮）患乎」，但有人已經看出，鄭經的勢力已經「窮蹙不能自振，似難越海侵入國矣」。[180]肅宗九年（康熙二十二年）日本對馬州太守平義真寫信指出，傳聞鄭經出兵侵入朝鮮，指責朝鮮方面沒有把這個消息告訴日本。朝鮮當局回信說：「傳言閩兵深入臺灣，扼其要害，鄭錦勢窮力屈，率民男婦數十萬出就招撫。信斯言也，與來書一何相反耶？」朝鮮官員也認為「鄭錦方將御清人之不暇，何能至中國乎？」顯然，日本的傳聞是不確實的。可是這個消息卻引起朝鮮上下的震驚「中外繹騷，訛言日盛，以為海寇朝夕必至」。[181]

以上情況表明，鄭經從未進攻朝鮮，也不可能有進攻朝鮮的意向，可是鄭氏勢力的存在，曾經對朝鮮發生一定的影響，這是不可否認的事實。

二、朝鮮當局對鄭經的態度

鄭氏勢力對朝鮮的影響，還表現在朝鮮朝廷對鄭經的態度的爭論上。

起初，領議政許積認為三藩反清是為了「再造大明」，所以朝鮮不應當幫助清朝去討伐三藩，而且「清國之勢，似難久保。大明興復之後，若有問罪之舉，則無辭自解」。[182]後來，他們得知清兵失利，因而估計三藩之兵「若近北京，想（清國）有土崩之勢矣」。[183]這說明當時朝鮮當局對清朝政府的統治地位是否鞏固還有懷疑，所以在對清朝以及三藩的關係上採取比較謹慎的態度，對臺灣鄭氏也是如此。

可是，在討論要不要聯絡鄭經的問題時，朝鮮大員發生了意見分歧。右副承旨尹鑴認為「今日之憂，唯在於鄭錦之猝迫海邊，清虜之充斥西路」，鄭經和吳三桂聯合，勢力甚強，他們對朝鮮的「服事清國」必然不滿，因此應當派人渡海，與鄭氏聯絡通好。一則可以避免吳、鄭向朝鮮「聲罪致討」，二則一旦明朝勢力戰勝了清朝，朝鮮也有個交代。尹鑴強調指出，「天下大亂，皆叛胡（指清朝），而獨中國服事，他日中原恢復，中國何面目可立？今送一介使通向於鄭錦，則庶有辭於他日」，[184]還主張派人聯絡鄭經，並約定「興兵協力之期」。[185]相反，以許積為首的大員們則反對與鄭經聯絡。他們的理由是：第一，鄭經的祖父鄭芝龍背叛大明，竊據海島，「在我為賊，何以相通」（顯然他們也是站在明朝的立場上講話的）；[186]第二，如果派出的使臣落入清朝手中，「則必生大禍」，即使不被清朝捉去，而「鄭錦若以我人誇示胡人」，或是「謂我與渠連兵」，就會引起清朝舉兵進攻朝鮮，釀成大患。[187]所以他們堅決反對與鄭氏通好。

可見，鄭氏勢力的存在，曾經讓朝鮮當局左右為難。

三、清朝方面曾經擔心鄭經與朝鮮「連兵」抗清

這雖不屬於朝鄭之間的關係，但卻是由朝鄭關係引申出來的。

康熙十三年，「北京訛言，朝鮮與鄭錦合勢，互相驚動」，「北京夏間有朝鮮興兵入來之說」，[188]而遼寧一帶也「虛傳朝鮮人來襲，日夜恐懼」。第二年，[189]從中國返回朝鮮的使者也告說，遼寧居民聽說朝鮮「導鄭錦入寇」以

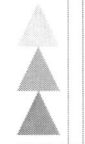

致有人逃難。清政府也懷疑朝鮮與鄭經勾結,而在關外添兵防守,在關內,由於在海邊發現漂來的木片,人們「疑鄭錦在近地造船」,而加強對沿海的警戒。[190]不久,又傳說鄭經的軍隊穿戴朝鮮的服裝和笠帽,又說「鄭錦舟師自海向登萊海邊」,以致「京外大擾」。[191]

當然,這只是訛言而已。當時鄭經已經參與三藩之亂,出兵攻打閩南一帶,他與耿精忠之間也曾一度互相交戰,因而鄭經沒有力量,也沒有必要聯絡朝鮮共同航抗清。不久以後,這類傳聞也就消失了。

總之,我們從朝鮮方面的史料可以看出,鄭氏的活動曾經對朝鮮發生一定的影響,它使朝鮮當局在對待清朝以及對待臺灣鄭氏的態度上不得不有所考慮,甚至引起朝鮮內部的意見分歧,他們既擔心鄭經進攻朝鮮,又擔心與鄭氏通好將受到清朝的打擊,以致左右為難。其所以如此,主要由於以下兩個原因:第一,朝鮮原來和明朝保持密切的關係,曾經援明抗清。後來清軍侵入朝鮮,迫使朝鮮國王上書清朝皇帝,表明「世事明朝,各分素定,其不欲遽變臣節,亦出於情禮之當然」,表示從此以後要向清朝「稱臣奉表,願為藩邦」。[192]顯然,朝鮮與清朝之間存在著矛盾。另一方面,朝鮮當局也擔心鄭經不滿他們「服事清朝」而「聲罪致討」。第二,朝鮮當局對中國國內鬥爭的前景難以作出估計,因此對雙方都想保持一定的關係,對與雙方的接觸都有一定的顧慮。

其實,朝鮮方面對鄭經是缺乏認識的,首先表現在他們過高地估計了鄭氏的力量,其次,還可以從以下的事實得到補充說明:一、康熙九年,即鄭成功收復臺灣七八年以後,朝鮮對臺灣的一般情況還不瞭解,朝鮮國王問道:「鄭經果在何地而眾幾何?」後來才聽說「大樊國乃鄭錦舍所主也」,「有眾數十萬,其地在福建海外,方千餘里」,[193]這時還把臺灣記為「大樊」。二、康熙二十年《李朝實錄》寫道:「鄭錦即國信之子」,南京敗後,「國信……以殘兵十萬走入臺環」。[194]把國姓記為「國信」,把臺灣記為「臺環」,把這樣最一般的(而且是不準確的)情況載入實錄。三、康熙二十三年初,即在臺灣鄭氏歸附清朝的幾個月後,朝鮮大員還說:「鄭錦方將御清人之不暇,何能至中國乎?」總之,這些材料說明,當時朝鮮當局雖然知道臺灣鄭氏舉兵抗清,但他們相互之間

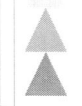

沒有官方的接觸，彼此都不夠瞭解。在這種情況下，鄭經的活動對朝鮮曾經發生一定的影響，但影響不大。

如果這種看法大致無誤，那麼由此可以引申出如下一個看法，即鄭成功收復臺灣，在當時來說，對朝鮮的影響也不大。

人們往往用現代生活的常識去解釋歷史，而忽略了時代的差異。在三百多年前，資訊的傳遞，情報的獲取，是相當困難的。鄭成功收復臺灣時，朝鮮並沒有立即得到這個消息，而是在若干年後才得到不確切的傳聞。在這種情況下，要說鄭成功收復臺灣對朝鮮有多大影響，還有待於提出可靠的史料根據。

（《清史研究通訊》）

鄭氏官兵降清事件述論

在鄭成功及其子孫與清朝抗爭的整個過程中，發生過許多鄭氏官員降清的事件。除康熙二十二年鄭克塽率領全體官兵歸清以外，在史料中還可以查出八九十起之多；降清官兵的具體人數無法統計，其中僅總兵以上的官員就達60多人。鄭氏的近親如鄭成功之弟鄭世襲（即鄭淼），族親如建平侯鄭泰之弟鄭鳴駿、子鄭纘緒，定國公鄭鴻逵之子鄭耀吉，鄭芝豹生母黃氏，高級將領如忠勇侯陳豹、忠靖伯陳輝、水師提督永安伯黃廷、慶都伯王秀奇、督理五軍戎務兼管前軍事總兵官左都督周全斌以及著名鎮將施琅、黃梧、蔡祿、楊富、何義、楊來嘉、林順、杜輝、蔡仲琱等都先後背鄭投清。有些論文已經從清方的招撫活動和政策的角度作了探討，本文則著重從鄭氏方面進行研究。

一、第一次降清高潮（1657—1659）

從順治八年（1651）左先鋒鎮施琅降清以後，到康熙二十二年（1683）施琅帶兵進取臺灣之前，這31年間，大約有一半的年份發生了鄭氏官兵的降清事件。其中有三次高潮，第一次高潮發生在順治十四年至十六年。

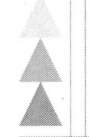

十四年，副將戴亮等率官12員、兵306名降清，[195]護衛前鎮陳斌率部千餘人在福州羅星塔投清，英名鎮唐邦傑帶領前鋒、親隨二營共千餘人投清；此外降清的還有總兵張應辰等官27員、兵613名，德化伯林忠等官102員、兵593名，副將郭炳興、林仁等。

十五年，前鋒鎮張雄等官74員、兵200餘名降清，此外還有後衝鎮劉進忠，副將王仕璋、陳彩、張玉等10起，但規模都較小。

十六年，副將錢英、許以忠、潘大聖，總兵陳侯等十多起，規模也較小。

估計在這三年中，鄭氏官兵降清事件約有30起，達5000人左右，形成了一個高潮。而在此以前，降清事件只是個別的，人數也不多。主要事件是：順治八年施琅投清，十三年，前衝鎮黃梧和副將蘇明率官80餘員、兵1700餘名降清，同年禮官陳寶鑰投清。除此之外的降清者都是歸附於鄭氏的「山寇」，如寧化黃素禾，永春林日勝、林興珠，以及蘇松一帶「海寇」顧忠、王有才等。[196]從降清原因來看，施琅、黃梧等人主要是因為個人與鄭成功發生了矛盾。施琅由於在某些問題上與鄭成功發生分歧，矛盾逐漸激化，在被鄭成功囚禁以後，脫逃降清。黃梧、蘇明由於進攻揭陽失利，蘇明之兄蘇茂為鄭成功所殺，黃梧受罰，因而降清。而在第一次高潮中降清的，原因則有所不同。在這些事件中可以看出下列值得注意的現象：

一、降清者有不少原是清方的官兵。例如，劉進忠原是清方澄海縣守將，十五年四月鄭軍進攻該縣時，劉進忠等「率兵千餘獻城迎降」，鄭成功授予後衝鎮，半年後，劉又在台州降清；英兵鎮唐邦傑原是清方馬兵，順治五年投降鄭軍，被逐漸提升為鎮將；十五年在三沙帶兵二百餘名降清的郭雲學，原是澄海縣署守備，投降鄭軍以後，乘北上打糧的機會又投降清方；十六年兵丁劉顯等82人在舟山投清，他們原來就是清方潮州總兵左營兵丁，十五年「因調援澄海縣，城潰被虜，綁縛下海」，隨鄭軍北上，乘機逃跑降清。

二、與前面一點相關的是，降清者之中有不少「北兵」，即原籍在福建以北各省。例如：劉進忠「系遼東人，入滿籍」；[197]唐邦傑原是一名馬兵，北方人，或說「系舊北將」；[198]副將錢英等人，「因不願在海，久欲投順」，他

們的原籍多是浙江寧波、鄞縣一帶；[199]都督僉事蕭自啟等13人在福州五虎門降清，其籍貫是河南、山東、陝西、湖廣、江蘇（徐州）等省。[200]據史書記載，順治十五年鄭軍北上「時有北兵逃走者多」，[201]「時北兵驚怕風浪，皆逃去」。[202]

由此可見，第一次降清高潮的出現是和鄭軍北征有關的。由於北征，遠離了原有的根據地，鄭軍對軍隊的控制不如以前，於是原來被迫歸附鄭軍的官兵，尤其是北方籍的官兵，得到機會便脫逃歸清了。總的來看，這個時期多數是零星投降的，像唐邦傑那樣的鎮將帶兵千餘人降清的，是極少數。正如吏部題本所說：「從來投誠者，或系一二偏裨，或系子身歸命，未有如邦傑以偽大鎮率偽副將林翀、葉祿，統眾千餘全部來歸者」，「來一邦傑誠可為偽鎮之倡」。[203]這說明它在當時還是少見的現象。

二、第二次降清高潮（1663—1664）

順治十六年北征失敗，鄭成功退守金門廈門一帶，到收復臺灣、鄭成功逝世為止，這三年間，鄭氏官兵降清事件很少發生。順治十七年有幾起零星事件，如右虎衛鎮陳鵬通清被殺，溫州人鄭叔盛等11人、游擊馮至等15人投清。十八年鄭成功進軍臺灣以後，謠傳東山守將右衝鎮蔡祿、宣毅左衝鎮郭義準備降清，鄭成功密令留守廈門的兵官忠振伯洪旭，單調蔡、郭二鎮全師過臺，蔡等聞訊，認為「國姓信讒」懷疑他們，於是在東山投降清朝。第二年（即康熙元年）又誤傳忠勇侯陳豹不肯搬眷過臺，並「已密通平南王投誠」，鄭成功又密令周全斌進攻陳豹，陳豹認為「必有大奸人反間」，而鄭成功「既信讒而來，辯之弗及」，只好入粵降清。可見這個時期的兩個事件都和鄭成功輕信讒言有關。

第二次降清高潮發生在康熙二年和三年間。那時正值鄭成功去世，鄭氏內部發生矛盾。留臺官員諸如黃昭、蕭拱宸等人，擁立鄭成功之弟鄭世襲為護理，而留廈官員如洪旭、黃廷等人，則請鄭成功之子鄭經嗣位，稱為「世藩」。鄭成功從兄鄭泰和黃昭相通，主張「扶襲拒經」。結果，鄭經在殺死黃昭之後，騙取鄭泰來廈門並置之於死地。於是，鄭泰之弟鄭鳴駿、子鄭纘緒以及忠靖伯陳輝、左武衛楊富、左虎衛何義、都督楊來嘉、參軍蔡鳴雷等「文武大小共四百餘員，船

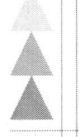

三百餘號，眾萬餘人」，於康熙二年（1663）六月入泉州港投清。據清方檔案記載，這次降清的人數如下：鄭鳴駿等8000多人，陳輝等2300多人，楊富等2500多人，何義等1800多人。在這批官兵中還有左都督顏立勳和副將萬正色（萬後來成為清方重要將領，康熙十八年出任福建水師提督）。

在康熙元年鄭成功逝世後不久，鄭氏方面決定採用「陽和陰違」的策略，以鄭泰、洪旭、黃廷等三個侯爵的名義，向靖南王耿繼茂、閩浙總督李率泰表示「傾心歸命」，並且造報官員兵民船隻總冊，其中有「勳爵及文武官員計二千一百五十六員（小將、雜職在外未造），水陸官兵計四十一萬二千五百名，大小戰艦約計五千餘號，海上軍民籍及流寓人口計三百餘萬」。[204]當然，鄭氏官兵全部降清並沒有成為事實，但從這裡可以看出，康熙二年降清的官員已占鄭氏文武官員總數的六分之一。

不僅如此，這兩年間還發生以下幾起事件：二年三月總兵沈明帶兵丁30人，婦女18人，小船二隻，到漳州投誠。二年十月廈門高崎守將正兵鎮陳升暗通黃梧、施琅，投降清朝，以致廈門失守；同時，鄭成功之弟鄭淼（世襲）歸清，定國公鄭鴻逵之子鄭耀吉和鄭芝豹生母黃氏及家眷、家丁共775口從金門前往投清，浙江方面也發生靖波將軍阮美降清的事件。三年正月援剿右鎮林順統率全鎮在海衛投清；二月南澳守將護衛左鎮杜輝在揭陽港降清；三月鄭經最重要的部將之一、五軍戎務左都督周全斌「統眾從漳浦鎮海衛投誠」，同時，另一個最重要的部將、前提督永安伯黃廷也從漳浦、雲霄投降，總兵翁多球（或作翁求多）在八尺門率兵民六萬降，「遂及周寬、楊灃、周珍、曾傅、黃寶、林英、張隆、阮星、歐瑞、陳麟、賴二、張岳及兵民三萬六千有奇先後降」。[205]

總計從康熙元年到三年，鄭軍方面降清的有文武官員3985名，食糧兵40962名，歸農者64230名，眷屬人役63000多人，大小船隻900多隻。[206]以鄭軍共有40萬人計算，降清者已達四分之一左右。這對鄭氏勢力來說，無疑是一個十分沉重的打擊。

這個時期鄭氏官兵降清有一個顯著的特點，那就是降清者多是鄭氏的親族、親信和骨幹。鄭淼及鄭泰的子弟、鄭鴻逵之子是鄭氏親族，陳豹、陳輝是追隨鄭

氏多年的老將，黃廷、周全斌是鄭經手下兩員大將，他們的降清說明了鄭成功逝世以後，鄭氏內部矛盾的嚴重性。實際上，矛盾早已存在，鄭成功在世時，鄭氏集團的一切行動聽從他統一指揮，內部的種種矛盾暫時沒有公開暴露。一旦鄭成功死去，內部矛盾便公開化了。首先是繼承權的鬥爭，它涉及要不要搬眷過臺的問題，使得一部分不滿於鄭經，不願意東渡臺灣的人背鄭投清，當然也涉及對抗清前途的看法問題，所謂「今日廈門兵民皆存歸順之心」，[207]從一個側面反映了鄭軍內部的心理狀態。此外，部將之間的矛盾也很嚴重，周全斌與黃廷、洪旭「有宿嫌，恐過臺為其所嫉」而決定降清。[208]當時鄭軍內部「互相猜疑，心懷芥蒂，貌合神離」，[209]以致「人心解散，鎮營多叛」，[210]陷入相當困難的境地。

三、第三次降清高潮（1667—1680）

康熙二年十一月金廈兩島失陷，第二年三月鄭經退往臺灣，從此以後大約十年時間，沒有發生重大事件。到了三藩之亂發生時，鄭經企圖乘機恢復在閩粵一帶的勢力，從康熙十三年開始，占據了漳州、泉州、潮州三府，並且向福建其他地區擴張，但在清朝大軍的攻擊下，終於失敗。十六年初，鄭軍「諸鎮渙散，無術約束」，文武官員各自星散或投降清朝。[211]於是，從康熙十六年到十九年又出現了一次降清高潮。

在這四年間發生降清事件30多起，其中總兵以上官員降清事件有：

十六年，建威將軍郭炳興，右提督劉進忠，將軍黃邦漢，總兵劉炎、張國傑、許志遠、陳龍、何應元等降清。其中在清軍進攻漳泉各地時，「泉屬之同安縣並漳州府所屬之龍溪、漳浦、海澄、長泰、詔安等縣及雲霄等營各偽官兵，相率剃髮，並齎偽印札前來迎降」，[212]據寧海將軍喇哈達等報告，從泉州到漳州，沿途招撫「偽建威將軍一員、大監督二員、總兵七員、副總兵十三員、副將四十三員，自參將以下把總以上共三百五十六員，兵丁四千一百七十名」；[213]許志遠所部官108員、兵9120名。

十七年，漳平守將、總兵黃瑞鑛降清。據清方統計，從十七年六月到十一月共招撫鄭氏官員1237名、兵11639名。

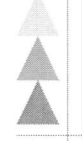

十八年，水師五鎮蔡仲琱，折衝鎮呂韜，木武鎮陳士愷，牛宿鎮鄭奇烈，樓船前鎮楊廷彩，水師三鎮吳定芳，總兵廖碘、賴祖、金福、廖興、黃靖、黃柏、紀朝佐、張文魁等降清。其中蔡仲琱、呂韜等人所帶官兵有12000多人，[214]廖碘等五鎮官員374名、兵12124名。

　　十九年，協理五軍都督吳桂，信武鎮黃瑞，樓船左鎮朱天貴，總兵陳昌、蘇堪、楊祿、張輝，將軍江機、楊彪、劉天福等降清。其中朱天貴等率領官600餘員、兵20000餘名、船300餘號，江機等官1138員、兵43629名，楊彪等官兵31000名，楊祿等官兵28000多名。

　　這四年間降清官兵的人數沒有完整的統計，從上述資料估算當在10萬人以上。此外，閩浙總督姚啟聖奏稱：「計自康熙十七年六月起至十九年六月二十六日止，十次題報，除厚賚功令解散歸來外，實在食俸官五千一百五十二員，實在食糧兵三萬五千六百七十七名。」又說「投誠官兵計至數萬」。[215]這個數字扣除了歸農的官兵，可能也不包括楊彪所率領的官兵31000多人在內，因為楊彪是在六月二十六日以後投降的。此外，楊祿等是由寧海將軍喇哈達招撫的，也未列入閩浙總督的報告。應當指出，在這些降清官兵中，有一大部分不是真正的鄭氏官兵，其中有的原來就是清軍官兵，如劉進忠、呂韜、陳士愷、朱天貴等部；有的是接受鄭氏札付的「山寇」，如許志遠、陳龍、何應元、鄭奇烈、紀朝佐、廖碘、江機、楊彪等。這些官員與鄭氏沒有密切的關係，在清軍的追擊下，倒戈降清，這是可以理解的。

　　四、降清原因的綜合考察

　　從以上三次降清高潮的情況可以看出，鄭氏官兵降清和當時的形勢有關：北征導致部分「北兵」背鄭投清；鄭成功逝世和鄭氏內訌引起部分鄭氏親族和將領的叛離；清軍進逼，鄭軍潰敗，使得原來從清方投鄭的官兵以及各地「山寇」紛紛降清。那麼，更深一層的原因何在呢？有人認為主要是因為鄭成功「英年得志，局量未弘」，「用法嚴峻，果於誅殺」，「濫用權威，人心思叛」；有人則認為這是海商集團抗清不徹底性和動搖性的表現。其實，如果作進一步的分析，可以看出，鄭氏官兵之所以降清，原因是多方面的。

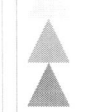

從政治上說，鄭軍內部對抗清的認識不是一致的，決心堅持抗清者不占多數。鄭氏官兵主要有三個來源：一、鄭氏舊部和以後陸續招募來的追隨鄭氏抗清的力量，其中包括曾經追隨鄭芝龍在海上為盜者，有些人還曾經投降過清朝；二、原是清朝官兵，後因戰敗、被圍或其他原因而投降鄭氏者；三、福建各地的「山寇」，自願或被迫歸附鄭氏者，包括那些只是接受鄭氏授予的官銜而不受鄭氏指揮者。其中二、三兩類是鄭氏暫時的同盟軍，一旦形勢不利，他們便會倒戈相向，上引史料說明了這一點。即使在第一類中，始終忠於南明王朝、堅持抗清者也只占少數。據閩浙總督姚啟聖分析，「從逆之人，或為賊所脅，或為饑寒所迫，一時誤入賊夥」，[216]這種看法難免以偏概全，但卻說明了大部分官兵不是堅定的抗清派。早在順治年間，就有些人「身在海上，心戀朝廷」，[217]「不願在海，久欲投順」，[218]鄭成功逝世以後，在抗清前途暗淡的情況下，降清事件便經常發生。這種情況表明，在鄭氏集團內部，堅持抗清的力量並不大，降清現象的出現是不足為奇的。這不能只用海商集團的階級特性來說明，因為在鄭氏官兵的構成成分中大部分是不能堅持抗清的，從降清的官兵來看，大多數也不是海商集團中的人物。

　　從經濟上說，鄭氏集團長期經營海上貿易，積累了不少財富，但以數十萬之眾，堅持幾十年的抗清，物資上的供應是相當困難的，三次降清高潮的出現，都和經濟上的困難，特別是糧食困難有關。順治十六年「因福建、廣東等處沒有糧草，住不得，故此來江南」；[219]康熙三年廈門缺糧，「所需米石，皆自廣東省所屬揭陽、潮陽及臺灣等處運來」，「廈門米價一擔為三兩五錢」，「倘若一旦禁運，廈門糧米則無來源」；[220]康熙十六年，在清軍進攻下，鄭經退守廈門，而廈門「軍資不給」，只得把軍隊分駐沿海，就地取糧；[221]十九年「時兵已乏糧，盡皆潰散，國軒禁不能止」。[222]不僅如此，長期在海上活動，鄭氏官兵家庭經濟發生困難，姚啟聖的文告指出：「棄父母田園，遠役海上，備極勞苦，實無多金，人亦何樂乎在海也。」[223]這是有一定道理的。

　　從思想狀況來看，一般官兵的鄉土觀念、家庭觀念是很重的，他們還不得不考慮個人的得失和前途。當鄭成功決定進取臺灣時，「官兵多以過洋為難，思逃

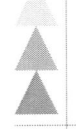

者多」，[224]原因是不願離開故土。後來鄭成功命令搬眷入臺，鄭泰、洪旭、黃廷等高級官員「皆不欲行」，進行抵制。從臺灣來投清的人報告說，在臺灣的鄭氏官兵「人人皆望回鄉」。[225]施琅也說，鄭氏官兵「內中無家眷者十有五六，豈甘作一世鰥獨，寧無故土之思」，但由於一時無法渡海來歸，只好和鄭氏相依為命。[226]這種思想方面的因素也是不可忽視的。

從鄭氏內部關係來看，鄭成功的專斷和鄭經的無能，也迫使某些官員不得不背離而去。上述施琅、黃梧、蘇明、蔡祿、郭義、陳豹等人的投清就和鄭成功的專橫和輕信有關。順治十三年禮官陳寶鑰也因「常懼得罪（成功）」而投清。順治十六年副將錢英降清時供稱：「國姓獨行獨斷，不與人商量，在內有正經的俱各離心。」可以說，第一次降清高潮的產生是和鄭成功有直接關係的。至於在鄭成功逝世以後發生的鄭氏內訌導致鄭氏家族部分成員和手下大將黃廷、周全斌的叛離，則充分反映了人們對鄭經的失望。此外，部將之間的矛盾（如施琅與陳斌、黃廷和周全斌的矛盾）也對鄭氏官兵的降清發生了一定的作用。

以上是從鄭氏內部考察降清的原因，至於清政府的招撫活動以及鄭氏降將的作用，鄧孔昭等同志已經有專文作論述，這裡就不再說了。[227]

為了作進一步的探討，我們還可以把鄭氏官兵降清與清方官兵投鄭的情況進行比較。在清鄭交戰的過程中，也發生過不少清方官兵投降鄭氏的事件，其中總兵以上有以下幾起：

順治十一年十一月，漳州總兵張世耀、知府房星燁降鄭。十四年八月鄭軍進攻浙江台州，總兵李泌、知府齊維藩投降。十六年六月鄭軍進攻鎮江，總兵高謙、知府戴可進投降。

康熙十三年，海澄總兵趙得勝、潮州總兵劉進忠、漳浦總兵劉炎先後降鄭。十五年東莞總兵張國勛、汀州守將五軍都督馬應麟、總兵朱天貴投降鄭氏。

此外，海澄守將郝文興（參將）、台州守將馬信（副將）、舟山守將巴臣功（副將）、黃岩守將王戎（副將）等人投降鄭氏也發生了較大的影響。

總的來說，清方官兵多是在鄭軍兵臨城下、清方處於劣勢的情況下投降鄭氏

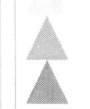

的，其中不少人後又叛鄭歸清。只有陳堯策、郝文興、馬信、劉國軒等少數人成為鄭氏的幹將。上述情況表明：第一，清鄭官兵之間互相投降是一種常見的現象。清鄭雙方代表封建統治階級中不同的政治集團，但從一般官兵看來，政治上的差異不如切身利害重要。雙方官兵出自個人得失的考慮（保存實力、獲得官職或獎賞等等），可以倒戈相向，背主投敵。第二，清方官兵多是在不利的條件下被迫投降的，相對來說，這是比較正常的現象；而在鄭軍第一、二次的降清高潮期間，鄭氏官兵都不是在不利的條件下投降的，特別是第二次高潮中大量官兵降清，顯然是一種不正常的現象。這表明鄭氏內部已經產生衰敗的徵兆，後來只是由於退守臺灣才勉強維持隔海相踞的局面。第三，清方投鄭的高級將領人數較少，而鄭方降清的鎮將以上的官員為數甚多。這一方面說明鄭氏方面在鄭經時代，特別是抗清的後期，已經處於渙散狀態；另一方面則說明鄭氏方面存在濫封官職的現象，在後期尤為嚴重。第四，康熙十六年以後，鄭氏不僅在軍事上失利，在政治上也處於困境，這時，只有鄭氏官兵投清，而很少有清方官兵降鄭的情況發生。後來，在清軍的進逼下，力量對比懸殊，終於迫使鄭氏走上全部降清的道路。

總之，鄭氏官兵投清這種歷史現象是多種因素作用的結果，把它歸咎於鄭成功個人，或歸結為海商集團的特性，都不能說明問題。在眾多的因素中，鄭氏隊伍結構複雜，大多數成員並沒有「恢復中興」的政治要求，在他們看來，清鄭雙方並沒有根本的區別，這可能是導致許多鄭氏官兵降清的一個重要因素。

鄭氏官兵降清事件年表

年月	為首者	人數	資料來源※
順治八年七月	左先鋒鎮施琅		A100
十三年六月	前衝鎮黃梧、副將蘇明	官80，兵1700	B169 C562
十三年九月	海鎮總兵顧忠	官25，兵1781	C613

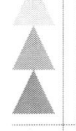

十三年九月	禮官陳寶鑰		F13
十三年	總兵林興珠	350	C562
十四年一月	周立		C669
十四年四月	副將戴亮、參將何勝	官12，兵36	B296
十四年六月	總兵張應辰	官27，兵613	C696
十四年九月	護衛前鎮陳斌	兵500	D137
十四年十一月	英兵鎮唐邦杰	兵1000	A163、C743
十四年十一月	副將郭炳興	10	C746
十四年十一月	副將林仁		C746
十四年	德化伯林忠、左都督林暹	官102，兵593	C700
十五年二月	前鋒鎮張雄	74	B296
	守備呂春	200	B296
十五年五月	守備郭云學	200	C783
十五年六月	正兵鎮左營郭祿	6	C791
十五年七月	副將王仕璋	7	C791
十五年七月	正兵鎮參將方光夏	8	C792
十五年八月	援剿右鎮副將陳彩	官6，兵80	C792
十五年八月	旗鼓中軍參將程文星	12	C792
十五年十月	後衝鎮劉進忠		A181
十五年十一月	援剿前鎮游擊趙岐鳳		C925
十五年十二月	參將王魁	官3，兵10	C925
十五年十二月	副將張玉	官2，兵17	C925
十六年一月	援剿前鎮副將許以忠	10	C925
十六年一月	副將潘大聖	14	C925
十六年一月	總兵陳侯	29	C925
十六年一月	參將劉賢陛、林佐等	官7，兵110	C925
十六年六月	副將錢英	16	B325
十六年八月	參將沈亨	26	B328
十六年八月	兵丁劉顯	82	B354

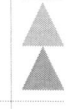

十七年一月	都督僉事肖啟	官13，兵12	B331
十七年四月	總兵楊斌		B344
十七年四月	鄭叔盛	11	B347
十七年四月	游擊馮至	15	B347
十八年五月	右衝鎮蔡祿、左衝鎮郭義		D161
康熙元年二月	柳會春	59	J5
元年三月	忠勇侯陳豹		D170
元年十一月	振武將軍楊學皋	3000	J10
二年	參將盧俊興		E7
二年三月	總兵沈明	30	E6
二年六月	建平侯之弟鄭鳴駿、永勝伯鄭	官400	B446
	纘緒、忠靖伯陳輝、左武	兵15000	E11、30
	衛鎮楊富、左虎衛鎮河義		I30
	左都督顏立勛、副將萬正		J14—16
	色、楊來嘉、參軍蔡鳴雷		
	慶督伯王秀奇、水師後軍		
	協理周家政		
二年十月	正兵鎮陳升	官123，兵2600	D186、J20
二年十月	鄭成功之弟鄭淼	官224，兵120	J16
二年十月	定國公鄭耀吉、鄭芝豹之母	775	E22
二年十月	都督鄭賡	315	J16
二年十一月	靖波將軍阮美	3066	J17
三年一月	援剿右鎮林順	全鎮官兵	D187
三年二月	總兵吳陞	官33，兵693	J20
三年二月	護衛左鎮杜輝	官102，兵2096	J19、D187
三年二月	鎮將林國梁		J19
三年三月	總督周全斌	數萬	D188
三年三月	前提督黃廷、都督余寬	32400	G182、J21
三年三月	前提督左鎮翁求多	60000	J21、I143

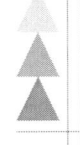

四年十月	都督朱英		J29、G183
五年七月	都督李順		J30
九年三月	南日守將阮欽為		D210
九年九月	寧遠將軍杜伯馨、都督施轟	官144，兵1690	J35、G184
十年十月	總兵柯喬棟		J36
十六年一月	總兵郭維藩		J66
十六年二月	副將劉守義		E124
十六年二月	建威將軍郭炳興		E124
十六年二月	副將陳應龍、游擊馮友魁		E124
十六年二月	副將林棟、游擊王許會		E124
十六年二月	副將馬虎	官64，兵726	E125
十六年二月	副將楊雄	98	E125
十六年三月	副將孫紹芳、漳州知府程夢簡		J67
十六年六月	右提督劉進忠、前鋒鎮劉炎		D264
十六年七月	副總兵洪渭、陸日	官28，兵120	E144
十六年九月	總兵許志遠	官108，兵9120	E145
十六年九月	總兵陳龍、何應元		E146
十六年九月	監軍陳俞侯		J71
十六年十月	將軍黃邦漢		J72
十七年八月	總兵黃瑞鑣	官25	E212、D283
十八年三月	水師五鎮蔡仲琱	官85，兵12517	D289、J97
十八年三月	折衝鎮呂韜	8	D290
十八年三月	木武鎮陳士愷	官55，兵1431	D290、E177
十八年三月	牛宿鎮鄭奇烈	官53，兵1000	D290、J94
十八年三月	總兵廖琠、賴祖、金福	官374，兵12124	J93、H
	黃靖、廖興		
十八年五月	樓船前鎮楊廷彩、總兵黃柏	官46，兵561	E182、J97
十八年七月	副總兵陳化甲	官38，兵167	E183、J97
十八年七月	副將許成風	官3，兵24	J97

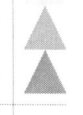

十八年七月	水師三鎮吳定芳	官9，兵148	J97
十八年九月	總兵張文魁		J97
十八年九月	總兵紀朝佐	官81，兵1129	E194、J98
十八年十月	監督郭承隆		D295
十九年二月	丙州守將康騰龍		D301
十九年二月	揚威前鎮陳昌		D302、E315
十九年二月	協理五軍吳桂、信武鎮黃瑞		D302
十九年三月	樓船左鎮朱天貴	官600，兵20000	D304、E315
十九年三月	總兵蘇堪		H90、J105
十九年四月	副總兵劉英	官9 兵583	E207
十九年六月	總兵楊祿、張輝	官2500，兵25900	E107
十九年六月	征夷將軍江機、將軍郭如杰	官1138，兵43629	E211、J107
十九年七月	定北將軍劉天福	官180，兵2000	J107、109
十九年七月	將軍楊彪	31000	E212、216

※資料來源編號代表下列各書（表格中英文字母後的數字代表頁數）

A 《先王實錄校注》，福建人民出版社

B 《鄭成功檔案史料選輯》，福建

C 《鄭氏史料續編》，臺灣文獻叢刊本

D 《臺灣外紀》，福建

E 《康熙統一臺灣檔案史料選輯》，福建

F 《海紀輯要》，臺灣文獻叢刊本

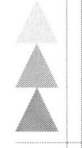

G 《續明紀事本末》，臺灣文獻叢刊本

H 《憂畏軒奏疏》，閩頌彙編本

I 《東華錄》（蔣良騏），中華書局

J 《清聖祖實錄選輯》，臺灣文獻叢刊本

為鄭經平冤

近年來，有些歷史學者在讚揚康熙和施琅「統一臺灣」的偉大功績的同時，很自然地採用「兩分法」，對他們的「對立面」鄭經加以批判，把他說成是「分裂祖國」「割據臺灣」「背叛鄭成功事業」的歷史罪人，甚至有人說他是「臺獨分子」，是「臺獨的祖師爺」。我認為，在鄭經去世300多年後，強加給他這樣的罪名，實際上是給他製造了一個冤案，這對鄭經是不公道的，因此斗膽寫出「為鄭經平冤」的文章，就教於歷史學界。

今人加給鄭經的罪名

根據檢索可知，近年來有些學者給鄭經加上了如下的罪名：

一、「鄭經公然宣稱：『東寧（臺灣）遠在海外，非屬版圖之中。』胡說臺灣不屬中國版圖，他已『橫絕大海，啟國東寧』，在臺灣建國。」

二、鄭經「已然決心稱國割據臺灣，自絕於中土而分裂中國，以『外國』自居」。

三、「鄭成功收復中國領土臺灣作為抗清基地。鄭經卻一意孤行，篡改歷史事實，並違抗其父的正確主張，聲稱建國分裂，割據臺灣。」[228]

四、「鄭經雖然打著『先王』鄭成功旗號，但他的言論與鄭成功有著本質不同。應該說，依朝鮮例，降清不削髮，是鄭成功最先提出來的……鄭成功提出降清的條件是，必須取得數省之地以安插軍隊，至於剃髮與否，在兩可之間，所謂

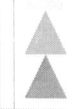

按朝鮮例，即不剃髮，保留漢族的髮型服飾，而不是按朝鮮例成為清朝的藩屬。」

五、鄭經堅持「照朝鮮事例」，「公然說：建都東寧，於版圖疆域之外，別立乾坤」，「東寧偏隅，遠在海外，與版圖渺不相涉」，可見鄭經「妄圖將臺灣從祖國大家庭分裂出去」。[229]

六、「鄭經強調鄭氏占據臺灣是『於版圖疆域之外，別立乾坤』，又說臺灣『遠在海外，與版圖渺不相涉』。鄭經的這些言論，不但無視臺灣自古是中國領土的史實，而且也違背了其父鄭成功的意志。」「鄭經的言行不僅是對中華民族的背叛，也是對其父輩事業的背叛。」[230]

「照朝鮮例」不是鄭經發明的

如果認真查閱史料，就會發現早在永曆八年（即順治十三年，1654），鄭成功就提出：「和則高麗、朝鮮有例在焉。」[231]清方官員的密奏也說鄭成功「又比高麗，不剃髮」。後來的《廣陽雜記》也說：鄭成功「請以安南、朝鮮之例」。

同年9月，鄭成功當面對他的弟弟說：「我一日未受詔，父一日在朝榮耀，我若苟且受詔削髮，則父子俱難料也。」[232]同時，鄭成功給鄭芝龍的信中說：「天下豈有未稱臣而輕削髮者乎。」[233]

如果查閱滿文檔案，還可以看到清方「和碩鄭親王」的奏本，他報告說：「鄭成功不受詔，不剃髮，其意如山」，「且未與張名振議妥，又比高麗之例不剃髮」。[234]鄭芝龍的「密題」也報告說鄭成功曾經聲稱：「剃髮乃身份大事，本藩自會定奪，誰人敢勸，哪個敢言。」[235]

由此可見，批判「照朝鮮例」，首先應該受到批判的不是鄭經，而是大家都不想批判的民族英雄鄭成功。

鄭經沒有背叛鄭成功

當年鄭經一貫遵從鄭成功的遺志辦事，不敢（估計也沒有能力）自作主張。

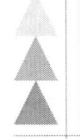

「照朝鮮例」是鄭成功的主張，他就堅持不變。所以，每當發生此類事情的時候，他一定抬出鄭成功為自己做主。

鄭經說過：「從先王以至不佞，只緣爭此（削髮）二字」，[236]「先王在日，前後招撫者，亦只差削髮二字，若照朝鮮事例，則可」，[237]「本藩焉肯墜先王之志」，「和議之策不可久，先王之志不可墜」。[238]當年記錄俱在。

由此可見，鄭經只是繼承鄭成功的主張，而沒有「發展」鄭成功的主張，更沒有提出任何超越鄭成功的「分裂祖國」的主張。所以，鄭經並沒有背叛鄭成功，認定鄭經背叛了鄭成功的意志是沒有史料依據的。

不能用現代的標準要求鄭經

研究歷史人物，必須擺在特定的歷史背景下考察，這是常識。可是有人為了要使「歷史為政治服務」，卻自覺或不自覺地「以古喻今」「以古諷今」「以古類今」，而忽視了當今時代與300多年前時代的巨大差異、觀念的巨大差異。

300多年前對於一些政治原則問題的看法和當代有根本的差異。例如，什麼叫「國」，什麼叫版圖，什麼叫「照朝鮮例」。

先說什麼叫「國」。在明清之際並沒有現代「國家」的概念，不懂得「國家是階級統治的工具」，那時，誰都可以建立國家。歷史上，在現代中國的土地上，同時存在許多「國」的情況是正常的。三國、五胡十六國、五代十國，宋、夏、遼、金、蒙元也同時都是「國」。鄭氏堅持的是「大明國」，後來清朝的祖先建立了「大金國」，它不是明朝的地方政權，不是明朝的割據政權，也不是從明朝分裂出去的，它顯然就是一個「國」。古代有朝就有「國」，一個是清朝，一個是明朝，都是「國」。鄭氏在臺灣有沒有建立國家？有人說建立了「延平王國」，實際上沒有這回事。鄧孔昭已經論證那是「子虛烏有」。[239]不過，鄭氏確實把臺灣稱為「東都明京」，即「東方的首都、明朝的京城」。從當時看來，這沒有任何錯誤，它只是表示「大明國」仍然存在。鄭氏並沒有建立新的國，沒有自立為帝，扣不上「分裂」的罪名，與「獨立」更是風馬牛不相及。

再說什麼叫「版圖」。當時還沒有「國際法」，沒有領土主權的概念，更不

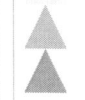

懂得「國家領土是國家主權支配下的地球表面的特定部分,包括地下及上空」。當時只講「版圖」,也就是「疆域」,而且不是以現代中國的領土為範圍,因為當時還沒有這麼大的疆域。古代是根據各個「國」的實際疆域來決定版圖的,而且不是固定不變的,你今天占領了這塊地方,這塊地方就被你「納入版圖」。當年歸屬於明朝的鄭氏統治著臺灣,清朝並沒有占領臺灣,臺灣當然不屬於清朝的版圖,而是屬於大明國的版圖。這一點,在當時是「公認」的,清方也承認。康熙就承認,鄭氏降清後臺灣才算歸入清朝版圖。他在給施琅的《封侯制誥》中寫道:「海外遐陬,歷代未隸疆索,自茲初闢,悉入版圖。」施琅有名的《恭陳臺灣棄留疏》也說:「臺灣一地,原屬化外,土番雜處,未入版圖也」,「夫地方既入版圖,土番人民均屬赤子」。[240]福建總督姚啟聖講得更清楚:「查臺灣地方自漢唐宋明,歷代俱未入版圖」,以此讚頌依仗「皇上威靈,神機妙算」才使臺灣歸入版圖。[241]直到雍正元年(1723),雍正皇帝還說:「臺灣自古不屬中國,我皇考神威遠屆,拓入版圖。」[242]他們都承認鄭氏時代臺灣並未納入清朝版圖,可見鄭經講的是實話。現代史家不怪他人,唯獨怪罪於鄭經,未免太冤枉他了。明白了這一點,說鄭經「自絕於中土」「以外國自居」「分裂祖國」就不攻自破了。

至於什麼叫「照朝鮮例」,有的說就是「不剃髮」,有的說要成為「清朝的藩屬」,或者說,鄭成功只是要「不剃髮」,而鄭經卻要成為「藩屬」。應當說,在這個問題上,把鄭經與鄭成功區分開來是沒有根據的。鄭成功明明提出「照朝鮮例」,鄭經的說法和他一致,為什麼說鄭經是要成為「藩屬」,而說鄭成功卻沒有同樣的意思呢?

那麼,鄭氏提出「照朝鮮例」的真實目的何在呢?一是為了與清朝周旋,並不想投降。陳在正指出「有些條件或說法同樣系出自權宜的策略或是一種藉口」,是為了「恢復」「中興」的政治目的。[243]二是從君臣名節的角度,力圖保持明朝的一片江山。這一點,現代的人不容易理解,而當時的人卻都理解,連清朝當局也理解。所以他們一方面沒有答應「照朝鮮例」,另一方面則對此表示讚賞。他們表示:「夫保國存祀,至忠也」,「我朝廷亦何惜以窮海遠適之區,為爾君臣完全名節之地」。清方的康親王、平海將軍、福建總督都先後在口

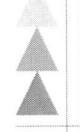

頭上、書面上表示可以考慮「如高麗朝鮮故事」,「許其不削髮,只稱臣納貢,照高麗朝鮮事例」。可見在當時,「照朝鮮例」的主張並不是清廷完全不可能接受的,也並不是什麼大逆不道的事情。[244]

需要公道的評價

其實,對於鄭經在「照朝鮮例」問題上的表現,海峽兩岸有些學者已經發表過一些比較公道的看法,而與批判鄭經的看法有明顯的不同。

1983年我發表《康熙二十二年:臺灣的歷史地位》,指出,有人認為「照朝鮮例」是分裂祖國,搞「獨立」,受譴責的是鄭經,而始作俑者則是鄭成功。其實,鄭氏並沒有把自己當做外國,只是堅持「不剃髮」以表示忠於明王朝。我認為「不要把清鄭矛盾提高到統一和分裂甚至愛國和叛國的高度」,「不要為了肯定康熙統一臺灣,就否定臺灣鄭氏的抗清活動,說他們搞封建割據、破壞統一,也不要把製造『兩個中國』的罪名加在鄭經的頭上」。[245]

1983年陳在正發表《評清政府與鄭成功之間和戰的得失》,他認為「照朝鮮例」的說法是「出自權宜的策略或是一種藉口」,是為了「恢復」「中興」的政治目的。[246]

1997年鄧孔昭發表《論清政府與臺灣鄭氏集團的談判和「援朝鮮例」問題》,指出鄭經是繼承鄭成功的遺志,堅持「援朝鮮例」不削髮的,「不是要把臺灣變成朝鮮那樣的藩屬國,而是要求鄭氏集團管轄下的人民(也包括大陸沿海人民)像朝鮮那樣不削髮」。他認為指責鄭經對中華民族背叛、對父輩事業背叛是沒有根據的。[247]

2001年陳捷先在臺灣出版《不剃頭與兩國論》一書,他指出,鄭成功提出「依朝鮮例」不剃髮,因為剃髮就是投降,後來鄭經堅持這個主張。不剃髮在本質上不是要自外於中國,鄭成功父子都沒有說過他們是外國人,更不會不認同中華文化。他們是忠於明朝,展現尊重中華文化的儒者忠誠而提出這一主張的。[248]

2005年朱雙一發表《「鄭經是臺獨分子」說質疑——以〈東壁樓集〉為佐

證》，文章認為，透過近年發現的鄭經所著《東壁樓集》，從近五百首詩中可以看出，鄭經始終繼承鄭成功遺志，奉明正朔，矢志抗清復土，體現了一種「遺民忠義精神」，他的志向是作為明朝之「臣」，而不是作為獨立王國之「君」，可見鄭經並非「臺獨分子」。[249]

總之，我認為上述幾位的說法是比較公道的、切合歷史實際的評價。對於鄭經的表現，我們應當更多地瞭解明清時代的真實情況，歷史主義地看待問題，才能作出公正的判斷，而不能用現代的標準去要求300多年前的古人；作為歷史學者，更不要出於現代政治的某種需要，給古人製造冤案。

康熙二十二年：臺灣的歷史地位

康熙二十二年（1683年），清政府取得了臺灣，實現了全國的統一，這是清代前期中國歷史上的一個重大事件。

近年來出版的清史論著，有的在「清朝中央集權統治的加強」一節中，列出「統一臺灣」的標題，作了專門的論述，[250]有的只是簡單地提及「康熙二十二年，鄭克塽率臺灣文武官員歸降，結束了臺灣的割據局面」，而未作更多的介紹。[251]對於康熙皇帝在這個歷史事件中的態度和作用，也有不同的看法：有的認為康熙一貫堅持統一，對實現臺灣與大陸的統一起了巨大作用；有的認為康熙曾經舉棋不定，錯過戰機，對他評價不高，而強調了進取臺灣的直接指揮者施琅的作用。一般論者都譴責鄭經集團進行封建割據，批判其所謂「照朝鮮例」的政治主張，甚至認為清鄭之間的鬥爭是統一祖國與分裂祖國的鬥爭；但也有一些同志認為清鄭矛盾的性質只能說是封建統治階級中不同集團的鬥爭。

本文試圖把這個歷史事件放在當時全國範圍加以考察，用比較的方法說明康熙對臺灣的認識和1683年臺灣所處的地位，從而對上述不同的看法提出自己的意見。

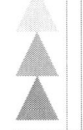

臺灣史事解讀

一

大家知道，康熙對臺灣的看法有一個發展的過程，過細地分析這個過程不是本文的任務。這裡需要指出的是：

一、三藩之亂發生以後，康熙便主張對臺灣鄭氏主要用「撫」。康熙十八年二三月間，康熙就下令「速行進討」「速靖海氛」，[252]而不是像一些論著所說的，到了平定三藩以後，才把臺灣問題提到日程上來。

二、康熙曾經兩度下令暫時停止進兵臺灣。第一次在十九年八月，「諭兵部，臺灣澎湖暫停進兵」，其原因是朝廷大員中有人主張用撫，「俟其歸命」，「再若梗化，進剿未晚」，[253]康熙同意這個看法。但是，第二年他得知鄭經已死，便下令「速乘機會滅此海寇」，[254]不久便任命施琅為福建水師提督，進取臺灣。第二次在二十一年七月，左都御史徐元文奏請「暫停臺灣進剿」，康熙說：「近總督姚啟聖奏稱，十月進剿臺灣，可暫行停止，俟十月後再行定奪」。[255]根據這個記載，似乎康熙贊成「暫行停止」。而《漢文起居注》的記載稍有不同：徐元文主張「應敕該督提暫行停止」，康熙說：「近總督姚啟聖疏稱，十月進剿臺灣，此暫行停止攻取臺灣之處，俟十月後再行定奪」。[256]根據這個口氣，康熙並沒有同意暫行停止，只是要到十月後再議。至於為什麼要等到十月呢，那純粹是由於偶然的因素，由於迷信。當時「彗星上見」（按即哈雷彗星），年輕的康熙皇帝還沒有從西方教士那裡學到天文歷算等科學知識，因而認為「天道有關人事」，彗星的出現是由於「政事必有闕失」。那時有人主張「凡事不宜開端，當以安靜為主」，[257]康熙聽信這種蠢話，而把進兵臺灣暫時擱置下來。不過這個偶然因素的影響並不大，當年十月初六日，康熙便下令「進剿機宜不可停止」，要施琅「相機自行進剿」。由此可見，用上述材料說明康熙對進取臺灣發生動搖，舉棋不定，是缺乏說服力的。

二

當時，在康熙皇帝的眼中，臺灣究竟占有多大的分量呢？康熙對臺灣總的看法是怎樣的呢？我想可以這樣來表述：從全國來看，臺灣還算不上是一個重大的問題，但卻是一個需要認真對待的問題。用康熙自己的話說，一方面「臺灣屬海

外地方，無甚關係」，另一方面「進剿臺灣事宜，關係甚重」。「無甚關係」和「關係甚重」看來似乎是互相矛盾的，但卻是可以理解的。

臺灣歸清以後，康熙說過這樣的話：「臺灣屬海外地方，無甚關係，因從未向化，肆行騷擾，濱海居民，迄無寧日，故興師進剿。即臺灣未順，亦不足為治道之闕。」又說：「海賊乃癬疥之疾，臺灣僅彈丸之地，得之無所加，不得無所損。」[258]他如此輕視臺灣和鄭氏，簡直目中無人，高傲至極。這是不是康熙在取得臺灣以後故意說的大話呢？不是。因為從康熙的行動上看，他確實未曾把臺灣當做一件大事。我們不妨把康熙對吳三桂和對臺灣鄭氏的態度，作一些簡單的比較：

據不完全統計，清政府先後派出近十名大將軍、20多名將軍，加上各省督撫提鎮的兵力，總計40萬以上，用以對付三藩。從康熙十三年到二十年，清軍主力始終用以對付吳三桂。而用以對付鄭氏的，只有大將軍一名，將軍二名，加上福建的兵力。據閩督姚啟聖說，「與賊對壘不過五萬餘兵」，[259]至於進取臺灣時，則只有水師20000名，各種船隻300多艘。

再看平定三藩時康熙的心情。二十年十一月癸亥，他接到雲南平定的報告，當天就親自到太皇太后、皇太后宮奏捷；大臣們聚集在乾清門前向他祝賀。他又親自去謁孝陵，行祭告禮。十二月，他到太和門受賀，「宣捷中外」，「頒詔天下」。第二年正月，他在乾清宮「賜宴」，「君臣一體共樂昇平」，並且親自寫作了《昇平嘉宴詩序》。二月，親往永陵、福陵、昭陵等地祭告，並下令大赦。六月，他在瀛臺避暑，下令讓大臣們一同來釣魚，「以示朕一體燕適之意」。[260]七月，「以三藩蕩平，宣示蒙古」。十月，定遠大將軍、征南大將軍等凱旋，康熙親自到郊外表示慰勞，同時下令修撰《平定三藩方略》。請看當時二十七八歲的康熙皇帝是多麼躊躇滿志，自鳴得意呀！可見他把平定三藩看成是一件大事，看成是自己的偉大勝利。

臺灣歸清，當然也是一件大事。二十二年閏六月十八日，康熙正在紅川，當晚接到題本，得知施琅克取澎湖，便傳諭：「此乃捷音，爾等可遍詳扈從八旗諸王、貝子、公等大臣、侍衛各官知之。」[261]中秋時，得知鄭氏歸降，康熙把

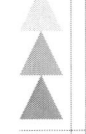

自己當天所穿的錦袍脫下來賜給施琅，[262]還賦詩祝捷。他下令賜予鄭克塽、劉國軒爵位，封施琅為靖海侯，對東征將士進行獎賞。十一月，「以平定海寇，上親往孝陵祭告」。[263]此外便沒有別的慶祝活動了。當然，康熙那時的心情也是高興的，但和平定三藩時的情況相比，相差就太遠了。

康熙為什麼厚彼薄此如此之甚呢？這是因為他作為一個皇帝，要從全國的形勢考慮問題。1674年三藩之亂發生時，清軍入關已經30年了。這30年間，清朝統治者已經基本上鎮壓了全國各地的抗清武裝，建立了對全國各地的統治，清除了鰲拜集團，加強了中央集權。但是，三藩之亂暴露出清朝統治的危機，它波及陝、甘、雲、貴、川、桂、粵、贛、閩、浙等省，嚴重地威脅了清朝的統治，因此在清政府看來，這才是肘腋之患。黃河決口，從康熙六年至十六年已達60多次，河患影響到漕運，漕運影響到京都等地的糧食供應，對人民生命財產以及社會秩序都有很大的影響，同樣也威脅到清朝的統治。這就是當時擺在康熙面前的主要問題，所以他自己說道：「朕聽政以來，以三藩及河務、漕運為三大事，夙夜廑念，曾書而懸之宮中柱上。」[264]除此之外，西部、北部邊疆也存在不安定的因素。厄魯特蒙古的準噶爾部，在噶爾丹的統治下，與沙皇俄國進行勾結，對其他各部發動進攻，嚴重地威脅到清政府對西北地區的統治。這時，沙俄當局也利用清政府對三藩用兵的機會，向中國北部邊疆擴張，時常侵擾中國黑龍江地區。直到1683年，羅剎（指沙俄侵略者）「無端犯邊」和厄魯特「肆行擾害」這兩件事，在康熙皇帝的議事日程上仍然占有重要的地位。

由此可見，從全國範圍內看問題，臺灣鄭氏只是許多麻煩問題中的一個，還不能算是一個重大問題。它與三藩相比，對清朝統治的威脅畢竟要小得多。這樣，康熙把臺灣鄭氏看做「癬疥之疾」，也是可以理解的了。

三

儘管康熙認為臺灣鄭氏遠不及三藩那樣重要，但是他也說過這樣的話：「進剿臺灣事宜，關係甚重，如有機會，斷不可失」，[265]「進剿臺灣，深入海島，關係重大」，[266]「海外鯨鯢，猶梗王化，必須用兵撲滅，掃蕩逆氛」。[267]這說明在康熙眼裡，臺灣還是一個需要認真對待的問題。

首先，臺灣鄭氏的存在，說明還有一股抗清勢力未被消滅，使康熙感到「海外一隅，尚梗王化」，「雖屬小島未平，猶慮海濱弗靖」。[268]它不僅使「沿海地方烽煙時警」，而且福建、江西等地的「山賊」與鄭氏互相配合，成為東南一帶的一種威脅。

其次，為了對付臺灣鄭氏，清政府不得不抽調一批軍隊，耗費大筆軍餉，造成財政上的負擔。在福建的「滿洲大兵」約有9000多名，「每兵一名每月需銀二十二兩零」，僅這一項每年需銀230多萬兩。從浙江調來福建「援剿」的7500名官兵，「在此每年支行糧餉銀八萬一千兩，行糧米二萬七千石，在浙又支坐糧餉銀十一萬二千五百兩，坐糧米二萬七千石」，[269]由於調出這些官兵，使得浙江方面不得不再招兵五千名，這些兵又需要發給餉銀糧米，「是因來閩之七千五百兵每年實費朝廷銀米共計銀四十一萬二千五百兩」。[270]此外，軍器、船員、彈藥等項也需銀甚多。所以，福建總督姚啟聖深感「軍餉浩繁，國用匱絀」，一面請求「速撥外省餉銀」，以解急需，一面要求裁減在閩大兵，調回浙兵，以節省開支。

再次，為了對付鄭氏，清政府下令遷界，以致財政收入減少。姚啟聖指出：「邊海地方播遷，百姓拋產棄業，流離失所者二十年矣，朝廷正供以從界缺額者四百餘萬兩。」[271]施琅也說「東南膏腴田園，及所產魚鹽，最為財賦之藪」，由於鄭氏的存在，使得「賦稅缺減」。[272]

最後，由於遷界和連年戰爭，使得沿海一帶居民流離失所，無以為生，以致社會動亂不安。曾任閩督的范承謨說道：「沿海之廬舍田畝化為斥鹵，老弱婦子，輾轉溝壑逃入四方者，不計其數，所餘孑遺，無業可安，無生可求，顛沛流離，至此已極。」[273]清軍對福建各地的破壞也十分嚴重，當時福建一省駐有一王、一貝子、一公、一伯以及將軍、都統等人帶領的軍隊，他們「無所得居，則以民屋居之；無所得器械，則以屋中之器械供之；無所得役，則以屋中之民役之。朋淫其妻女，系其老幼，瘖啞叱吒，稍不如意，棰楚橫至，日有死者」。[274]姚啟聖指出：「蓋師行之地，何事不取給於民間，兼之流離逃竄，十室九空，勢所必至。」[275]寧海將軍喇哈達也承認：「迨至興師問罪，振旅征伐，

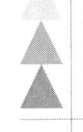

則正供雜派，既困民於追呼；而運械饋糧，又疲民於奔命。」[276]這種情況必然引起人民的不滿，甚至起來反抗。「此嗷嗷待斃之民，即逞逞思亂之眾」，[277]有些人便投入鄭氏集團。姚啟聖報告說：「今之沿海為盜者，皆遷移之民，無田無地，鋌而走險耳。」[278]

　　總之，臺灣鄭氏是清朝的一個政敵，它的存在對清朝是一個威脅。從清朝的主觀願望出發，當然是要早日消滅這股勢力，解決這個問題。但是要解決這個問題，卻存在一定的困難。

　　三藩叛亂，大敵當前，清政府只好力圖緩和與鄭氏的矛盾，主要用「撫」，而當鄭氏不接受和議並向沿海一帶進攻時，才不得不用「剿」，但是始終沒有放棄「撫」的努力。這除了政治、軍事等原因外，地理因素也起了重要作用。臺灣遠隔重洋，鄭氏以水師見長，清軍要渡海作戰，困難很大。康熙多次說過：「海上情形難於遙度」，[279]「海上風濤不測，涉險可虞，是以朕不強之使進，屢降明旨言其難克」。[280]朝廷大員也都認為「海洋險遠，風濤莫測，長驅制勝，難計萬全」。[281]海上作戰，「騎兵無所用其力，惟借水師樓櫓攻取」，[282]而清軍水師的力量是比較弱的。他們曾經企圖借用荷蘭夾板船的力量，但沒有得到實現，所以康熙說：「茲入海進剿，既少堅固大船，而荷蘭國船隻又未曾到，以我小船入海，誠恐萬一不能如意」，因而命令大臣們「詳議具奏」。[283]

　　由於存在以上的困難，康熙不得不考慮如何組成水師，是否可以利用荷蘭船隻，選任什麼人擔任水師提督，何時出兵為宜，此外還有軍隊的調集、糧餉的籌運等等。他還必須對不同的主張作出自己的判斷，甚至還要處理當事的官員之間的矛盾。沒有解決好這些問題，進兵臺灣就沒有取勝的把握。正因為這樣，康熙才遲遲不能決策東征。這不是什麼舉棋不定，或不支持進兵，而是從實際出發，在決策時採取慎重的態度。

四

　　應當說，在取得臺灣以前，清朝當局對臺灣的認識還是比較模糊的。朝廷大員中沒有人去過臺灣，也沒有認真研究過臺灣問題，只是由於「海氛未靖」，由

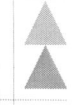

於臺灣鄭氏這個政敵的存在，才不得不把它當做一個問題。至於用剿用撫卻沒有把握，姚啟聖認為臺灣「非不可剿，而亦非專用兵威可以必得也」。[284]實際上清朝當局所關心的是「海疆平定」，而不是取得臺灣這塊土地。

在康熙皇帝眼中，對臺灣問題最有發言權的是李光地和施琅二人。

李光地曾任內閣學士，是康熙的近臣。康熙多次向他詢問有關海上情況，諸如「海賊」可否招安、何人可任福建水師提督、施琅有何本事等等。在臺灣棄留問題上，康熙也問過李光地。直到康熙二十七年，李光地因有「妄奏之罪」受到議處時，康熙還說他 「凡議事不委順從人。臺灣之役，人皆謂不可取，李光地獨言可取，此其所長」。[285]

施琅是從鄭氏方面投降清朝的，又是清朝進取臺灣的指揮官，康熙曾經對他說過：「欲除此寇（指鄭氏）非爾不可。」[286]康熙又對派往廣東、福建辦理展界事務的大臣說：「施琅於沿海島嶼情形無不悉知，今在臺灣，可移文會商。」[287]這說明康熙對施琅有關臺灣的意見是很重視的。

可是，在對待臺灣棄留的問題上，李、施二人提出了截然不同的看法。李光地主棄，施琅主留。歷史事實證明施琅的意見是對的，李光地的意見是錯的。不過，我們應當考慮到300年前的情況，應當考慮：為什麼棄守論者所謂「海外丸泥，不足為中國加廣；裸體文身之番，不足與共守；日費天府金錢於無益，不若徙其人而空其地」的主張，[288]在那時頗有市場？為什麼康熙本人也拿不定主意？這裡涉及對臺灣歷史地位的認識問題。

300年前的臺灣，同今天或100年前、200年前的臺灣是不可同日而語的。當時臺灣的地位遠不如後世這麼重要。正因為這樣，棄守論者才敢振振有詞地提出種種理由，康熙才需要讓議政大臣一議再議，並且「令福建督撫提鎮詳議」。如果當時臺灣的地位已經十分重要，難道還需要花這麼大力氣來研究棄留的問題嗎？

當時臺灣的基本情況是這樣的：

人口：施琅先後有兩種說法，一、「查自故明時，原住澎湖百姓有五六千

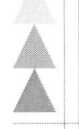

人,原在臺灣者有二三萬……鄭成功挈去水陸偽官兵並眷口,共計三萬有奇……鄭經復挈去偽官兵共眷口,約有六七千……此數年彼處不服水土,病故及傷亡者五六千,歷年渡海窺伺,被我水師擒殺亦有數千」。[289]按此推算,總數不過六七萬人。二、「戶口十數萬」。[290]實際上據估計當時人口在十幾萬到20萬之間。而100多年以後(嘉慶十六年,1811年)人口增加到200萬,臺灣的地位顯然不同了。

開發:施琅把臺灣說成是「野沃土膏,物產利溥,耕桑並耦,漁鹽滋生,滿山皆成茂樹,遍處俱植修竹,硫磺、水藤、糖蔗、鹿皮以及一切日用之需,無所不有。……且舟帆四達,絲縷踵至,飭禁雖嚴,終難禁絕。實肥饒之區,險阻之域」,[291]其實這只是他所見到的臺灣,是已經開發的一小部分。根據康熙三十六年到達臺灣的郁永河的記載,既有臺灣府一帶的富庶繁華,以及「臺土宜稼,收穫倍蓰」,內地貧民紛紛前來的景象,也有不少未經開發的地區,即使是後來十分繁榮的雞籠、淡水,在那時還是「水土害人」,「人至即病,病輒死」的荒原,所以他說:「惜蕪地尚多,求闢土千一耳。」[292]康熙末年藍鼎元在《平臺紀略總論》中也寫道:「前此臺灣,止府治百餘里,鳳山諸羅皆毒惡瘴地,令其邑者尚不敢至。」可見在康熙二十二年時,臺灣廣大地區還是未經開發的。這說明施琅的看法有一定的片面性。

戰略地位:施琅認為臺灣「乃江浙閩粵四省之左護」,「東南之保障」,如果棄而不守,就可能被荷蘭占據,或是被「逃軍流民」當做剽掠海濱的基地。他十分強調臺灣在戰略上的重要地位。而李光地則十分輕視臺灣,認為「臺灣隔在大洋以外,聲息皆不相通」,對大陸影響不大,因而主張「空其地,任使人居之,而納款通貢,即為賀蘭有亦聽之」。[293]顯然,李光地的看法是錯誤的,而施琅擔心被荷蘭或「奸宄之徒」占據的看法則是有遠見的。不過,施琅把臺灣看成是「四省之要害」,似乎沒有臺灣,東南四省便失去了保障,這就未免過分誇大了臺灣戰略地位的重要性。因為在當時臺灣並沒有這樣的作用,即使在二三百年以後,歷史的事實也無法證實他的論點。

以上情況表明,當時臺灣的地位還不十分重要,清政府不得不考慮花費大量

人力、物力於臺灣是否值得。一直到康熙六十年,「上諭」還說:「臺灣止一海島,四面貨物俱不能到,本地所產不敷所用,止賴閩省錢糧養贍耳」(東華錄,卷一〇七,頁十二)。不難想像,在17世紀80年代,臺灣對清政府來說,不能不算是一個負擔。

同李光地、施琅相比,康熙還是比較穩重、比較實事求是的。他既沒有聽信李光地等人的意見而放棄臺灣,也沒有聽信施琅的話把臺灣看得那麼重要。康熙之所以決定在臺灣設置郡縣,是因為棄之則無法安頓臺灣居民,留之則暫時可保無事。康熙曾經問李光地應當如何處置臺灣,李主張應棄。康熙又問目前應當怎麼對待,李光地說:「目下何妨,以皇上之聲靈,幾十年可保無事。」於是康熙說道:「如此且置郡縣,若計到久遠,十三省豈能長保為我有耶。」[294]總之,康熙之所以在臺灣棄留問題上發生猶豫,主要是考慮到得失的問題,他完全是從清朝的利益出發的。這才是真正的康熙。不要因為統一臺灣具有重大的意義,就從這個後果去「逆推」動機,把康熙塑造成一個英明皇帝的形象,說他早已看出臺灣地位的重要,從統一祖國的美好願望出發而進取臺灣。——試問,如果「從統一祖國的願望出發」,那還需要討論臺灣的棄留問題嗎?

總的來說,康熙對1683年臺灣地位的認識基本上還是正確的,當然他還缺乏遠見。至於施琅和李光地的看法,雖有基本上正確和基本上錯誤的區別,但也都反映了當時臺灣的某些真實情況。顯然,不論是康熙還是施琅、李光地,都沒有把臺灣與大陸的關係說得像今天這樣。當時臺灣的地位是不能和今天等同起來的。

五

對臺灣地位的認識,涉及清鄭之爭的性質問題。有些同志認為,臺灣鄭氏是地方割據勢力,是祖國統一的障礙,清政府的統一臺灣是正義的,受到廣大人民的擁護。有的同志更進而指出,清鄭之爭關係到「臺灣要不要統一於中國,抑或再次從中國分離出去的問題」、「臺灣究竟是中國的領土還是中國的藩屬這個根本性的問題」,[295]把問題提到十分嚴重的地步。

為了說明清方的正義性,就把鄭方說成是政治腐敗、不得人心的割據政權,

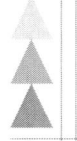

當然也引用了不少證據。但是，我們不是也可以舉出許多史料，來證明清朝統治給全國以至給福建等地人民帶來的嚴重災難嗎？為了說明臺灣人民支持清政府，就引用「百姓壺漿相繼於路，海兵皆預製清朝旗號以迎王師」之類的史料，但是，我們不是也用過在鄭氏統治下臺灣「野沃土膏，物產利溥」，「人民稠密，戶口繁息，農工商賈，各遂其生」的史料嗎？列寧説過：「羅列一般例子是毫不費勁的，……如果不是從全部總和、不是從聯繫中去掌握事實，而是片段的和隨便挑出來的，那末事實就只能是一種兒戲，或者甚至連兒戲也不如。」[296]事實的「全部總和」說明了清鄭雙方都是封建統治者，他們之間沒有本質的差別。他們都是從統治集團的利益出發的。怎麼能說一方是正義的，一方是非正義的呢？當然，康熙統一臺灣，促進了臺灣和東南各地社會經濟的發展，具有進步意義。但進步的不一定是正義的。我們還沒有找到可靠的史料，足以證明在平定三藩以後，「海峽兩邊的中國人都更加迫切盼望臺灣早日回返祖國懷抱，結束內戰，實現全中國徹底統一」的論斷。

鄭氏主張「照朝鮮例」，有人認為這是分裂祖國，搞「獨立」或「半獨立」，甚至說是搞「一中一臺」，因而加以嚴厲譴責。受譴責的是鄭經，而始作俑者則是鄭成功。無須掩飾，「照朝鮮例」是鄭成功在1654年首先提出來的，他主張「和則高麗朝鮮有例在焉」。[297]試想，偉大的愛國主義者、民族英雄鄭成功，如果多活幾年，豈不是變成為分裂祖國的罪魁了嗎？

所謂「照朝鮮例」，就是「稱臣奏表，願為藩邦」。[298]有些同志把它說成是一個原則性、根本性的問題，似乎清方始終堅持這個「原則立場」，不肯讓步。其實，鄭氏並沒有把自己當做外國，只是堅持「不剃髮」以表示忠於明王朝。在清朝方面，也不是始終不予考慮的。請看以下事實：

十六年七月康親王傑書派人致書鄭經，提出：「執事如知感朝廷之恩，則以歲時通奉貢獻，如高麗朝鮮故事，通商貿易，永無嫌猜，豈不美哉。」[299]

十八年五月傑書再次表示：「若貴藩以廬墓桑梓黎民塗炭為念，果能釋甲來歸，照依朝鮮事例，代為題請，永為世好，作屏藩重臣。」[300]

十九年八月平南將軍賴塔致鄭經書云：「若能保境息民，則從此不必登岸，

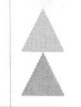

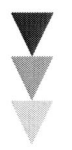

不必剃髮，不必易衣冠，稱臣入貢可也，不稱臣入貢亦可也。以臺灣為箕子之朝鮮，為徐福之日本，於世無患，於人無爭。」[301]

二十一年十二月閩督姚啟聖派黃朝用等去臺灣，「許其不削髮，只稱臣納貢，照高麗朝鮮事例」。[302]

由此可見，「照朝鮮例」並不是什麼不可動搖的原則問題，否則傑書、賴塔等高級官員是不敢那樣説的。

當然，清政府始終沒有答應「照朝鮮例」，並以「臺灣賊寇俱系閩地之人，不可與琉球高麗外國比」予以批駁。[303]但是，另一方面，他們又從君臣名節的角度，對此表示讚賞。例如説：「昔箕子殷之忠臣也，殷祚既滅，不得已就封朝鮮，以存殷祀」，「我朝廷亦何惜以窮海遠適之區，為爾君臣完全名節之地」，「夫保國存祀，至忠也；護祖完宗，至孝也；全身遠害，至智也；息兵恤民，至仁也」。[304]在這方面，他們是有共同語言的。

300年前，一個國家存在幾個政權的現象是不足為奇的。封建的倫理道德觀念對於「保國存祀」還是肯定的，當時的國際關係還不複雜，在這種情況下提出「照朝鮮例」，不要把它看成是什麼嚴重問題。再説，清朝還考慮過臺灣的棄留問題，也就是説，考慮過放棄臺灣。「照朝鮮例」還承認臺灣是中國的藩屬，而放棄臺灣就是把它讓給外國，這樣看來，清朝豈不是比鄭經走得更遠了嗎？

所以我認為，不要抓住「照朝鮮例」來做文章，不要把清鄭矛盾提到統一和分裂甚至愛國和叛國的高度，應當説，清鄭之爭的性質，仍然是封建統治階級中不同集團之間的矛盾。

六

從以上分析可以看出，當時臺灣的地位並不像後世這麼重要；康熙進取臺灣主要是為了消滅政敵，而不是出於統一祖國的美好願望；清鄭鬥爭的性質，仍然是封建統治階級的內部矛盾——這一切和今天的情況是完全不同的。

可是，人們往往把對康熙統一臺灣這段歷史的研究，看成是敏感的現實問題。於是，臺灣有些學者有意迴避這個問題，在他們的論著中看不到對這個事件

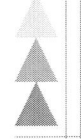

的詳細評述；大陸有些學者則把康熙統一臺灣和今天的現實加以類比，甚至以為把它描述得和現實越相似就越能為政治服務。我認為這是影射史學和庸俗的歷史類比的流毒，是對歷史為現實服務的一種誤解。

歷史科學完全可以為現實服務，但是它必須建立在科學的基礎上。歷史上存在著類似的現象，也可以運用歷史類比說明某些問題，但是如果只用簡單的類比，而缺乏歷史主義的科學分析，那就會把歷史科學庸俗化了。考茨基，當他還是革命者的時候，曾經說過，有些「實際政治家」寫的歷史作品往往有這樣的情況：「第一，他們也許會企圖完全依照現在的模樣以鑄造『已往』；第二，他們也許會力求依照他們的目前的政策的需要以觀察『已往』。」[305]作為政治家，採取以古喻今的方法說明或暗示某個問題，那是常有的事。他們講的是政治，而不是歷史，所以不需要對不同的歷史條件加以分析。而作為歷史學家，如果不顧歷史條件的不同，把歷史「改編」得如同現實一般，或是把今天的思想強加在歷史上，那就是不科學的，它既不能使人們正確地認識歷史，也不能使人們正確地認識現實。

就康熙統一臺灣這個歷史事件來說，由於它和現實有某些類似之處，研究這個事件，進行歷史類比，說明祖國的統一對臺灣的進一步開發、對東南沿海以及全國社會經濟的發展所具有的意義，或是從中總結出若干可資借鑑的經驗教訓，這是有一定現實意義的。但是這種類比必須建立在科學的基礎上，至少需要注意如下兩點：第一，不能只看現象的相似，而不顧本質的區別；第二，不要忽視歷史條件的差別，要歷史主義地考慮問題。這樣，就可以避免把康熙統一臺灣混同於今天的現實。

事實上，康熙統一臺灣和今天的現實是有本質區別的，是絕不能等同起來的。

當時的臺灣不能同經過300年開發後的臺灣進行簡單的類比，時代的不同，更顯示出其中的差別。統一，在不同時代代表不同階級的利益。今天，只有真正地實現祖國和平統一，才能帶來國家的富強，民族的興旺，統一是全國各族人民的共同願望，代表了全國人民的利益。300年前的統一，鞏固了東南海防，促進

了臺灣和大陸社會經濟的發展，在客觀上起了積極的作用。但它畢竟是出於封建統治階級的需要，體現了清朝統治集團的利益。康熙的進軍臺灣和鄭氏的據臺抗清，所要解決的是哪一個封建統治集團統治臺灣以至整個中國的問題，從性質上看，是屬於地主階級內部矛盾，沒有什麼正義與非正義之分。

不要為了肯定康熙統一臺灣，就否定臺灣鄭氏的抗清活動，說他們搞封建割據、破壞統一，也不要把製造「兩個中國」的罪名加在鄭經的頭上。不要為了肯定康熙統一臺灣，就把它說成「完全符合於全國人民特別是臺灣人民多年來的願望和要求」，說康熙是出於統一祖國的美好願望而進取臺灣，說當時的「廣大人民」「爭取臺灣回歸祖國，實現祖國統一大業」等等。這些「現代化」的提法和用語，似乎是出於「為現實服務」的願望，而實際上把300年前的皇帝和百姓同今人進行簡單的類比和混同，把古人打扮得如跟我們一樣，那就會貶低我們自己的事業。今天我們實現祖國統一的大業，其正當性、合理性、進步性、正義性是任何時代的統一活動都無法比擬的，怎麼能把它看成是300年前歷史的重演呢！由此可見，在進行歷史類比時，如果不講清歷史條件，不講清本質的區別，就會是不科學的，也就不可能為現實服務。在為某種紀念活動而撰寫論文時，似乎更應當注意這樣的問題。

（《臺灣研究集刊》）

施琅史事的若干考辨

施琅原是鄭氏部將，順治年間投降清朝，康熙二十年被覆授為福建水師提督，專征臺灣。他在攻克澎湖、收復臺灣的過程中，起了很大作用。所以，施琅的事蹟和臺灣鄭氏有密切關係。

有關施琅的史料和論述並不多，而在若干記載和看法上卻有一些出入。本文擬就施琅與鄭成功、康熙、李光地、姚啟聖等人相互關係中的若干史事加以考辨，提供研究者參考。

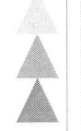

施琅與鄭成功

一、施琅叛鄭降清的時間及原因

關於施琅叛鄭降清的時間，史籍上有以下不同的記載。《清史稿》施琅傳云，順治三年，施琅從鄭芝龍降清，《八旗通志》名臣列傳未提及降清年份，而指出：「順治四年（琅）同總兵官梁立隨廣東提督李成棟、監軍戚元弼等剿順德縣海寇，多所斬獲。」這樣，施琅降清當在順治四年以前，而《海上見聞錄》、《從征實錄》、《閩海紀要》等書均記在順治八年條下。

據《清世祖實錄》記載，順治四年十月初三日有「總兵施琅」授剿順德縣海寇事，這說明此時施琅確已降清。[306]但是，順治六年（永曆三年，一六四九年）以後又有如下記載：六年十月左先鋒施琅隨鄭成功作戰於雲霄、揭陽等地，七年五月琅招詔安萬禮來附，[307]八年八月鄭成功用施琅之計，襲取廈門。[308]由此可見，施琅在投清以後又曾歸附鄭成功。因此，施琅降清先後有兩次，一次在順治三年，一次在順治八年。

施琅叛鄭降清的原因各書記載也不一樣。《清史稿》等書說，鄭成功起兵海上，「招琅不從。成功執琅，並繫其家屬」，殺琅父及弟等；《續修臺灣縣志》則說：「成功忌其能，因釁執之」；而《海上見聞錄》等書都說是施琅的一個部下犯罪逃匿在鄭成功軍中，被施琅所殺，因而引起鄭施反目。這個部下有的寫作「從將曾德」（《臺灣外紀》），有的作「親兵曾德」（《海上見聞錄》），有的則只寫「一卒」（《榕村語錄續集》）或「標弁」（《八旗通志》）。

看來上述幾點都不是主要原因，「曾德事件」只是一個導因，施琅的叛降應當說是鄭施矛盾發展的結果。因為在此以前，發生過以下事情。一、施琅反對鄭軍擄掠。那時鄭軍缺糧，「議剽掠廣東，琅正言阻之，拂其（指成功）意」，[309]成功「督大師掠永寧、崇武二城，所獲頗多而回。施琅怨聲頗露」；[310]二、施琅勸阻鄭成功南下勤王，於是鄭成功令施琅隨定國公鄭鴻逵回廈門，而將施琅的鎮兵交給蘇茂代管。施琅在守衛廈門之役時雖然立功受獎，但鄭成功回師後並不讓施琅復任，而要他再行募兵，另組前鋒鎮；要他「移師後埔紮營操練，施琅不從」，竟然提出要削髮為僧。[311]這說明鄭施矛盾已相當尖銳，加上

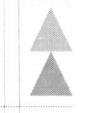

「曾德事件」，施琅的父親、兄弟被捕，本人的生命安全受到威脅，因此決定叛鄭降清。

李光地在評論這個事件時，把主要責任歸於施琅，他說：「鄭國姓用施琅如手足，其致釁也，亦由施琅。」[312]朱希祖則認為主要是因為鄭成功「濫用權威」，誅殺族叔鄭芝莞，「忘大德而不赦小過，此施琅、黃梧輩所以寧反面事仇也」。[313]其實，在順治年間，清鄭雙方將士官吏投來叛去的情況是常見的，這是因為他們之間的矛盾只是統治階級中不同政治集團的矛盾。那時鄭成功才二三十歲，「用法嚴峻，果於誅殺」，促使一些將士投降清軍。施琅的叛鄭降清反映了鄭軍內部的這些弱點。

二、施琅與鄭氏的恩怨

本來鄭成功和施琅的關係相當密切，他們二人「相得甚，軍儲卒伍及機密大事悉與謀」，[314]施琅「事成功，年最少，知兵善戰，自樓櫓、旗幟、陣伍之法，皆琅啟之」，[315]鄭成功視施琅如手足，施琅也說和鄭成功「有魚水之歡」。[316]

另一方面，施鄭之間的私仇是很深的。除了鄭成功殺施琅之父大宣、弟顯以外，康熙十九年鄭經又因施琅的子侄施齊（世澤）、施亥（明良）謀叛，而殺了兩家73口。[317]正因為有這樣的舊恨新仇，所以李光地在保舉施琅時指出：「他全家被海上殺，是世仇，其心可保也。」[318]施琅也一再請求出征臺灣，表示「臣鰓鰓必滅此朝食」。[319]

可是施琅到達臺灣以後，卻再三表示自己「斷不報仇」：「當日殺吾父者已死，與他人不相干，不特臺灣人不殺，即鄭家肯降，吾亦不殺。今日之事君事也，吾敢報私怨乎？」[320]施琅還主動告祭鄭成功，提及「琅起卒伍，於賜姓有魚水之歡，中間微嫌，釀成大戾。琅於賜姓，剪為仇敵，情猶臣主。蘆中窮士，義所不為。公義私恩，如此而已」。[361]所以有人認為施琅「不念舊仇」，而給予表彰。[362]其實不然。施琅之所以不殺鄭氏家人，是有自己的意圖的。他對李光地說過：「吾欲報怨，彼知必不能全首領，即不能守，亦必自盡，鄭賊雖

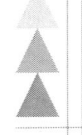

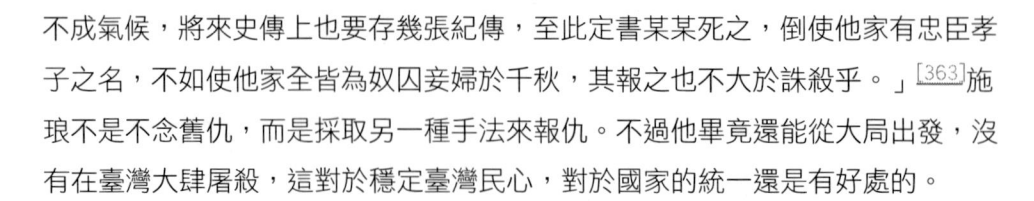

不成氣候,將來史傳上也要存幾張紀傳,至此定書某某死之,倒使他家有忠臣孝子之名,不如使他家全皆為奴囚妾婦於千秋,其報之也不大於誅殺乎。」[363]施琅不是不念舊仇,而是採取另一種手法來報仇。不過他畢竟還能從大局出發,沒有在臺灣大肆屠殺,這對於穩定臺灣民心,對於國家的統一還是有好處的。

施琅與康熙

一、康熙對施琅的評價

康熙二十二年(1683年)施琅為清朝取得臺灣、統一全國立了大功,康熙親自為他寫了「御製褒章」,並且寫了這樣一首詩:「島嶼全軍入,滄溟一戰收。降帆來蜃市,露布徹龍樓。上將能宣力,奇功本伐謀,伏波名共美,南紀盡安流。」把施琅比做伏波將軍馬援,把收取臺灣歸功於他。康熙又在「封侯制誥」中讚揚施琅「矢心報國,大展壯猷,籌畫周詳,布置允當,建茲偉伐,宜沛殊恩」。施琅去世以後,康熙還表彰他「才略夙優,忠誠丕著」、「忠勇性成,韜鈐夙裕」、「果毅有謀,沉雄善斷」,把收取臺灣看做是為清朝「掃數十年不庭之巨寇,擴數千里未闢之遐封」。[321]以上是康熙對施琅的評價,但只是一種評價,並非全部。

康熙還曾經對施琅作過另一種評價。康熙二十三年內閣學士石柱(或作席柱)被派往廣東、福建處理開放沿海邊界問題,回京以後,康熙向他詢問福建陸路提督萬正色、水師提督施琅的情況。石柱說:「水師提督人才頗優,善於用兵,但既成功,行事微覺好勝。」這時,康熙竟然當著石柱等人的面,對施琅作了這樣的評價:「粗魯武夫,未嘗學問,度量偏淺,恃功驕縱,此理勢之必然也。」[322]

以上兩種評價截然不同。「粗魯武夫,未嘗學問」和「有謀善斷」「籌畫周密」「才略夙優」等等是相互矛盾的。但這二者都是康熙親自提出的,究竟應以何者為準呢?我認為這都是康熙對施琅的評價,它反映了康熙對施琅既給予重用又不無戒心的實際情況。這一點我們還可以從康熙對施琅的態度上得到證實。

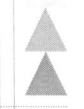

二、康熙對施琅的態度

康熙二十七年（1688年）康熙皇帝召見施琅時對他說：「爾前為內大臣十有三年，當時因爾系閩人，尚有輕爾者。惟朕深知爾，待爾甚厚。其後三逆反叛，虐我赤子，旋經次第平定。唯有海寇遊魂潛據臺灣，尚為閩害，欲除此寇，非爾不可。爰斷自朕衷，特加擢用。爾果能竭力盡心，不負任使，奮不顧身，舉六十年難靖之寇，殄滅無餘，此誠爾之功也。迩來或有言爾恃功驕傲者，朕亦聞之。今爾來京，又有言當留爾勿遣者。朕思寇亂之際尚用爾勿疑，況今天下已太平反疑爾勿遣耶！」[323]從這一段話看來，似乎朝廷內部一直有人對施琅懷有戒心，而康熙則向來信任施琅，對他是「用爾勿疑」的，事實並非如此。

施琅在任內大臣期間（康熙七年至二十年），並沒有得到重用，所謂「朕深知爾，待爾甚厚」，只是一般的籠絡羈縻。那時康熙曾經先後任命王之鼎、萬正色為福建水師提督，而沒有考慮起用施琅。後來李光地向康熙推薦施琅時，康熙還問道：「施琅果有什麼本事？」[324]「汝能保其無他乎？」[325]可見那時對施琅還不信任。

康熙重用施琅是在重新授予他福建水師提督職務之後。那時康熙不僅親自接見施琅，賜食賜馬，加予宮保銜，而且在進取臺灣的過程中，給他以大力支持，提供方便的條件。例如，施琅請求將侍衛吳奇爵調去隨征臺灣，兵部議不准行。康熙說：「吳奇爵在京不過一侍衛，有何用處，若發去福建或亦有益。」[326]滿足了施琅的要求。又如，施琅要求授予陳子威等人官職，吏部不准。康熙卻指出：「目前進取臺灣，正在用人之際，福建總督、提督、巡撫凡有所請，俱著允行」。[327]這種做法可以說是破例的。更突出的是施琅多次請求獨自進取臺灣，不讓總督、巡撫插手，康熙竟然批准了這種請求，這種做法也是少見的。此外，康熙還命令派往廣東、福建辦理展界事宜的大臣，凡事要同施琅會商，因為「施琅於沿海島嶼情形無不悉知」。[328]最後，在臺灣棄留問題的爭論中，康熙也支持了施琅。以上情況表明，在這個時期，康熙對施琅是十分信任的。

但是，康熙對施琅並不是有求必應、一味遷就的。例如，有一次，施琅保薦被參官員出任新職，有的官員指出：「施琅雖有大功，不宜干預此事。」[329]另一次，在議論應否設置福建總督時，大學士明珠指出：「今當福建多事之日，

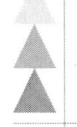

提督施琅又屢干預地方事務，因施琅系有大功之人，故彼處巡撫每事曲從，如此恐將來事有未便。」[330]對於以上看法，康熙都認為是正確的。他還透過內閣學士石柱等人，瞭解施琅的實際表現，作出「粗魯武夫」之類的評價。

總之，施琅「矢忠報國」、忠心耿耿地為清王朝效勞，進取臺灣立了大功，正因為施琅能夠為康熙所用，所以康熙給他專征的權力，並且封侯受賞。但是，康熙又從清朝統治的長治久安著想，不允許施琅干預地方事務，不允許施琅觸動既定的成法。康熙對施琅的態度不是出自一時的好惡，而是以鞏固清朝統治這個最高原則為依據的。

三、「專征臺灣」問題

《清史稿》施琅傳的「論曰」寫道：「及琅出師，啟聖、興祚欲與同進，琅遽疏言未奉督撫同進之命。上命啟聖同琅進取，止興祚勿行」。據此說法，似乎康熙並沒有給予施琅「專征」的諭旨，而《八旗通志》施琅傳則肯定有這樣的諭旨。究竟康熙是否支持施琅「專征」，有待辨明。

從史料上看，施琅曾經三次請求「獨自進取臺灣」。第一次是二十年十月，即施琅剛剛復任不久，便上了題本，指出：「督撫均有封疆重寄，今姚啟聖、吳興祚俱決意進兵。臣職領水師，征剿事宜理當獨任。但二臣詞意懇切，非臣所能禁止。且未奉有督撫同進之旨，相應奏聞。」[331]第二次是十一年三月，施琅上《密奏專征疏》，要求由總督姚啟聖駐紮廈門，居中節制，而由他「專統前進」。第三次，在同年七月十三日《決計進剿疏》中再次請求「獨任臣以討賊」「責臣必破臺灣，克奏膚功」，並且表示「事若不效，治臣之罪」。顯然，施琅一貫是不願意與督撫共同進兵的。

施琅何以屢次請求專征呢？主要是擔心姚啟聖等人不熟識海上情況，遇事掣肘。他與姚啟聖就出兵時機問題發生過爭執，他對李光地說：「不是總督掣我肘，去年已出兵矣。」[332]所以施琅公然向朝廷提出，姚啟聖「生長北方，水性海務非其所長」，而他自己「生長濱海，總角從戎，風波險阻，素所履歷」，[333]堅決要求讓他獨自帶兵進取臺灣。

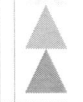

康熙對這個問題的態度前後是不一致的。當施琅第一次題奏時，康熙命令「總督姚啟聖統轄福建全省兵馬，同提督施琅進取澎湖、臺灣。巡撫吳興祚有刑名錢糧諸務，不必進剿」。[334]可見當時並未準許施琅專征。《清史稿》所說的正是這個時間的事。第二次，康熙仍然命令姚、施二人「協謀合慮，酌行剿撫」，[335]也沒有答應施琅的請求。可是，施琅並不罷休，他第三次請求專征，康熙認為施琅「提請不令總督進兵」是「妄奏」，他質問道：「為臣子者，凡事俱應據實啟奏。如此苟且妄奏，是何道理？」[336]可是兩個月以後，康熙的態度有所改變，他要大臣們就這個問題進行會議。大學士明珠提出：「若以一人領兵進剿，可得行其志，兩人同往，則未免彼此掣肘，不便於行事。照議政王所請，不必令姚啟聖同往，著施琅一人進兵似乎可行。」康熙同意這個辦法，並且說：「進剿海寇關係緊要，著該督撫同心協力，趲運糧餉毋致有誤」，「施琅相機自行進剿，極為合宜」。[337]

由此可見，起初康熙並未命令施琅專征，但後來畢竟下了專征的諭旨。《清史稿》作者未見到上引史料，他的看法是片面的。

施琅與李光地

一、李光地保舉施琅

一般史籍都指出，保舉施琅復任福建水師提督的是姚啟聖，[338]而《清史稿》則說：「內閣學士李光地奏臺灣可取狀，因薦琅習海上事，上復授琅福建水師提督，加太子少保，諭相機進取。」《福建通志》也說：「內閣學士李光地奏琅可任專征。」李光地自己寫道：「餘力保其平海。」[339]這說明李光地推舉施琅確有其事。我們從《榕村語錄續集》還可以看到以下史料：

二十年二月康熙問李光地：「施琅果有什麼本事？」李答：「琅自幼在行間經歷得多，又海上路熟，海上事他亦知得詳細，海賊甚畏之。」對此，康熙只是「點首而已」。[340]這時李光地還沒有正式推薦施琅進取臺灣，康熙也還沒有表示要任用施琅。

二十年七月康熙又問李光地：「汝胸中有相識人可任為將者否？」李推說

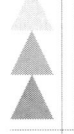

「命將大事」要由皇帝決定，自己不敢與聞。康熙「敦問再三」，李光地只好答應再考慮幾天。後來康熙派大學士明珠去問李光地，李答：「都難信及，但計量起來還是施琅。」他列舉了施琅的有利條件，一則施琅全家被「海上」所殺，「其心可保」，二則施琅比別人熟悉海上情況，三則有謀略，「海上所畏惟此一人」。[341]李光地還寫道：「予薦施平海時，上問汝能保其無他乎，予奏，若論才略實無其比，至成功之後，在皇上善於處置耳。」[342]在他的推薦下，康熙決定復授施琅福建水師提督，負責進取臺灣。

二、李光地對施琅的評價

李光地對施琅頗為推崇，除上述以外，還有如下評語。

「施素不多言，言必有中，口亦不大利，辛辛苦苦說出一句，便有一句用處。」[343]「人論本朝之將，以趙良棟、施琅並稱。今觀之，趙雖御下亦有恩威，臨事亦有機智，若論能攬天下之大事，刻期成功，未必如施。予曾多與議，雖鄧禹之初見光武，孔明之初見昭烈，所言相似，而岳武穆之破楊么不是過也」。[344]這說明李光地對施琅的評價是很高的。

最奇怪的是他居然還發表了如下的議論：「予所見文武大臣有風度者，魏環溪、施尊侯（琅字），而施雖驕，然生來骨驕，非造作也」，「（琅）嘗言鄭氏竊據島外，未遵正朔，殺之適成豎子之名，窮蹙來歸，大者公，小者伯，一門忠義何在，不報父弟之仇，乃以深報之也。斯言也，誰謂琢公（琅號）不學」。[345]這兩段文字似乎並沒有超過上述的評價，可是，它卻是針對康熙的批評而發的。康熙說施琅「恃功驕縱」，而李光地卻說他「生來骨驕，非造作也」；康熙說施琅「度量褊淺」，李光地卻說他「有風度」；康熙說施琅「粗魯武夫，未嘗學問」，李光地卻說「誰謂琢公不學」。這簡直是與康熙針鋒相對，完全否定康熙對施琅的批評。這些言論如果在康、雍、乾年間刊刻出來，必定釀成文字獄的一個大案。好在《榕村語錄續集》到了光緒年間才被刊印行世，才有可能保留這樣一些有價值的史料。

在進取臺灣問題上，李光地是支持施琅的。直到二十七年四月康熙還提到：「臺灣之役眾人皆謂不可取，獨李光地以為必可取，此其所長。」[346]而在臺

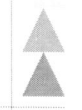

灣棄留問題上,李光地和施琅的意見則恰恰相反。

當時施琅上《恭陳臺灣棄留疏》,說明臺灣對沿海各省的重要意義,臺灣經濟條件的優越,反駁棄守臺灣的種種論調,提出「棄之必釀成大禍,留之誠永固邊圍」,因而請求朝廷派兵固守。對於這個問題,不少朝廷官員、封疆大吏持反對意見,主張放棄臺灣。

康熙曾經問過李光地,李主張「應棄」,「空其地任夷人居之,而納款通貢」,甚至認為「即為賀蘭(荷蘭)有亦聽之」,[347]堅決反對施琅派兵固守的主張。

其實,主張固守臺灣,促使康熙將臺灣保留在清朝版圖之內,是施琅的一大功績。評價施琅不能不涉及這個問題,而李光地恰恰在這個問題上對施琅不能作出正確的評價。歷史已經證明,施琅關於臺灣棄留的見解,比李光地高明得多。

施琅與姚啟聖

一、姚啟聖保舉施琅

《臺灣外紀》《海上見聞錄》等書都提及福建總督姚啟聖推薦施琅為福建水師提督,進取臺灣。李光地也說:「施琅本與(姚啟聖)相好,又是渠所薦過者。」又說「當日施尊侯本老公祖(指姚啟聖)所薦」。[348]可見姚啟聖推舉施琅應是事實。但各書多將此事記於康熙二十年條下,而《臺灣外紀》另在康熙十八年寫道,姚啟聖「保琅為福建水師提督平海。奉旨調鎮江將軍伯王之鼎為福建水師提督」,《國朝先正事略》則說:「啟聖為布政使,嘗疏薦之。」姚啟聖於十五年十月任福建布政使,十七年升為福建總督,據此,應當是在十七年以前已經保舉施琅了。以上兩次保舉是否事實,需要加以考辨。

姚啟聖《憂畏軒奏疏》寫道:「臣任藩司時,……即以為海賊異常猖獗,水師亟須得人事」,向康親王傑淑等人保舉施琅,「後聞施有子姪在海,且當日撤回原自有因,臣亦不敢力保」。[349]可見在康熙十七年以前,姚啟聖曾經保舉過施琅,但只是向康親王提出,並未向皇帝題奏。康熙於十七年命令姚啟聖等人:「當此海寇鴟張之會,統轄水師,非才略優長,諳練軍事不可,總督姚啟

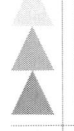

聖、提督楊捷、巡撫吳興祚其遴選保奏。」[350]於是姚啟聖便於十八年六月向皇帝保奏,他寫道:「臣任藩司時,聞知原水師施威名,鄭錦畏之如虎,……通省鄉紳、貢舉生員、文武兵民、黃童白叟,萬口同聲,皆知其堪任水師提督也。」[351]所以姚啟聖於十八年保舉施琅也是事實。由於這兩次保舉在《清實錄》中沒有記載,所以有些史書未曾提及。

二、姚啟聖「賞不及」的原因

收取臺灣後,施琅封侯,而姚啟聖被議敘。《清史稿》施琅傳認為其原因在於「既克（臺灣）,啟聖告捷疏後琅至,賞不及,鬱鬱發病卒」。《國朝先正事略》說得更具體:「琅由海道奏捷,七日抵京師。啟聖由驛馳報,後二日。」[352]

究竟誰的報捷題本先到？查《清實錄》《起居注》,均載二十二年閏六月十八日姚啟聖題報「施琅進剿臺灣,克取澎湖」,到了二十九日（起居注為二十六日）,施琅的題報才到達京師。可見「克取澎湖」的捷報是姚啟聖的先到。至於鄭克塽「進投誠表章事」,施琅的奏報先於七月初七日到京,由姚啟聖轉奏的題本則於七月二十七日到達。當時鄭克塽「並未言及剃頭登岸」,因此朝廷並未把它當做克取臺灣的捷報。

施琅有關收取臺灣的題本,計有《齎書求撫疏》（閏六月十一日）、《臺灣就撫疏》（七月二十四日）、《齎繳冊印疏》（七月二十九日）、《報入臺灣疏》（八月初九日）、《舟師抵臺灣疏》（八月十九日）等件。《國朝先正事略》所謂「七日抵京師」的題本,指的是八月初九日《報入臺灣疏》。其實,八月十五日到達京師的是七月二十九日的《齎繳冊印疏》,康熙正是根據這個題本,認為「海洋遠徼盡入版圖」,而表示「朕心深為嘉悅」。[353]這個捷報確是先由施琅題奏的。

但是,是否就因為姚啟聖的捷報遲到而「賞不及」呢？事實並非如此。姚啟聖之所以未能獲賞,是因為康熙對他不滿。當年九月康熙說:「朕觀姚啟聖近來行事頗多虛妄」,主要有以下幾件事:一、辦事不力,「當施琅進兵時,不及時接濟軍需,每事掣肘」;二、冒功誇誕,「並無勞績,而奏內妄自誇張,稱臣與

提臣如何調度，……明系沽名市恩，殊為不合」，[354]「並未渡海進剿，今見臺灣歸順，海寇蕩平，妄言曾保舉施琅，……明欲以施琅功績攘為己有也」。大學士明珠等人也說：「姚啟聖乃一好事誇誕之人」「並無功績，乃言以己之功讓與施琅，是即欲以施琅之功歸之於己耳」。因此康熙下令：「姚啟聖前有議敘之旨，應停止。」[355]由此可見，姚啟聖之所以「賞不及」，原因並不在於捷報遲到。

三、姚、施二人的關係

施琅在《飛報大捷疏》中曾經肯定姚啟聖捐造船隻、捐養水兵、催運糧餉等功勞，說：「今日克取澎湖之大捷，皆督臣賞賚鼓舞之功，乃有此成效也。」姚啟聖也曾經上疏，「以己功讓與施琅」。表面上似乎互相謙讓，關係融洽，實際上他們二人為了爭功，都耍了一些手腕。

他們在出征時機和專征臺灣問題上的矛盾已見上述。到了取得臺灣以後，施琅得知姚啟聖「搶先上本，說（總兵）朱天貴陣亡，是他的標員，已成大功，像施琅全無作為者，遂蒙優旨」。施琅為此啣恨在心，他「蓄毒入鄭家，得姚一點陰利事」，指使陳起爵向皇帝報告，以此攻擊姚啟聖。[356]

而姚啟聖早在得知施琅奏請專征時，便大為不滿，他立即題奏，反駁施琅的說法，說他自己「出海操練數月，荷托皇上洪福，臣亦安然無恙，不嘔不吐，何以知臣出海竟無所長」，[357]說他得知施琅請求專征的消息，「不禁中心如焚如溺而不能自已也」。[358]姚啟聖竟然用三千金收買給事中孫蕙，要他「上本說兵不可輕動」，阻止施琅進兵臺灣。[359]在收復臺灣以後，姚啟聖在報捷疏內主要說他的部下朱天貴等人的功績，只附帶提及「提臣及各鎮官兵奮勇效命」，[360]而企圖貶低施琅的作用。

這些情況表明，姚，施二人之間的矛盾是相當尖銳的，他們勾心鬥角，互相掣肘，以致拖延了收取臺灣的時間。

（《福建論壇》）

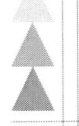

註釋

[1].Paul K T.Sih： Taiwan in Modern Times St John』s University 1973。該書中文書名為《近代的臺灣》。

[2].劉大年等：《臺灣歷史概述》，三聯書店，1962年版，第9頁。

[3].詳見《臺灣地理》第3頁注2，《臺灣的開發》第11頁注18。

[4].《歷史研究》1955年第1期，榮孟源：《澎湖設巡檢司的時間》。

[5].孔立：《元置澎湖巡檢司考》，《中化文史論叢》1980年第2 期。又見陳孔立著：《臺灣歷史與兩岸關係》，臺海出版社，1999年。

[6].據學者考證，「宋志」即范子長《皇朝郡縣誌》，參閱張崇根：《臺灣歷史與高山族文化》第103頁，青海人民出版社，1992年。

[7].陳光烈撰、許偉齋主編《南澳縣志》卷十四，民國三十四年縮印本。轉引自王琳乾等輯編點校：《明代倭寇禍潮與潮汕軍民抗倭資料》第149頁，潮汕歷史資料叢編，第一輯，2000年。

[8].張星烺：《菲律賓史上「李馬奔」之真人考》，附《林道乾事蹟考》，《燕京學報》第8期，1930年；黎光明的「補正」，見《燕京學報》第10期，1931年。黎先生未見到臺灣的一些方志。

[9].曹永和：《臺灣早期歷史研究》139—140頁，聯經出版，1981年。許雪姬：《明代對澎湖的經略》，《臺北文獻》直字第46期，1978年。

[10].C.E.S．：《被忽視的臺灣》，卷上。轉引自《鄭成功收復臺灣史料選編》，福建人民出版社，1962年。

[11].稻垣其外：《鄭成功》，進入臺灣僅有一條水道之說不確，詳下文。

[12].同上。

[13].C·E·S·．：《被忽視的臺灣》，卷下。

[14].楊英：《從征實錄》，臺灣文獻叢刊本。

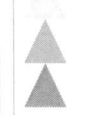

[15].同上。

[16].同上。

[17].楊英：《從征實錄》。

[18].郁永河：《偽鄭逸事》，臺灣文獻叢刊本。

[19].江日昇：《臺灣外紀》，卷七，第二頁。

[20].同上書，卷八，第六頁下。

[21].C.E.S‥：《被忽視的臺灣》，卷下。

[22].同上。

[23].同上。

[24].同上。

[25].同上。

[26].夏琳：《閩海紀要》，卷二，臺灣文獻叢刊本。

[27].C.E.S‥：《被忽視的臺灣》，《可靠證據》，卷上，第六號。

[28].（20）徐鼐：《小腆紀年》，卷二。

[29].同上。

[30].《巴達維亞城日誌》，1661年6月24日。

[31].夏琳：《閩海紀要》，卷二。

[32].同上書，卷一〇。

[33].江日昇：《臺灣外紀》，卷一一。

[34].C.E.S‥：《被忽視的臺灣》，卷下。

[35].同上。

[36].同上。

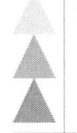

[37].江日昇：《臺灣外紀》，卷一一。

[38].楊英：《從征實錄》。

[39].同上。

[40].C.E.S．：《被忽視的臺灣》，卷下。

[41].同上。

[42].同上。

[43].江日昇：《臺灣外紀》，卷一一。

[44].同上。

[45].C.E.S．：《被忽視的臺灣》，卷下。

[46].同上。

[47].C.E.S．：《被忽視的臺灣》，卷下。

[48].同上。

[49].同上，第六號。

[50].C.E.S．：《被忽視的臺灣》，《可靠證據》，卷下，第二號。

[51].C.E.S．：《被忽視的臺灣》，卷下。

[52].C.E.S．：《被忽視的臺灣》，卷下。

[53].同上。

[54].同上。

[55].楊英：《從征實錄》。

[56].同上。

[57].C.E.S．：《被忽視的臺灣》，卷下。

[58].甘為霖：《臺灣島基督教會史》卷上，《燕‧克洛夫牧師寫給錫蘭巴爾

道斯牧師的信》，轉引自《鄭成功收復臺灣史料選編》，福建人民出版社，1962年。

[59].同上。

[60].同上。

[61].C.E.S·：《被忽視的臺灣》，卷下。

[62].赫波特：《爪哇、臺灣、前印度及錫蘭旅行記》，轉引自《鄭成功收復臺灣史料選編》，福建人民出版社，1962年。

[63].C.E.S·：《被忽視的臺灣》，卷下。

[64].同上。

[65].楊英：《從征實錄》。

[66].C.E.S·：《被忽視的臺灣》，卷下。

[67].廖漢臣：《延平王東征始末》，《臺灣文獻》十二卷二期。

[68].毛一波：《臺灣的初次淪陷與鄭成功復臺》，《臺灣文獻》十五卷三期。

[69].三井總纂：《鄭成功全傳》（以下簡稱「全傳」）一四三頁。

[70].張菼：《鄭荷和約簽訂日期之考訂及鄭成功復臺之戰概述》，《臺灣文獻》十八卷三期。

[71].金成前：《鄭成功起兵後十五年間征戰事略》，《臺灣文獻》二十三卷四期。

[72].張菼：《鄭荷和約簽訂日期之考訂及鄭成功復臺之戰概述》，《臺灣文獻》十八卷三期。

[73].《全傳》，一四六至一四七頁。

[74].張菼：《鄭荷和約簽訂日期之考訂及鄭成功復臺之戰概述》，《臺灣文獻》十八卷三期。

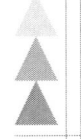

[75].《全傳》，一七三頁。

[76].石萬壽：《鄭成功登陸臺灣日期新探》，《臺灣文獻》二十八卷四期。

[77].參看《臺南文化》四卷一期、七卷四期，《臺灣文獻》十五卷四期。

[78].毛一波：《臺灣的初次淪陷與鄭成功復臺》，《臺灣文獻》十五卷三期。

[79].金成前：《鄭成功南京戰敗與征臺之役》，《臺灣文獻》二十五卷一期。

[80].黃玉齋：《明延平王三世》，《臺灣文獻》十七卷二期。

[81].黃玉齋：《明延平王三世》，《臺灣文獻》十七卷二期。

[82].陳虹：《明末臺灣山地行政的研究》，《臺灣文獻》二十五卷四期。《全傳》一七四至一七五頁。

[83].《全傳》，一七五頁。

[84].曹永和：《從荷蘭文獻談鄭成功之研究》，《臺灣文獻》十二卷一期，又載《臺灣早期歷史研究》。

[85].《全傳》，一七五頁。

[86].《全傳》，一〇四至一〇五、一二五、二七六頁。

[87].廖漢臣：《延平王東征始末》，《臺灣文獻》十二卷二期。

[88].《全傳》，一二二至一二四頁。

[89].黃玉齋：《明鄭成功北伐三百周年紀念》，《臺灣文獻》十卷一期。

[90].《全傳》，一二二至一二三頁。

[91].金成前：《鄭成功起兵後十五年間征戰事略》，《臺灣文獻》二十三卷四期。

[92].毛一波：《臺灣的初次淪陷與鄭成功復臺》，《臺灣文獻》十五卷三

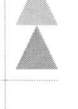

期。

[93].朱鋒：《李晉王與鄭延平》，《臺灣文獻》十二卷三期。

[94].金成前：《鄭成功李定國會師未成之原因》，《臺灣文獻》十六卷一期。

[95].《全傳》，七十四至七十七頁.

[96].張雄潮：《鄭成功於金廈外圍戰的戰略與戰術》，《鄭成功對將吏的統御才略》，《臺灣文獻》十三卷一期，十四卷二期。

[97].《全傳》，一九八頁.

[98].莊金德：《鄭清和議始末》，《臺灣文獻》十二卷四期。

[99].金成前：《鄭成功南京戰敗與征臺之役》，《臺灣文獻》二十五卷一期。

[100].莊金德：《鄭清和議始末》，《臺灣文獻》十二卷四期。

[101].黃玉齋：《明鄭抗清的財政與軍需的來源》，《臺灣文獻》九卷二期。

[102].《全傳》，一九頁。

[103].張旭成：《鄭成功—愛國者、民族主義者與開國者》，見《近代的臺灣》，五十八頁，正中書局，一九七七年版。

[104].《全傳》，一七五頁。

[105].同上，二八三頁。

[106].黃介瑞：《鄭成功復臺始末考》《臺灣文獻》二十九卷一期。

[107].毛一波：《臺灣的初次淪陷與鄭成功復臺》，《臺灣文獻》十五卷三期。

[108].《全傳》，一九頁。

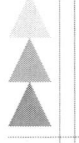

[109].《全傳》，二三一頁。

[110].張雄潮：《鄭成功於金廈外圍戰的戰略與戰術》，《鄭成功對將吏的統御才略》，《臺灣文獻》十三卷一期，十四卷二期。

[111].《全傳》，二八、三七頁。

[112].楊緒賢：《鄭芝龍與荷蘭之關係》，《臺灣文獻》二十七卷三期。

[113].《全傳》，二二三、二三一頁。

[114].金成前：《鄭經與明鄭》，《臺灣文獻》二十三卷三期。

[115].《全傳》，二二三頁。

[116].黃典權：《鄭成功復臺三百年史畫》五十九頁，一九六一年版。

[117].黃典權：《陳永華史事研究》，《臺灣文獻》二十六卷一期。

[118].金成前：《鄭成功南京戰敗與征臺之役》，《臺灣文獻》二十五卷一期。

[119].《全傳》，二五一頁。

[120].《全傳》，一九九頁。

[121].蕭一山：《天地會起源》，參閱《全傳》，二九七至三〇〇頁。

[122].《馬克思恩格斯書簡》，人民出版社，1973年9月版，第62頁。

[123].蔣良騏：《東華錄》卷4，第69頁，中華書局版。

[124].《思文大紀》卷1。

[125].史可法：《史忠正公集》卷1。

[126].《國榷》卷102，崇禎十七年六月。

[127].蔣良騏：《東華錄》卷4，第66頁，中華書局版。

[128].《國榷》卷101，崇禎十七年四月。

[129].《綏冠紀略》卷8。

[130].《國榷》卷100。

[131].朝鮮《李朝實錄》中的中國史料，第九輯。

[132].蔣良騏：《東華錄》卷4，第66頁，中華書局版。

[133].《清代檔案史料叢編》第6輯，第129頁。

[134].《明清史料》丙篇，第一本，第89頁。

[135].蔣良騏：《東華錄》卷4，第66頁，中華書局版。《清世祖實錄》，順治三年十月乙酉條。

[136].《從征實錄》永曆八年，《致李定國書》。

[137].《臺灣外紀》卷11。

[138].《清世祖實錄》卷19。

[139].《清史稿》多爾袞傳。

[140].《清聖祖實錄》卷147。

[141].《清史稿》世祖本紀。

[142].《清朝通典》卷1，食貨，第2024頁。

[143].《馬克思恩格斯選集》第1卷，第603頁。

[144].《馬克思恩格斯全集》第八卷，頁一四九。

[145].《馬克思恩格斯選集》第一卷，頁一八三。

[146].《馬克思恩格斯全集》第十九卷，頁三三。

[147].江日昇：《臺灣外記》順治十四年三月。

[148].同上。

[149].陳三井總纂：《鄭成功全傳》頁一四九·

[150].楊英：《從征實錄》永曆十五年三月初十日、十三年五月二十七日、十二年五月。

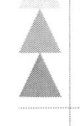

[151].阮旻錫：《海上見聞錄》卷二。

[152].張煌言：《冰槎集》。

[153].陳寅恪：《柳如是別傳》下第五章「復明運動」，頁一一八三。

[154].楊英：《從征實錄》永曆十五年三月初十日、十三年五月二十七日、十二年五月。

[155].同上。

[156].中國社會科學院歷史研究所清史研究室編：《清史資料》第一輯，頁七八一七九。

[157].楊英：《從征實錄》永曆五年十月。

[158].恩格斯：《費爾巴哈和德國古典哲學的終結》，頁三八、三九。

[159].同上。

[160].楊英：《從征實錄》永曆十三年五月。

[161].同上，永曆七年八月、十二年五月。

[162].同上。

[163].楊英：《從征實錄》永曆十三年五月。

[164].趙國祚揭帖、兵部題本等，見《明清史料》乙編頁二四六，丁編，第一本，頁五四一五六，及第一歷史檔案館所藏檔案。

[165].江日昇：《臺灣外記》卷十一。

[166].恩格斯：《費爾巴哈和德國古典哲學的終結》，頁三八、三九。

[167].轉引自廈門大學《鄭成功收復臺灣史料選編》頁一二九、一一三。福建人民出版社，一九六二年版。

[168].吳　輯：《朝鮮李朝實錄中的中國史料》，中華書局，1980年，第九、十冊，3766頁。

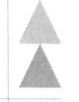

[169].同上,4075、4091頁。

[170].同上,3944、3969頁。

[171].同上,3857、4026頁。

[172].同上,3871頁。

[173].同上,3965、3993、3997、4009、4069、4089頁。

[174].同上,4026、4062頁。

[175].同上,4082、4084頁。

[176].同上,4030頁。

[177].同上,4045頁。

[178].林春勝等編:《華夷變態》,日文本上冊,135頁,東洋文庫,1981年版。

[179].同上,4047頁。

[180].同上,4084頁。

[181].同上,4092—4094頁。

[182].同上,3997頁。

[183].同上,4000頁。

[184].同上,4003、4012頁。

[185].同上,4015頁。

[186].同上,4003頁。

[187].同上,4013頁。

[188].同上,3993、4000頁。

[189].同上,3999頁。

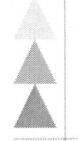

[190].同上，4004頁。

[191].同上，4013、4018頁。

[192].同上，3590頁。

[193].同上，3965、3968頁。

[194].同上，4076頁。

[195].以下有關降清事件的資料來源均見附表。

[196].《鄭氏史料續編》，613頁。

[197].《先王實錄校注》，168頁。

[198].《鄭氏史料續編》，744頁。

[199].《鄭成功檔案史料選輯》，326頁。

[200].同上，332頁。

[201].《先王實錄校注》，180頁。

[202].《海上見聞錄定本》，福建出版社，34頁。

[203].《鄭氏史料續編》，748頁。

[204].《鄭氏關係文書》，臺灣文獻叢刊本，1—8頁。

[205].《續明紀事本末》，臺灣文獻叢刊本，182頁。

[206].《清聖祖實錄選輯》，臺灣文獻叢刊本，23頁。

[207].《康熙統一臺灣檔案史料選輯》，6頁。

[208].《臺灣外紀》，188頁。

[209].《康熙統一臺灣檔案史料選輯》，11頁。

[210].《海上見聞錄定本》，福建出版社，51頁。

[211].《臺灣外紀》，258頁。

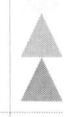

[212].《康熙統一臺灣檔案史料選輯》，125頁。

[213].同上，128頁。

[214].《臺灣鄭氏始末》，臺灣文獻叢刊本，72頁。

[215].《康熙統一臺灣檔案史料選輯》，236頁。

[216].《憂畏軒文告》，康熙十八年十二月十日。

[217].《鄭氏史料續編》，752頁。

[218].《鄭成功檔案史料選輯》，327頁。

[219].同上。

[220].《憂畏軒文告》，康熙十七年七月十日。

[221].《臺灣外紀》，260頁。

[222].《靖海志》，臺灣文獻叢刊本，91頁。

[223].《康熙統一臺灣檔案史料選輯》，7頁。

[224].《先王實錄校注》，245頁。

[225].《憂畏軒文告》，康熙十九年十二月十一日。

[226].《康熙統一臺灣檔案史料選輯》，80頁。

[227].《清代臺灣史研究》，廈門大學出版社，139—177頁。

[228].以上三條見戴逸、王思治：《施琅與臺灣》序，見施偉青主編：《施琅與臺灣》，社會科學文獻出版社，2004年。

[229].以上二條見唐文基：《施琅—鄭成功偉大事業的繼承人》，刊於施偉青主編：《施琅研究》，廈門大學出版社，2000年。

[230].任力、吳如嵩：《康熙統一臺灣的戰略策略及其得失》，《中國軍事科學》1996年2期。

[231].楊英：《先王實錄》第69頁，福建人民出版社，1981年。

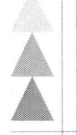

[232].同上，85頁。

[233].同上，92頁。

[234].廈門大學臺灣研究所等主編：《鄭成功滿文檔案史料選譯》第64、65頁，福建人民出版社，1987年。

[235].同上，83頁。

[236].廈門大學臺灣研究所等主編：《康熙統一臺灣檔案史料選輯》第70頁，福建人民出版社，1983年。

[237].江日昇：《臺灣外紀》第194頁，福建人民出版社，1983年。

[238].夏琳：《海紀輯要》37頁，臺灣文獻叢刊本。

[239].鄧孔昭：《鄭成功與明鄭臺灣史研究》，第226—235頁，臺海出版社，2000年。

[240].施琅：《靖海紀事》第119—121頁，福建人民出版社，1983年。

[241].陳在正：《臺灣海疆史》第29頁，揚智出版社，2003年。

[242].廈門大學臺灣研究所等主編：《康熙統一臺灣檔案史料選輯》第300頁。

[243].陳在正等著：《清代臺灣史研究》第103—104頁，廈門大學出版社，1986年。

[244].孔立：《康熙二十二年：臺灣的歷史地位》，《臺灣研究集刊》1983年第2期。載陳在正等著：《清代臺灣史研究》，廈門大學出版社，1986年。又見施偉青主編：《施琅研究》，廈門大學出版社，2000年。

[245].同上。

[246].陳在正：《評清政府與鄭成功之間和戰的得失》，《臺灣研究集刊》1983年第4期。載陳在正等著：《清代臺灣史研究》，又見陳在正著：《臺灣海疆史》，揚智出版社，2003年。

[247].鄧孔昭：《論清政府與臺灣鄭氏集團的談判和「援朝鮮例」問題》，《臺灣研究集刊》1997年第1期。又見鄧孔昭著：《鄭成功與明鄭臺灣史研究》，臺海出版社，2000年。

[248].陳捷先：《不剃頭與兩國論》，臺灣遠流出版公司，2001年。

[249].朱雙一：《「鄭經是臺獨分子」說質疑——〈東壁樓集〉為佐證》，《廈門大學學報》（哲學社會科學版），2005年第1期。

[250].戴逸主編：《簡明清史》，二六四至二六七頁。

[251].《清史簡編》，遼寧人民出版社。

[252].王先謙：《東華錄》，康熙二十三，頁三。

[253].《漢文起居注》，康熙十九年八月初四日，第一歷史檔案館藏。

[254].同上，二十年六月初七日。

[255].《東華錄》，康熙三十，頁一。

[256].《漢文起居注》，二十一年七月二十八日。

[257].《東華錄》，康熙三十，頁一。

[258].《東華錄》，康熙三十二，頁八。

[259].姚啟聖：《憂畏軒奏疏》，十八年六月。

[260].《東華錄》，康熙二十九，頁八。

[261].《漢文起居注》，二十二年閏六月十八日。

[262].李光地：《榕村語錄續集》，卷十一，頁四。

[263].《東華錄》，康熙三十二，頁十。

[264].同上，康熙四十九，頁二。

[265].《漢文起居注》，二十一年十月初四日。

[266].同上，二十二年三月十二日。

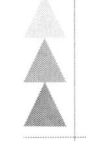

[267].《清聖祖實錄》，卷一一一，頁五。

[268].《東華錄》，康熙三十二，頁七；康熙三十五，頁三。

[269].姚啟聖：《憂畏軒奏疏》，十八年六月。

[270].同上。

[271].《憂畏軒奏疏》，文告，禁止派擾復業，康熙十九年。

[272].施琅：《靖海紀事》，陳海上情形剿撫機宜疏。

[273].《皇朝經世文編》，卷八十四，條陳閩省利害疏。

[274].全祖望：《鮚埼亭集》，卷十五，一八三頁。

[275].《憂畏軒奏疏》，康熙十八年六月，請蠲漳泉錢糧疏。

[276].江日昇：《臺灣外紀》，康熙二十年。

[277].同上，十九年四月，投誠開墾。

[278].《憂畏軒奏疏》，康熙十九年二月，題明出師。

[279].《漢文起居注》，二十一年五月二十一日，八月初四日。

[280].《東華錄》，康熙二十四，頁十四。

[281].同上，二十二年閏六月二十六日。

[282].《東華錄》，康熙三十二，頁八。

[283].《憂畏軒奏疏》，康熙十九年二月，題明出師。

[284].《憂畏軒奏疏》，康熙二十二年正月，閩省要務。

[285].《東華錄》，康熙四十一，頁十。

[286].《漢文起居注》，二十七年七月十五日。

[287].同上，二十二年十一月十一日。

[288].郁永河：《裨海紀遊》。

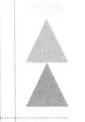

[289].施琅：《靖海紀事》，陳海上情形剿撫機宜疏。

[290].《靖海紀事》，臺灣就撫疏。

[291].同上。

[292].郁永河：《裨海紀遊》。

[293].《榕村語錄續集》，卷十一，頁十一。

[294].同上。

[295].陳碧笙：《臺灣地方史》，八十四頁。

[296].《列寧全集》，二十三卷二七九頁。

[297].楊英：《先王實錄》，六十九頁。

[298].吳　輯：《朝鮮李朝實錄中的中國史料》，第九冊，三五九〇頁。

[299].《臺灣外紀》，康熙十六年七月。

[300].同上，十八年五月。

[301].連橫：《臺灣通史》，建國紀。

[302].《臺灣外紀》，康熙二十一年十二月。按，據《憂畏軒奏疏》，當年十月奉旨已有「臺灣賊寇俱系閩地之人，不可與琉球、高麗外國比」等語，估計這時姚啟聖不可能答應照朝鮮例。

[303].《憂畏軒奏疏》，康熙二十一年十一月二十三日，稟報臺灣差員。

[304].《臺灣外紀》，康熙十六年七月。

[305].考茨基：《基督教之基礎》，第十二頁。

[306].謂「總兵施琅」疑有誤。施琅初降時只授副將，至順治十八年才升為同安總兵官。見清世祖實錄順治十八年十月二十五日條。

[307].楊英《從征實錄》，頁一、八。（中研院本）

[308].江日昇《臺灣外紀》，卷六，阮旻錫《海上見聞錄》，永曆四年。

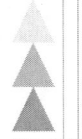

[309].《八旗通志》，施琅傳。

[310].楊英《從征實錄》，頁十六。

[311].阮旻錫《海上見聞錄》，永曆五年，《從征實錄》，頁十五。

[312].李光地《榕村語錄續集》，卷十一，頁四。

[313].楊英《從征實錄》，朱序，頁十六。

[314].《福建通志》，列傳，清一，施琅傳。

[315].夏琳《閩海紀要》永曆五年。

[316].《臺灣外紀》卷三十。

[317].《鄭氏史料三編》，頁二〇四、二一〇，姚啟聖《憂畏軒奏疏》，卷四，頁五十九。

[318].《榕村語錄續集》，卷十一，頁十二。

[319].施琅《靖海紀事》，決計進剿疏。

[320].同[13]卷十一，頁六。

[321].均見《靖海紀事》。

[322].第一歷史檔案館藏：《漢文起居注》，康熙二十三年七月二十二日。

[323].同上，康熙二十七年七月十五日。

[324].《榕村語錄續集》，卷十一，頁一。

[325].同上，卷九，頁十三。

[326].《漢文起居注》，康熙二十年十一月八日。

[327].同上，康熙二十二年七月七日。

[328].同上，康熙二十二年十一月十七日。

[329].同上，康熙二十二年十二月十三日。

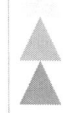

[330].同上，康熙二十三年五月初一日。

[331].《清聖祖實錄》二十年十月二十七日。

[332].李光地《榕村語錄續集》，卷十一，頁四。

[333].《靖海紀事》決計進剿疏。

[334].《清聖祖實錄》，二十年十月二十七日。

[335].同上，二十一年四月十七日。

[336].《漢文起居注》，康熙二十一年八月初四日．

[337].同上，二十一年十月初六日。

[338].施琅於康熙元年升為福建水師提督（見《清聖祖實錄》元年七月二十七日），七年進京，授內大臣，撤提督（見《臺灣外紀》，卷十四）。

[339].《榕村語錄續集》，卷十一，頁八。

[340].同上，卷十一，頁二。

[341].《榕村語錄續集》，卷十一，頁三。

[342].同上，卷九，頁十三。

[343].同上，卷十一，頁七。

[344].同上，卷十一，頁六。

[345].同上，卷九，頁七。

[346].《漢文起居注》康熙二十七年四月、初一日。

[347].《榕村語錄續集》，卷十一，頁十一。

[348].同上，卷十二，頁十一。

[349].《憂畏軒奏疏》，卷三，頁九。

[350].《清聖祖實錄》，十七年八月十八日。

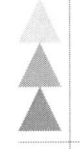

[351].《憂畏軒奏疏》,卷三,頁八。

[352].《國朝先正事略》姚啟聖傳。

[353].《清聖祖實錄》,二十二年八月十五日有「齎繳冊印疏」的摘要。

[354].《漢文起居注》康熙二十二年九月初九日。

[355].同上,十月十一日.

[356].《榕村語錄續集》,卷十二,頁十二至十三。

[357].《憂畏軒奏疏》,卷五,頁五。

[358].同上,卷四,頁八五。

[359].《榕村語錄續集》,卷十二,頁十一.

[360].《憂畏軒奏疏》,卷五,頁七八。

[361].《臺灣外紀》卷三十。

[362].《八旗通志》,施琅傳。

[363].同[13]卷十一,頁六。

第三部分

臺灣歷史的「失憶」

　　臺灣的歷史並不久遠,臺灣的史料也不缺乏,要寫出一部客觀的臺灣史,在現今臺灣的條件下,是不難做到的。許多臺灣學者正在那裡精心地研究,他們已經做了很多工作。有水平、有分量的論著已經不少。可是,也出現了不少歪曲歷史、捏造歷史和製造歷史的「失憶」的著作和言論。尤其是一些不懂得臺灣歷史的政客,竟然大談臺灣歷史,力圖歪曲、改寫歷史,為他們的政治目的服務。於是,錯誤百出,謬種流傳,而一般人卻無法辨明是非,以致人云亦云,以訛傳訛,造成很大的混亂,錯誤的歷史幾乎變成了真實。

　　就以日據時期來說,距離現在只有半個世紀,可是當時的情況已經被許多人所淡忘了。在日本殖民統治下,臺灣人民在政治上、經濟上的處境究竟如何,說法很不一致。臺灣的歷史學者有鑑於此,已經做了不少口述歷史的訪問和紀錄,希望能夠提供真實的歷史,並在這個基礎上,寫出日據時期的臺灣史,這項工作是非常重要的。

　　由於目前臺灣學者多側重於學術的研究,不願意出面批評臺灣史論著中的錯誤,更不願意觸動某些政客的觀點,這就可能使得製造歷史的「失憶」的企圖得逞,這是相當令人擔憂的事情。

　　我認為,作為研究臺灣歷史的學者,不僅要告訴人們正確的臺灣歷史應當是怎樣的,而且也有必要告訴人們哪些說法是錯誤的,這樣才會使得偽造歷史的人不能得逞,才會使得年輕讀者免受其害。

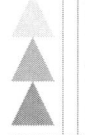

臺灣史事解讀

我從來認為現實是和歷史不可分割的。有些不研究臺灣歷史的人卻大談臺灣歷史，顯然他們的興趣不在於歷史，而在於現實。過去的史明、王育德等人，我們已經作過批判，現在這些人已經沒有多大影響了。現在鼓吹此類觀點的，多是對臺灣歷史沒有研究的人，他們還比不上史明，儘管史明的觀點有不少錯誤，但他對臺灣歷史確實花了一些研究功夫。有些研究過臺灣歷史的學者，出於某種原因，也會有一些偏激的觀點，產生一些錯誤的認識，但總的來說，這些人的說法還不太離譜。只有彭明敏等幾個人，對臺灣歷史發表過不少錯誤的言論，而他們又有學者的身份，欺騙性較大。特別是在紀念《馬關條約》一百年活動時，一些人夥同外來的政客、學者，集中地對臺灣歷史作出不少「新」的解釋，明白地表示他們是要為分裂主義的政治目的服務的。對於這些人的錯誤言論，我們有必要給予反駁。

這裡發表一組批評錯誤觀點的文章，回答被他們歪曲的十幾個歷史問題。我想主要靠歷史事實說話，讓人們看一看他們是如何歪曲歷史、篡改歷史的。這樣，他們藉以製造的政治觀點也就不攻自破了。

一、臺灣歷史的特色

臺灣歷史有什麼特色？相對於大陸來說，臺灣歷史有什麼特殊性？這本來是一個值得研究的課題，需要經過深入的探討，才能得出正確的結論。可是，有人未經論證，提出了各種見解，似是而非，給臺灣歷史製造了一個新的盲點，所以有必要加以澄清。

《認識臺灣（歷史篇）》指出，「多元文化是臺灣歷史的一大特色」，「國際性是臺灣歷史的另一特色」（指的是「與四鄰關係密切」），「對外貿易的興盛是臺灣歷史的又一特色」；「冒險奮鬥、克服困難的精神也成為臺灣人獨特的性格」。[1]還有人強調臺灣具有「海洋型文化」，例如，鄭欽仁認為大陸是大陸型文化，以農立國，安土重遷，民族觀（即中原文化本位主義）是內向的。臺灣則具有「海洋性因素」，開放、自由、進取，但又自謙自卑。[2]由此引申出臺灣社會上一種更加「化約」的觀點：臺灣是海洋文化，求變，求新；大陸是中國文化，封閉，保守。把二者斷然區分，成為對立體。

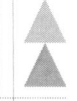

上述幾點能算是臺灣歷史的特色嗎？

所謂「海洋型文化」

對於上述看法——即臺灣與大陸的區別在於，一個是海洋型的文化，一個是大陸型的文化——許多臺灣學者已經提出不同的看法。

臺灣中研院三民所1984年出版的《中國海洋發展史論文集》，陳昭南的引言指出：「中國不只是一個大陸國家，也是一個海洋國家」，「今日臺灣乃是中國人向海洋發展所造成的歷史事實」。李亦園的序言更明確地指出，中國海洋發展史「如從地理區域的觀點而言，大致可分為三個部分，其一是作為海外發展基地的沿海地區，其次是沿海的島嶼，包括臺灣與海南島，再次是非本地的海外地區」。[3]余英時在《發現臺灣》序《海洋中國的尖端——臺灣》中指出，海洋中國「是從中國文化的長期演進中孕育出來的」，從16世紀以來，「中國已不僅是一個內陸農業的文明秩序，另一個海洋中國也開始出現了」。所謂「海洋中國」，包括東南沿海地區以及向海島海外的發展，鄭芝龍、鄭成功父子依靠海上商業力量建立的政權「象徵了現代海洋中國的開始」。至於臺灣「真正成為海洋中國的尖端則是最近四十多年的事」。（不過，余先生在同一篇文章中也說過「三百多年來臺灣一直扮演海洋中國的尖端的角色」這樣前後矛盾的話）。[4]

民進黨人中對此稍有研究的人士，也沒有對臺灣與大陸作出前述斷然的區分。

陳芳明認為臺灣「一方面背向古老的亞細亞大陸，一方面又朝向浩瀚奔放的太平洋」，因而「不能不帶有大陸性的保守與海洋性的開放之雙重性格」。許信良認為「海洋與大陸的依違游移，就成為臺灣歷史的一齣主要戲碼」，「它（臺灣）既不完全屬於海洋，又不完全屬於大陸」。[5]

實際上，從文化角度來看，「海洋中國」是中華文化的一個組成部分。

根據文化生態理論，一種文化的形成與發展，是和自然環境、社會經濟環境、社會制度環境密切相關的，而不單純取決於地理因素。中華文化是在遼闊而複雜的地理環境中，在農業文明和宗法社會的條件下發生和發展起來的。與歐洲

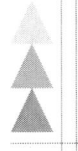

海洋文明相比，中華文化具有明顯的大陸型文化的性格，或稱之為「大陸海洋型文化」。古代中國濱海地區也有海洋文化，但未形成為中華文化的主流。唐宋以後，現在的閩粵江浙一帶，海上交通和對外貿易逐漸興盛，如果要用「海洋中國」的概念，首先應當是指這些地區，正如李亦園先生所說，它是向海島和海洋發展的基地。東渡開發臺灣和漂洋過海到東南亞及世界各地謀求發展的，絕大多數是這些地區的人。

臺灣是「海洋中國」發展的產物。東南沿海人民不斷向海島和海洋發展，早在宋元時代，福建泉州就是當時世界大港之一，明末鄭成功父子以閩南為基地向海外發展，臺灣正是在這種歷史背景下，由閩粵移民開發的。

通常海島的文化不是來源於本土，而是來源於大陸，移民則是大陸向海島傳播文化的一個重要途徑。當然，透過與其他地區的交往，海島也會吸收其他外來文化因素，匯入原有的文化體系，從而形成具有本土特色的文化。

臺灣文化源於中國大陸，在相當長的時間裡，臺灣文化與中國文化（尤其是閩南文化和客家文化）沒有太大差別，是中國文化中的一種區域文化，並沒有形成一種與中華文化不同的特殊的「海洋文化」。日本殖民統治以後，臺灣受到日本文化的影響，近50年來受到西方文化的影響也較大，對外往來較多，「海洋文化」的因素明顯增強。而大陸則受馬克思主義的影響較大，在國際勢力的封鎖下，「海洋中國」的發展受到限制，但改革開放以後，這種特徵正在恢復。現在兩岸仍然都屬於中華文化，兩岸文化的差異是在吸收外來文化和繼承傳統文化上的差異。林滿紅指出：「將臺灣的歷史根源窄化為海洋文明實不完整。中國文明是臺灣的資產，也是與大陸合作的重要基礎。」[6]這個觀點是符合客觀實際的。

多元文化並非特色

什麼叫特色？特色應當是與眾不同的地方，你有他也有，就不算特色了。要談臺灣的歷史特色，就應當把臺灣與周邊地區相比，看出它與眾不同的地方。

多元文化是不是臺灣歷史的特色？實際上中國古代文化是多元發生的，它的發源地散布在廣闊的土地上，由各地的民族文化逐漸融合而形成中華文化。此

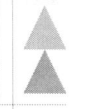

外,中華文化還吸收了一些外來文化的成分和因素。中華民族的成分是複雜的,中華文化是多元的。可見,多元文化並非臺灣所特有,不能算是臺灣歷史的特色。

對外關係密切和對外貿易興盛是不是臺灣的特色呢?如上所說,臺灣是「海洋中國」發展的產物。早在臺灣與外國交往之前很久,大陸沿海地區已經與外國有相當的交往,對外關係的密切和對外貿易的興盛,遠非臺灣所能相比。後來臺灣成為荷蘭殖民者的貿易重鎮,但對外貿易的主要貨物是大陸的絲綢、瓷器,並且主要由大陸商人供應,到了大陸發生戰亂時,臺灣的轉口貿易就衰落下去了。到了清代前期,臺灣在政治上、經濟上或其他方面幾乎與外國沒有任何來往,大陸成為臺灣出口貿易的唯一對象。鴉片戰爭以後,福建的福州、廈門首先開放為通商口岸,1960年以後,臺灣的港口才陸續開放。由此可見,臺灣的對外關係和對外貿易並沒有比國內其他地區特殊,也談不上特色。

至於冒險奮鬥、克服困難的精神,恐怕也非臺灣所獨有,以此作為臺灣歷史的特色,就過於「一般」了。

那麼,什麼是臺灣歷史的特色呢?本文不作專題的研究,只是舉出一些事例參與討論:

一、臺灣曾經被荷蘭侵占達38年,被日本殖民統治達50年,這是國內其他地區所沒有的,不能不算是臺灣歷史的特色。

二、臺灣與其他地區相比,是一個開發較晚的地區,而且主要是由福建、廣東的移民開發的,這更是其他地區所沒有的。由此還帶來其他的特點,例如,臺灣在歷史上,不僅在經濟上、文化上、社會關係上,而且在政治上與福建、廣東都有特別密切的關係,這樣的「歷史特色」是任何人所無法抹殺的。

二、臺灣歷史的開端

從考古發現可以知道,臺灣至少有幾萬年的歷史。「左鎮人」、「長濱文化」、「大坌坑文化」、「圓山文化」「十三行文化」等等,都是臺灣早期人類活動的遺蹟。

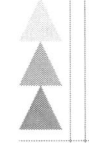

臺灣史事解讀

至於有文字記載的歷史，也有1000多年，從公元230年的「夷洲」，到607年的「流求」、1291年的「琉求」、明朝後期的「東番」，所有這些，都比荷蘭人入侵臺灣要早得多。

可是，有些主張「臺獨」的人士，竟然說什麼「臺灣的信史是從荷據開始的」，「1624年荷蘭人入臺是臺灣史的肇端」，[7]「最早開發臺灣的是荷蘭人」，[8]這如果不是對歷史的無知，就是有意偽造歷史，有意製造「歷史的失憶」。

早期臺灣歷史的簡況是眾所周知的，不需要重複。就以荷蘭人侵臺前後的歷史來說，以下幾點是誰也無法否定的：

早在荷蘭人入臺以前，就有許多漢人居住在臺灣。

明朝中葉以後，大陸居民前往臺灣的人數不斷增加。有許多漁民在魍港、雞籠、淡水等地捕魚，並且在島上搭寮居住，還有不少商人在臺灣一帶活動。明朝當局為了防禦倭寇，每年定期派兵巡哨臺灣。1603年，福建浯嶼把總沈有容曾經帶兵到達臺灣，和他同行的福建連江縣人陳第還寫了《東番記》，記載了當時臺灣的風土人情以及當地居民與福建人民進行貿易的情況，被稱為全面記述臺灣的創始之作。

荷蘭人的記載也可以證實這一點。

1622年荷蘭人來臺時，看到有漢人在那裡定居，並且經營商業，買賣鹿皮等物。在番社裡也有漢人居住。

1623年荷蘭人來到蕭壟，發現在土著居民住處有一千到一千五百名漢人，從事各項商業貿易。

據外國人記載，在荷蘭入侵的初期，居住在臺灣的漢人就有五千人左右。[9]當時，荷蘭人和鄭芝龍雙方都占有一部分「平地」。

1885年C.I.Huart寫的《臺灣島之歷史與地誌》指出：「西班牙人在臺灣發現許多從南方大陸出發的中國移民，早在十五世紀，便已定居在那裡。」

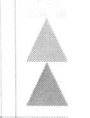

1898年W.A.Pickering（必麒麟）寫的《老臺灣》也說：「在荷蘭人占領之前，臺灣早已成了中國人與日本人之間重要的貿易中心」，「當荷蘭人在1624年到達臺灣並且準備在那裡定居時，他們發現很多中國人的小社會，其數目之多，足以為他們引起不少難題」。

鄭成功與荷蘭人都承認臺灣屬於中國

早在明朝萬曆末年至天啟元年（1618—1621），海上武裝集團首領顏思齊、鄭芝龍先後入臺，康熙年間季麒光的《蓉洲文稿》指出：「臺灣有中國民，自思齊始」，這當然不是指顏思齊是第一位到達臺灣的中國人，而是把他看成是有組織地開拓臺灣的第一位領袖人物。至今在雲林縣北港鎮還有一座「顏思齊先生開拓臺灣登陸紀念碑」，表達了臺灣人民對開拓先驅的崇敬和緬懷。

荷蘭人入侵初期，在納稅問題上與日本人發生爭執，日本人強調他們比荷蘭人先到臺灣，但荷蘭人認為「臺灣土地不屬於日本人，而是屬於中國皇帝。……如果說有什麼人有權利徵收稅款的話，那無疑應該是中國人。」[10]

鄭成功在收復臺灣過程中，與荷蘭方面曾經有多次書信來往，提到了以下幾點：

1660年，鄭成功寫信給荷蘭方面，指出：「多年以前，荷蘭人前來大員附近居住，我父一官當時統治此地，曾予開放、指導。」當時鄭芝龍是海上武裝集團的首領，在臺灣設有佐謀、督造、主餉、監守、先鋒等官職，管理他們所占據的地區。

1661年4月，鄭成功再次寫信，指出：澎湖鄰近廈門、金門島嶼，因而就歸其所屬；大員（臺灣）位於澎湖附近，此地應由中國政府管轄。「這兩個位於中國海的島嶼上的居民都是中國人，他們自古以來占有並耕種這一土地，以前，荷蘭艦隊到達這裡請求貿易，當時他們在此沒有任何土地，但本藩父親一官出於友誼才陪他們看了這個地方，而且只是將這個地方借給他們。……你們必須明白，繼續占領別人的土地是不對的（這一土地原屬於我們的祖先，現在理當屬於本藩）。」[11]

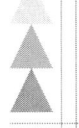

臺灣史事解讀

1661年5月，荷蘭方面致函鄭成功，指出：「尊大人在此時，常對本公司的無數寬厚行為表示感激，並願真誠友好，……不意殿下不願如此，而竟然對本公司採取敵對態度。」鄭成功明確答覆：「該島是一向屬於中國的。在中國人不需要時，可以允許荷蘭人暫時借居；現在中國人需要這塊土地，來自遠方的荷蘭客人，自應把它歸還原主，這是理所當然的事。」[12]

由此可見，當時臺灣的歸屬並沒有發生問題。

臺灣主要是大陸移民開發的

除了早期漢人在臺灣從事捕魚和貿易以外，海上武裝集團還在這裡與日本人進行貿易，顏思齊、鄭芝龍到達臺灣以後，更多漳州、泉州一帶人民前往臺灣，開闢土地，形成部落。

荷蘭人入臺以後，為了提供所需的糧食，以及發展殖民經濟，以利掠奪，也鼓勵中國大陸人民移居臺灣。當時有如下記載：

「荷蘭人從澎湖移居臺灣以來，中國人急遽增加。」

「（荷蘭東印度）公司由於迫切希望同中國貿易，就離開澎湖，遷到福摩薩，並答應準許該地的中國移民照舊居住和生活，新從中國來的人，也准予定居和貿易，以此作為交換條件。結果，有很多中國人為戰爭所迫，從中國遷來，於是形成一個除婦孺外，擁有二萬五千名壯丁的殖民區。男人大部分依靠經商和農業為生。從農業方面，生產出大量的米和糖，不但足以供應全島的需要，而且每年能夠用船載運到東印度群島地區，我們荷蘭人從這項上獲利不小。」

從1640年到1661年，在赤崁附近的中國移民大約從5000人增加到35000人，在全島大約有45000人。他們開墾土地，年產糖10000至20000擔，稻米近20萬擔。這些開發工作都是中國移民辛勤勞動的結果。

當時在臺灣的荷蘭人大約有1000多人，他們是為荷蘭東印度公司服務的。其中有長官、評議長、政務員、商務員、稅務員、會計長、檢查長、法院院長等官員，還有牧師等神職人員以及經紀人、職員、譯員等僱員，此外有數量達900名以上的軍官和士兵等軍職人員，當然還有一些婦女和兒童。他們都不直接從事

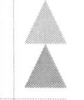

生產和開發。

荷蘭人不從事生產和開發,但在臺灣開發中也起了一定作用,主要表現在:第一,他們參與了招徠大陸移民的工作。當時除了鄭芝龍、蘇鳴崗以及其他大陸商人招徠移民以外,也有一些是自發的移民,此外,還有一部分移民是由荷蘭人用船隻運載去的;第二,荷蘭人曾經獎勵移民進行農作,提供耕牛,減免稅收,目的是為他們提供糧食和砂糖,公司透過收稅和經營貿易,取得巨大利益。

當時,土著居民地區除了在臺南附近以外,基本上尚未開發。大約35000名大陸移民開發了臺南地區,並擴及北部的北港、蕭壟、麻豆、灣裡和南部的阿公店等處,耕地面積達到12252morgen(荷蘭的地積單位,相當於臺灣田制的一甲,約等於大陸的11.31畝),這是任何人無法否定的事實。

以上的歷史事實證明,早在荷蘭入侵以前很久,中國大陸移民就已進入臺灣從事生產和開發,即使在荷蘭占領時期,開發臺灣的主力仍然是中國大陸的移民。所以,説「臺灣歷史是從荷蘭人入臺開始」,説「臺灣是荷蘭人開發的」,進而主張「臺灣只有四百年的歷史」,都是不符合歷史真實的。宣揚這些論點,是歪曲了臺灣歷史,是對臺灣人民的欺騙,是對殖民者的歌頌,也是對臺灣人祖先的背叛。

三、明鄭政權的性質

鄭成功收復臺灣以後,以臺灣為東都,設一府二縣,即承天府與天興縣、萬年縣,在臺灣建立了行政機構,其後,由他的子孫繼續實行有效的統治達22年之久。這就是臺灣歷史上的鄭氏時期,或明鄭時期。

鄭氏在臺灣建立的政權屬於什麼性質?有些人提出了一些看法。例如,有人認為在鄭經統治下,已經是獨立的政權,當時中國出現兩個政府,也就是兩個國家。有人則認為「鄭氏乃亡命漢人於中國海之外建立的政權,所以不能以此説臺灣是中國的一部分」。[13]有人則説,鄭氏是一個外來政權。[14]

要成為一個國家必須具備四個要素:有定居的居民,有確定的領土,有一定的政權組織,擁有主權。主權是國家獨立自主地處理對內對外事務的最高權力,

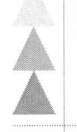

是國家的根本屬性。如果有政權機構和定居的居民，而沒有主權，那只能是一個國家的行政單位，或殖民地，而不是一個國家。

明鄭不是一個獨立的政權

鄭氏政權始終沒有把自己作為一個獨立的政權看待，他們曾經極力爭取成為一個半獨立的政權而不可得，怎麼能說它是一個獨立的政權乃至國家呢？

鄭氏三世一向以「藩」自稱，只承認自己是一個「王」，即延平王，這個王是由南明王朝永曆帝冊封的，歸南明王朝管轄。當然，當時南明王朝名存實亡（到1662年，南明亡），延平王和西寧王成為南明王朝的兩大支柱，互不相屬，也不受桂王的實際領導。但是，鄭氏始終尊奉南明的正朔，直到永曆帝死後20多年的康熙二十二年（1683年），「海上猶稱永曆三十七年」，[15]鄭氏第三代仍然稱為延平王世子，表明自己始終是明朝的臣子。鄭氏從來沒有稱帝，沒有成為一個獨立於南明王朝之外的政權，更沒有成為一個獨立的國家，而只是明朝政權的一個地方行政單位。這是根據歷史事實對鄭氏政權作出的定位。

明鄭也不是一個外來政權

所謂「外來政權」，要有一個明確的界定，究竟是指從外國來的，還是指從外地來的？

臺灣歷史上曾經兩度受到外國人的統治，即荷蘭的殖民統治（1624—1662年）和日本的殖民統治（1895—1945年），都是由外國人來統治中國人，它們都是「外來政權」。

可是有人卻把鄭氏政權和清朝政府，乃至以蔣介石為代表的國民黨政權也稱為「外來政權」，那就混淆了與前者的界限，而實際上二者是有本質區別的。

在鄭氏政權下，統治者與被統治者主要都來自中國大陸。當時在臺灣的漢人約有10—12萬（其中鄭氏軍隊為60000人）。土著人口據估計為10—15萬，但在鄭氏統治下的土著人口並不多，其餘的多數是到清代才「歸附」的。所以，鄭氏政權統治的居民，主要是過去和當時從大陸移民到臺灣的漢人，有的還是由鄭氏招徠的。正如前文所說，即使在荷蘭侵占時期，荷蘭人也承認臺灣是屬於中國

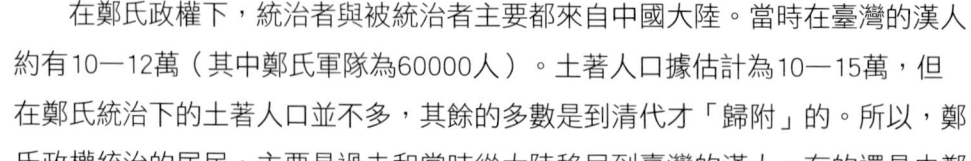

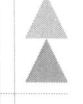

皇帝的。鄭成功也多次明確指出臺灣是中國的。中國人的政權，統治中國人開發的土地，怎麼能說是「外來政權」呢？

如果以為統治者是從臺灣以外來的，就是「外來政權」，這意味著只有本地人統治本地才不叫「外來政權」，而這種情況卻不多見。在中國古代，逐漸形成一種迴避制度，本省人一般不能在本省當官。所以，歷來福建的官員多是外省來的，浙江的官員也多數不是浙江人，按照上述說法，福建、浙江以及全國各地豈不都是「外來政權」？由此可見，不由本地人統治，不是臺灣的特例，而是全國各地的通例。不能以此作為「外來政權」的依據。

「照朝鮮例」只是談判的籌碼

有人說，當時中國已由清朝統治，而「鄭氏乃亡命漢人於中國海之外建立的政權，所以不能以此說臺灣是中國的一部分」。鄭氏確實不願臣服於清朝，他們多次與清方談判，總是堅持鄭氏是「於（清朝）版圖疆域之外，別立乾坤」，甚至說「臺灣遠在海外，非屬（中國）版圖之中」[16]，因此要求對他們「照朝鮮例，不剃髮，世守臺灣，稱臣納貢」，這就是要以臺灣未受清朝統治作為談判的籌碼，爭取得到「半獨立」的地位，但沒有得到清朝的允許。清朝認為「朝鮮系從來所有之外國，鄭經乃中國之人」，不能援朝鮮例。不管不同的統治者對臺灣歸屬的看法如何，當時臺灣畢竟是由中國人的政權實行管轄權的，並沒有外國人在那裡統治，臺灣主權歸於中國是十分明確的。

以上是從主權歸屬的角度，說明鄭氏政權的性質，即它既不是「外來政權」，也不是「獨立政權」，而是自稱歸屬於明朝的中國人組成的政權，在它的統治下的也是中國人。儘管它還沒有歸附於清朝，但它和任何外國都沒有歸屬關係。至於有人認為鄭氏政權是以海商為主幹的反清割據勢力，那是從階級屬性角度提出的看法，不在本文討論之列。

鄭氏時代臺灣的開發

有人為了說明鄭氏是「外來政權」，就說它把臺灣當做殖民地，對臺灣的搜刮榨取不比荷蘭人仁慈，從而認為「鄭氏的來臨對臺灣是不利的」。[17]

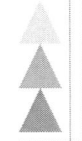

所謂殖民地，是資本主義時代的產物，是受資本主義強國侵略而喪失了主權，在政治、經濟上完全受統治和支配的地區。鄭氏既不是外國政權，又沒有發展到資本主義階段，它與殖民統治有本質的差別。

鄭氏政權作為封建政權，它必然要剝削百姓，但它與荷蘭殖民者不同，荷蘭人把所有的土地收歸公司所有，稱為「王田」，而鄭氏在將「王田」改為「官田」之外，還有私田（當時稱為「文武官田」，實際上是土地私有制的表現形式）的存在，而且其數量達到20000多甲（約23萬畝），而官田則不及10000甲，這些私田都是在鄭氏時代開發的。

鄭氏時代開發的地區比荷蘭侵占時期要大得多，就是說，當時不但在臺灣中南部地區有成片的開發，而且西部沿海的地區（北港溪以北和下淡水溪以南）也有了點狀的開發，其中鄭軍屯墾的營盤田就有40多處，遍布今日的臺南、高雄、屏東、嘉義、桃園、臺北等地。只是由於後來鄭軍退出臺灣，大量土地拋荒，實際增加的田園數量並沒有那麼多。此外，這個時期臺灣「人居稠密，戶口繁息，農工商賈，各遂其生」，商業有所發展，對外貿易也相當發達，遠洋船隊與日本、暹羅、交趾、東京、呂宋、蘇祿、馬六甲、咬留巴等地直接往來，鄭氏還和英國簽訂了通商協議，英國東印度公司在臺灣建立了商館。這也反映了鄭氏時代臺灣開發的成績。鄭氏還把大量大陸居民移居臺灣，把大陸的政治、經濟、文教制度移植到臺灣。早期移民（包括軍事移民——鄭氏的軍隊）為臺灣的開發作出了自己的貢獻。由此可見，否定鄭氏時代的開發，說鄭氏對臺灣不利，都是不符合歷史事實的。

四、移民與祖籍地的關係

臺灣主要是由中國大陸移民進行開發的，移民主要來自福建和廣東兩省。從明末到清代前期，有上百萬移民到了臺灣。他們為什麼要移民臺灣呢？本來這在歷史上是可以找到答案的。可是近來有些人出於某種政治目的，卻妄自做出解釋，他們說，「移民來臺，放棄中國，不願接受中國的統治」，「是帶著和中國斷絕關係的心情移民臺灣」，[18]移民「被當政者放逐於中國社會之圈外，而和中國大陸完全斷絕了關係」。[19]這些說法完全背離了歷史真實。

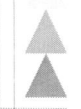

移民的原因和目的

一般來說，移民的原因，大體上可以用「推力」和「拉力」兩個方面的因素進行解釋。推力，主要是指原居住地在經濟上、政治上、宗教上、種族上給全部居民或部分居民造成困難的條件，迫使他們向外遷移。經濟蕭條、失業嚴重、糧食缺乏、人口過剩、天災人禍、生態環境惡化、外族入侵、內部戰亂、政治迫害、種族歧視、宗教矛盾等等都可以成為移民的推力。拉力，主要是指移居地提供了比原居地較好的生活條件，吸引人們向那裡遷移，例如，便於尋找財富、有較好的經濟出路、比較容易獲得土地或其他就業機會、可以擺脫政治上的迫害和其他敵對力量的威脅等等。

從移民的類型來說，基本上有兩種，一種是開發型的，一種是強制性的。前者是為了生存而遷往他地，在那裡尋求進一步的發展；後者則是以行政手段或是出自軍事目的而強制遷移的。

大陸對臺灣的移民，基本上屬於開發型。早在鄭芝龍時期，就有大批「饑民」前往臺灣，其目的顯然是為了從事開墾，尋找生路。在荷蘭統治時期，多數移民則是為了逃避戰亂而來到臺灣的，而荷蘭人鼓勵漢人前去耕種，也成為一種拉力。鄭成功時代，清朝當局在大陸沿海實行遷界政策，迫使沿海居民失去土地，遭到破產，這時鄭氏招募沿海人民從事開墾，形成一股強大的拉力。同時，還有幾萬名「軍事移民」，即鄭氏的軍隊，他們出於政治原因到達臺灣，這是帶有強制性的，後來這些人幾乎全部回到大陸。到了清代前期，從1684年到1811年，這120多年間，臺灣人口從七八萬人，增加到190萬人，顯然主要是「移入增長」。大量移民來臺，其中主要是「無田可耕、無工可雇、無食可覓」為生活所迫的下層貧民，而當時臺灣剛剛設立府縣，許多土地尚未開發，開墾以後，產量很高，這就吸引了廣大大陸人民冒險偷渡前來謀生。移民中還有一些是「犯罪脫逃」的「觸法亡命」。此外，也有一些商人，有的從事小本經營，有的則經營進出口貿易；還有就是少數專門前來臺灣從事招墾的富豪。

並沒有「放棄中國」

從以上移民的原因和目的來看，可以看出，主要的是經濟因素，就是為了生

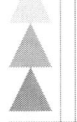

存,為了發展,不得不背井離鄉,前來臺灣。從移民的成分來看,除了少數罪犯以外,並沒有人懷著非「同中國決裂」、非「放棄中國」、非「斷絕關係」不可的仇恨心理。即使是罪犯,在當時條件下,恐怕也難有這種強烈的分離主義的「政治意識」。歷史事實提供了恰恰相反的證據:移民與祖籍地不但沒有「完全斷絕了關係」,而且始終保持著密切的聯繫。

以從事招墾的富豪為例,他們作為墾戶,在領到墾照以後,往往從原籍招徠佃戶,前去開墾。同安籍的王世傑曾經回來招募泉州籍的鄉親100多人,開墾竹塹。林成祖墾號為了籌集資金,曾經向在廈門的陳鳴琳、鄭維謙招股。更多的移民是以祖籍地緣關係為基礎,共同進行開發的。至今臺灣各地還保留著一些地名,諸如同安、南安、南靖、安溪、平和、永定、大埔、饒平、鎮平、海豐、惠來等等都是以原籍的縣來命名的,也有採用大陸上更小的地名的,如田心、田中、大溪等等,都是當年大陸各地人民前來臺灣共同開發的見證,也是移民們懷念故鄉的一種表現。

移民在臺灣定居以後,有的回故鄉把妻子兒女遷移過來,有的回原籍娶親,還有的把父母、兄弟等親屬也帶來臺灣。這在乾隆、嘉慶年間更是普遍存在。閩南各地的族譜中,有不少「率眷往臺灣」的記載。同時,也有從臺灣回原籍祭祖、修墳、蓋祠堂、修族譜的記載,有的甚至要歸葬祖籍,有錢人是以靈柩歸葬,一般人只能用「瓦棺」歸葬了,這表明移民們至死還懷念故鄉。至於大量的移民死後只能埋葬在臺灣,但在他們的墓碑上卻不忘寫上「安邑」、「南邑」、「和邑」、「靖邑」、「惠邑」、「銀同」、「金浦」等等祖籍地名,以表示自己的根在大陸,也為後人尋根留下了依據。

有些移民發財致富以後,在臺灣建造房屋,俗稱「起大厝」。他們往往從大陸請來「唐山」匠師,採買大陸出產的福杉、烏心青石、紅磚等建築材料,按照大陸的建築格式興建。現在臺灣還保留著一些這樣的傳統民居。至於民間風俗習慣,更是和祖籍地十分相似,祭拜「唐山祖」,奉祀祖籍地的保護神。所有這一切都表明移民們對祖籍懷有深切的感情,他們是不會和祖籍「斷絕關係」的,說他們「放棄中國」,完全是蓄意的捏造。

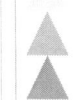

也沒有「在中國社會之圈外」

移民生活在臺灣，不論在經濟上、政治上，還是其他各方面，都沒有和大陸相脫離，他們仍然生活在中國社會的「圈內」，而沒有跳出圈外。

清朝前期，臺灣基本上沒有同外國進行貿易，「大陸卻幾乎成為臺灣對外貿易的唯一對象」。在最初的100年中，只有廈門與臺灣的鹿耳門對渡，後來增加了晉江的蚶江與彰化的鹿港、福州的五虎門與淡水的八里對渡。當時臺灣各地有北郊、南郊、糖郊、泉郊、廈郊等，從事與大陸各地的貿易；大陸也有臺郊、鹿郊等相應的組織，說明兩岸貿易關係相當密切。

臺灣出產的大米需要出售，福建缺糧需要購買，臺灣出售大米，換回所需的日用品。兩岸互通有無，互惠互利。臺灣的糖也運到廈門及大陸各地出售，運回紡織品、日用雜貨、建築材料以及各地的土產，兩岸間每年有幾千艘商船往來。

在政治上，臺灣與福建的關係特別密切。臺灣作為福建的一個府長達200年之久。起初還設立了「臺廈兵備道」，後來改稱「臺廈道」。從1684年到1727年，臺灣與廈門在行政上屬於同一單位。長期以來，臺灣的餉銀是由福建撥給的。直到臺灣建省前不久，沈葆楨還指出：「閩省向需臺米接濟，臺餉向由省城轉輸。」可見，從行政上看，兩地的關係也是十分密切的。

臺灣屬於福建，臺灣人民的生活同大陸並沒有脫離。在經濟上，沒有脫離相同的經濟圈，在政治上，也沒有脫離中國政府的統治。移民不是被放逐的，大陸人民，祖籍地人民從來沒有「放逐」移民臺灣的骨肉同胞，臺灣人民的先輩也沒有自我「放逐」在中國社會的「圈外」。這樣的歷史是不應當「失憶」的。

險惡的用心

有人企圖篡改這段歷史，其目的不在於昨天而在於今天。有人居然這樣說：「我們的祖先在十六世紀，不惜違背大清禁令，背棄祖墳，甘冒天險遠渡來臺，目的不在擴大中國的領土或主權，而在脫離悲慘貧困的生活，來臺灣開創新世界。因此，今天任何欲將臺灣交給中國的說法都是數典忘祖的。」[20]

是的，移民們是為了生存、為了發展而前來臺灣，他們並沒有擴大領土主權

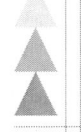

的政治目的，也不可能有其他的政治目的。由此可見，上述引文作者所說的移民要「放棄中國」，要「斷絕關係」，「不願接受中國的統治」等等說法有多麼荒謬。

但是，移民沒有政治目的，並不能用以說明一個地方領土、主權的歸屬問題。臺灣是中國領土，臺灣領土主權屬於中國，這是全世界公認的，不會因為早期移民缺乏政治意識而有所改變。

提出上述觀點的人，其目的在於分裂祖國，這是他們的險惡用心所在。一方面，他們運用偷換概念的手法，把早期移民不是為了「擴大領土主權」而來，與臺灣的歸屬混為一談，妄圖用以否定臺灣領土主權歸屬於中國的事實；另一方面，他們又歪曲早期移民的意志，說移民是要「放棄中國」，「不願接受中國的統治」，從而引出要把臺灣交給中國是「數典忘祖」的謬論。實際上，我們在以上兩則中所引用的資料，足已批駁他們的說法。臺灣人的先輩始終沒有「放棄中國」，他們一直與原鄉保持著密切的關係。由此可見，真正「數典忘祖」的，正是那些歪曲臺灣歷史、企圖分裂祖國的政客們。

五、臺灣開港後與大陸的關係

外國列強透過鴉片戰爭，打開了中國的大門。1842年簽訂的《南京條約》，規定開放五個通商口岸：廣州、廈門、福州、寧波、上海。第二次鴉片戰爭以後，1860年又簽訂了《北京條約》，規定開放一批新口岸，包括天津、牛莊（後在營口設埠）、登州（煙臺）、潮州（汕頭）、瓊州、南京、九江、漢口等，臺灣（安平）、淡水兩個口岸也在這時開放。

開港以後，臺灣與大陸的關係如何？有人不從歷史實際出發，而是憑自己的想像，認為既然開放了，對外國的貿易必然發展，與大陸的關係必然削弱，甚至互相脫離。有人武斷地說：「1860年，臺灣開港通商以後，產品輸往世界各地，與世界的關係日益緊密，漸漸走向世界，而脫離中國」，[21]「1860年後臺灣成為國際貿易體系的一環」，「臺灣經濟永遠有自己的經濟圈，是絕對不屬於中國的」。[22]這些說法對不對呢？我們先從臺灣開港以後與廈門的關係講起。

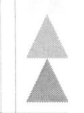

臺灣與廈門

根據早期歷任廈門稅務司（都是外國人）的報告，臺灣和廈門有著十分密切的關係，而且廈門處於主導地位：

「臺灣是福建的糧倉。它的港口與廈門間整年都有著大量的商業往來。」（1871）

「本口岸與打狗和淡水口岸間的貿易是非常有價值的。打狗和淡水口岸每年都從廈門運去大量的外國棉毛製品、棉紗、金屬、鴉片和其他雜貨。」（1872）

「臺灣所有的商行都是廈門商行的分行。」（1873）

「由於廈門所處的有利位置，臺灣的通商口岸對廈門處於附屬的地位。」（1875）

「廈門是臺灣的貨物聚散地，本地的所有商行都在臺灣設有公司。」（1878）

「廈門的復出口貿易幾乎完全在本口岸與臺灣之間進行。本口岸與臺灣島有著密切的商業聯繫。」（1881）

當時臺灣的重要出口貨——茶葉，與廈門的關係特別密切，臺灣茶葉主要是經由廈門出口的：

「臺灣茶葉貿易以前僅由外國商人經營，過去三年來，則主要由中國商人經營。但所有茶葉運到本口岸後仍然在本地轉售外國商人，由外國商人經辦復出口。」（1876）

「就臺灣茶的貿易而言，本口岸是它的總的貿易中心。」（1878）

「淡水的主要貨物是茶葉，經由廈門轉船復出口。」（1880）

「臺灣茶葉貿易一直是經由本口岸進行的。」（1882）[23]

據統計，從1872到1891年間，臺灣烏龍茶有98%是經由廈門轉口美國的。

這些史實可能已經被許多人所忘記，但是它畢竟是事實，這些事實足以說明臺灣在「走向世界」的過程中，並沒有「脫離」廈門，臺灣是和廈門一道成為「國際貿易的一環」，所謂「臺灣開港以後就和大陸脫離」的論調是沒有史實依據的。

臺灣與大陸其他地區

臺灣不僅與廈門有著密切的關係，而且與大陸其他地區也有不少貿易往來。

臺灣學者林滿紅在兩岸經貿關係史方面有相當深入的研究，在她的論著中，可以看到這樣的記載：[24]

糖：臺灣白糖主要供華北食用，只有小部分輸出日本。赤糖供大陸和日本食用，也有一些供歐美澳各國精製用。1860—1895年間，大陸和日本一直是臺糖的主要市場。華北、華中是臺灣糖的主要出口地。大陸進口臺灣糖的口岸以芝罘（煙臺）、天津、上海、寧波、牛莊為主。

米：「臺灣北部因茶、樟腦等非糧食作物從業者增加，由開港前原有二十幾萬擔米出口到大陸，轉而漸需由大陸進口，量多時亦達二十幾萬擔。但與此同時，臺灣中部每年又有五十萬擔米出口到大陸。」

開港後，大陸貨進口增加。每年仍有2800艘左右的中國式帆船進出於兩岸之間。鹿港等地還有不少郊商從事對大陸各地的貿易。當時兩岸貿易主要是由大陸資本所控制，往來兩岸的船隻是由大陸商人提供和經營。所以，開港以後，「1860—1895年間，臺灣的貿易對象雖擴展而包括全球，與大陸之間的貿易仍然增加」。

「臺灣境內南北之間的商貿關係，反不如臺灣與大陸間的商貿關係密切。」由此可見，這個時期，臺灣並沒有「脫離中國」，臺灣也沒有形成「自己的、絕對不屬於中國的經濟圈」。

臺灣所處的地位

正如上面所說，臺灣兩個口岸是第二批開放的。在當年西方列強的心目中，這批新口岸當然也是他們所覬覦的對象，但就重要性上說，絕不會超過第一批。

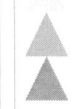

福建的四個口岸,廈門、福州都是1843年開埠的,淡水則是1862年開埠的,而作為淡水子口的雞籠口則於1863年開港,打狗口原來定為安平港的子口,先於1864年開港,實際上後來打狗成為正口,安平則到1865年才設立分關,歸打狗關管轄。這就是說,福、廈兩口比臺灣兩口大約早20年開放。所以,講臺灣歷史,如果不同全國歷史聯繫起來考察,就不全面。只說「臺灣的戰略商業地位的重要性,一直受到國際的覬覦」,而不講其他地區,就可能使人誤認為當時臺灣的重要性超過了全國任何地區,這是不符合歷史的真實的。

開港以後,臺灣的淡水、打狗都成為對外貿易的重要口岸,在全國對外貿易中占有一席之地。那麼和其他口岸相比,臺灣處在什麼地位呢?我們可以把臺灣兩個口岸的進出口值與福州、廈門、上海列表比較如下:

進口值比較 單位:萬海關兩

年份	上海	台灣	廈門	福州
1868	4491	115	339	341
1870	4632	146	420	273
1875	4688	222	461	273
1880	5604	359	541	280
1885	5941	319	724	280
1890	6625	390	612	264
1893	8376	483	671	415

出口值比較 單位:萬海關兩

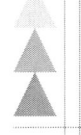

227

年份	上海	台灣	廈門	福州
1868	3502	88	100	1325
1870	3061	166	164	756
1875	3080	182	347	1222
1880	3617	487	363	913
1885	2765	382	453	773
1890	3272	426	351	556
1893	4997	634	534	515

（臺灣包括淡水和打狗在內）

　　從上表可以看出，在進口值方面，臺灣兩口合計起來從來沒有超過廈門一口；臺灣和福州相比，在前期進口不及福州，後期則超過福州。在出口值方面，臺灣與廈門不相上下，總的看來略多於廈門；而臺灣與福州相比，則基本上不如福州，有時相差甚遠，但最後一年則超過福州。如果把臺灣和上海相比，少則相差七八倍，多則相差三四十倍。總之，臺灣和福州、廈門一樣，在清代後期中國的通商口岸中屬於不很發達的地區，對它的「走向世界」和「國際化」程度不能估計過高。

　　六、是荒蕪之地，還是先進省份？

　　從19世紀70年代開始，清朝當局為了防禦外國的侵略，一方面加強臺灣的海防，一方面籌備臺灣建省。1874年欽差大臣沈葆楨到達臺灣，他著手籌建閩臺水陸電線，建設新式炮台，購買洋炮和軍火機械，建立軍裝局和火藥局調用兵輪，採購鐵甲艦，使用機器開採基隆煤礦，這表明臺灣的近代化已經開始。後來，新任福建巡撫丁日昌，繼續購買洋槍洋炮，造鐵路，設電線，開礦，招墾，進一步推進臺灣的近代化。到了建省以後，第一任臺灣巡撫劉銘傳更是全面推行近代化，到甲午戰爭以前，臺灣已經是全國最先進的省份之一。

建設成就和經費來源

　　當年值得一提的近代化建設，有以下幾項：

新式炮台：從1886年開始，在澎湖、基隆、滬尾、安平、旗後五個海口興建十座西式炮台，購買鋼炮，加強防禦。

製造軍械：1885年在臺北興建機器局，自造軍械，並設立軍械所和火藥局。

鐵路：1887年開始修建鐵路，臺北至基隆段28.6公里，1891年完工；臺北至新竹段78.1公里，1893年完工。是全國最早一批自建的鐵路。

郵政：1886年設電報總局，架設水陸電線1400多華里。1888年設郵政總局，是全國最早自辦的郵政業務。

工礦：1885年重辦基隆煤礦，1887年成立煤務局，採用機器採煤；1886年在滬尾設立官辦硫磺廠；1887年設立官辦機器鋸木廠。

招商興市：1886年設立商務局，購買商船，設立輪船公司。1885年建設兩條大街，1887年繼續建設街道，裝設電燈、自來水，建造大稻埕鐵橋。臺北成為商業發達的邁向近代化的城市。

新學堂：1887年創立西學堂，1890年設立電報學堂。

附帶談一談臺灣近代化建設的經費來源問題，大家知道，19世紀80年代，正是臺灣建省的時期，當時由於經費困難，建省工作拖延了相當長的時間，可是，既然經費困難，為什麼卻能夠開展這麼多的新式建設呢？建設經費究竟從何而來？

實際上，在臺灣建省以前，臺灣的財政一貫需要福建給予協濟，大約每年20萬兩，它是從閩海關四成洋稅中撥付的。建省時，就是為了經費問題，反覆討論，最後決定，由閩海關每年照舊協銀20萬兩，再由福建各庫每年協銀24萬兩，此外，粵海、江海、浙海、九江、江漢五關，每年協濟36萬兩，以五年為期。後來，粵海等五關並沒有協濟，而是由戶部一次性撥給36萬兩，作為籌辦臺澎防務之用。所以，臺灣常年的協銀只有福建的44萬兩了。

五年中，福建一共協銀220萬兩，這些錢主要用於辦理臺灣海防、修築鐵路和防軍的兵餉。澎湖、基隆、滬尾、安平、旗後五口購炮築臺的經費，就是從這

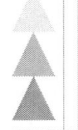

裡開支的。建築鐵路的經費一時無法籌集，也只好「先行挪用」福建的協餉，實際上，後來有一大部分就是由這項經費開支的。

據統計，當年幾項重要建設：修建從基隆到新竹的鐵路、架設臺灣到福建的水陸電線、清賦、興建臺北機器局，一共用銀213萬兩，相當於福建的全部協餉[25]。所以，可以說，在臺灣近代化建設中，福建人民給予了一定的支持。當然，其餘經費則是由臺灣自行籌集的，主要的功勞應當歸於臺灣人民。正是由於臺灣人民的辛勤勞動，許多新式的事業蓬勃發展，使臺灣這個最後設立的行省後來居上，成為全國洋務運動中的先進省份之一，這個歷史功績是不能「失憶」的。

臺灣的地位

當年臺灣的近代化建設，在全國範圍內處於什麼地位呢？我們可以逐項比較如下：

從官辦軍事工業來看，全國早期建立的機器局之類的機構有21家，其中最大的是江南製造總局（1865）、金陵機器局（1865）、福州船政局（1866）、天津機器局（1867）等，不僅規模比臺灣的大，而且建立的時間也比臺灣早了20年左右。

從民用工業來看，全國主要的企業有：輪船招商局（1872）、開平礦務局（1878）、電報總局（1880）、漠河礦務局（1887）、上海機器織布局（1880）、湖北鐵政局（1890）等等。其中，輪船招商局比臺灣早了14年，電報總局早了6年。基隆煤礦開辦雖然比開平煤礦早，但規模遠不如開平，而最早的煤礦則是直隸磁州煤礦（1874）、湖北廣濟興國煤礦（1875）。早在1874年，沈葆楨就提出要在臺灣架設電線，這本來是最早的嘗試，但沒有成功，不久，外商在福州、廈門架設電線，後來又有官辦的津滬線（1881）、蘇浙閩粵線（1883）等。臺灣的電線是在1887年丁日昌買回福廈線後才架設的，第二年劉銘傳又架設了福州到滬尾的海底電纜。

至於鐵路，1874年美英商人非法修建了吳淞鐵路，兩江總督沈葆楨經過交涉將它收回，並準備把它移到臺灣，後來因為經費問題，不了了之。最早自建的

鐵路是開平礦務局建成的從唐山到胥各莊的單軌鐵路（1880），後來擴展到閻莊、大沽。臺灣的鐵路也是屬於最早的一批。

中國的郵政最初是由海關試辦的（1878），到19世紀90年代才收歸官辦。臺灣可以算是最早自辦地區郵政業務的。

全國最早設立的新式學堂，大約有20多所，其中著名的有：北京同文館（1862）、上海廣方言館（1863）、廣州同文館（1864）、福州求是堂藝局（1866）、天津水師學堂（1880）等，都比臺灣西學堂建立得早。

採購洋炮和修築西式炮台，在全國其他地區也都較早進行，例如，大沽、北塘、新城築洋式炮台（1875），山東煙臺等地炮台用克魯伯後膛大炮（1875），閩江口南北岸及長門建洋式炮台（1880—1881），旅順口仿築德國新式炮台（1882），江陰、吳淞炮台用西洋14口徑800磅子大炮（1884）等等。

總之，臺灣的歷史是中國歷史的一個組成部分，不能孤立地就臺灣講臺灣，因為臺灣的情況是和全國總的形勢分不開的，只有把臺灣和全國各地聯繫起來考察，才能看到它的歷史地位，才能看到它和全國各地的聯繫和區別。

經過中國人民開發、建設，尤其是經歷了清代後期的近代化建設，臺灣已經成為全國先進的地區之一。可是，現在有人卻企圖否定這些事實，彭明敏竟然說：「日據當初，臺灣是荒蕪之地，可說是世界上最落伍、野蠻的地方。」[26]這不僅是對歷史的無知，而且是對臺灣人先輩最大的不敬。

但是，另一方面，當時的臺灣，在全國範圍內也不是唯一的先進地區。這是因為推行「自強新政」「富國強兵」的「洋務運動」早在1860年代就已經開始了，而臺灣則晚了十幾年。儘管臺灣的發展比其他地方要快，但就具體項目來說，不見得都是最早的、最先進的。以天津地區為例：它擁有天津機器局，是早期軍事工業中較具規模的；它有全國第一條鐵路；最早一批船塢——大沽船塢（1880）；最早用西法開採的煤礦之一——開平煤礦；最早設立的電報局（1879）；最早的近代郵政總匯，發行了全國第一套大龍郵票（1878）；它擁有全國最重要的新式海軍——北洋水師；較早開辦的新式學堂——水師學堂和武

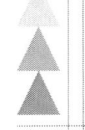

備學堂等等。由此可見，天津在當時也是全國最先進的地區之一。所以，說臺灣是清代後期全國最先進的地區之一，是符合實際的，說它是唯一先進的地區，並且超過全國其他任何地區，則未免言過其實。

七、誰應當對《馬關條約》負責？

1895年4月17日，清朝政府與日本簽訂了《馬關條約》，規定把臺灣「永遠讓與日本」。這是中國近代史上最慘痛的喪權辱國的條約之一。從此，臺灣同胞陷入日本侵略者的殖民統治達50年之久。究竟誰應當為《馬關條約》負責？是日本，還是清朝當局，或者是整個中國？有必要加以辨明。

日本蓄謀已久

早在明治初年，日本就竭力向外擴張，他們提出：「為了征服中國，我們必先征服滿蒙；為了征服世界，我們必先征服中國。」後來又以奪取朝鮮作為「渡滿洲的橋梁」，以占領臺灣作為向東南亞擴張的基地。當時，日本統治集團中興起一股「征臺論」，開始對武力侵臺進行準備。日本對臺灣的覬覦是這樣一步一步進逼的：

1873年，日本官員向清朝的總理衙門進行試探，企圖瞭解清廷對臺灣「土番」的態度。同時，日本派海軍少佐樺山資紀和陸軍少佐福島九成企圖對臺灣進行偵察，未能取得成效。不久，福島九成便成為日本駐廈門的領事，潛入臺灣，蒐集情報。

1874年，日本藉口三年前琉球人遇風，漂流到臺灣南部，被牡丹社居民殺害，組織「臺灣生番探險隊」，發動3000多人的軍隊，進攻牡丹社等處，並且建立都督府，實行屯田、植林，企圖長期占領。這是日本企圖占領臺灣的第一次嘗試。

1884年，日本乘中法戰爭的機會，派軍艦到臺灣窺探。

1886年，日本參謀本部長山縣有朋派人來中國調查，事後寫出《討伐清國策案》，提到要把中國的許多地方「併入日本之版圖」，其中就包含了臺灣。

1894年，日本發動甲午戰爭，首相伊藤博文提出「直取威海衛並攻取臺

灣」。[27]他認為直逼京師可能招致列強的共同干涉，而奪取臺灣則符合朝野的議論。這個意見得到日本上層人士的支持，他們同意把奪取臺灣作為戰爭的目標之一。

只要列出上述事實，人們就不難看出，日本當局對於侵占臺灣是蓄謀已久的，而透過戰爭，逼使清廷割讓臺灣，則是他們的一種手段。

清廷戰敗屈服

1895年2月，日軍攻陷威海衛，北洋艦隊覆滅，清廷無力繼續抵抗，只得俯首求和。

日本早已準備好了條約草稿，割地賠償已不可避免。在談判過程中，日本已經派兵進軍臺灣，攻占澎湖。後來，日本同意在北方戰場上停戰，而臺灣澎湖則不在停戰之列。這說明，日本不僅要透過談判奪取臺灣，而且在軍事上已經開始了占領臺灣的行動，他們企圖先行占領，迫使清廷就範。

當時清廷已經沒有力量阻擋日本的侵略，但是他們也知道割讓遼東和臺灣是一個十分嚴重的問題，有人還反對割讓臺灣，連光緒皇帝也哀嘆道：「臺灣割則天下人心皆去。」清廷還想在遼東、臺灣之間留下一處，那當然是所謂「龍興之地」的遼東了。但是，同李鴻章談判的伊藤博文回答說，對於所提條款「但有允與不允兩句話而已」，沒有商量餘地。這樣，連遼東也沒有保住，被割讓的不僅僅是臺灣一省。

在當時的條件下，有所謂「弱國無外交」的說法，戰敗國的使臣基本上沒有討價還價的能力。李鴻章在談判中所作的任何努力都無濟於事，最後只能接受日本的全部條款。伊藤還特別指出，臺灣要在換約後一個月內交割清楚。李鴻章說，要兩個月才行，貴國何必這麼急，臺灣已經是你們口中之物了。伊藤竟然回答說，還沒有吞下去，肚子餓得很呢。戰勝國的首相盛氣凌人到了極點，戰敗國只好接受喪權辱國的不平等條約。

對於割讓臺灣，祖國人民採取什麼態度呢？

早在談判之前，朝廷內部以翁同龢為代表的主戰派極力反對割地，認為「臺

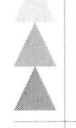

灣萬無議及之理」，他們同主和派展開了激烈的爭議。後來，在北京的一些中下級官員也紛紛上書抗爭，反對割讓臺灣。他們責問：臺灣「何罪何辜而淪為異域」？割讓臺灣，勢必造成人心渙散，「民心一去，國誰與守」？並且指出，今天可以割讓臺灣給日本，明天就會把其他地方割讓給法國、英國、俄國。他們主張拒絕和議，同日本展開持久的戰爭。

《馬關條約》簽訂以後，在北京應試的各省舉人，深為臺灣人民反對割讓臺灣的行動所鼓舞，他們紛紛集會，向都察院上書、請願，提出要求「嚴飭李鴻章訂正和款，勿割臺灣」。以康有為為首的1000多名舉人聯名「公車上書」，反對和約，反對割地，要求變法自強。在簽約到換約的20多天中，有3000多人上書，反對割讓臺灣，這是中國近代史上一次空前的壯舉，一次規模盛大的愛國運動。儘管當時全國人民的抗爭無法改變臺灣被日本侵占的命運，但是兩岸人民的心是連在一起的，祖國和人民並沒有忘記臺灣和臺灣人民，這就是當年的歷史真實。

卑劣的手法

可是，1995年，在紀念《馬關條約》100年時，有人提出，「臺人被祖國出賣」，「被祖國出賣的臺灣人有什麼資格自稱中國人呢」。在某些人策劃的所謂「告別中國遊行」中，有人則提出，「中國是出賣臺灣的國家，中國在任何危急的時候，隨時可能再出賣臺灣」。[28]這是以卑劣的手法偷換概念，篡改歷史，為其分裂主義的政治目的服務。

從上述史實可以明顯地看出，日本侵占臺灣是蓄謀已久的，日本是侵占臺灣的罪魁禍首，它應當對《馬關條約》負主要的責任。清廷腐敗無能，在日本侵略者面前，無力抵抗，戰敗屈服，被迫割地求和，它也應當為《馬關條約》負責。如果只強調清廷的罪責，而不譴責日本的侵略，那是本末倒置。

至於說「臺人被祖國出賣」，那是偷換概念，把腐敗的「清廷」等同於在清朝統治下的祖國。對於割讓臺灣，清廷是難逃罪責的，而祖國和人民則反對割讓臺灣，不願意讓臺灣淪為日本的殖民地；臺灣是被清廷割讓的，不是被祖國和人民割讓的。如果從批判的角度，可以說，腐敗的清廷「出賣」了領土和主權，不

僅是臺灣，連同他們稱為「龍興之地」的遼東也「出賣」了。即使這樣講，「出賣」臺灣和臺灣人民的，也絕不是祖國和人民。

至於說「中國是出賣臺灣的國家」，那更是懷有惡意。它不僅把清廷等同於當年的中國，而且企圖把「出賣」臺灣的罪責強加到今天的中國和中國人民頭上。事實上，清廷與各國簽訂不平等條約的罪責，已經不能追究於推翻清廷的中華民國了，更何況現在的中華人民共和國。

問題的要害還不在這裡，接下去的一句「中國在任何危急的時候，隨時可能再出賣臺灣」，這種無中生有的謬論，已經超出了製造「歷史的失憶」的範疇，而是對中華人民共和國政府和人民的嚴重誹謗和汙衊，也是一次嚴重的挑釁，它不能不引起人們對分裂主義言論的嚴重關切。

八、所謂「自由選擇國籍」

根據《馬關條約》第五條的規定，條約批准及換文後兩年內，臺、澎住民欲遷出者，可自由處置、出售其財產而離去，但限期屆滿後仍未遷出者，則宜視為日本臣民。臺灣總督府發布告示，並制定有關臺灣居民去留和國籍歸屬的法規，以1897年5月8日為限期，逾期未離去者，則視為「日本帝國臣民」。對於這些規定，有人作出這樣的評論，彭明敏說：「馬關條約中有一則相當民主的規定，明令兩年內生活在臺灣的住民可自由選擇回中國或留下；結果只有4000人選擇回中國，這證明，人民所認同的是臺灣這塊土地。」[29]還有人說：「幾乎全部臺灣人民，雖是違反自己的意志被置於日本的統治下，卻是以自己的自由意志拋棄清國國籍。」[30]當時臺灣人民有這樣「自由」「民主」的權利嗎？請看歷史的事實。

自由選擇是空話

1897年究竟有多少人決定離開臺灣回到大陸，有不同的說法：彭明敏說是4000人；戴寶村說是5640人，占全島人口的0.19%；史明說有6456人；李筱峰也說是6456人，占280萬人口的0.28%。可見資料來源不一，統計數字不一定準確。

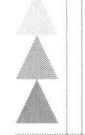

臺灣史事解讀

當然，回到中國大陸的在總人口中占極少數，那麼是不是臺灣人民「違反自己的意志被置於日本的統治下，卻以自己的自由意志拋棄清國國籍」呢？這句話本身就是矛盾的，既然臺灣人民在「違反自己意志」的日本統治下，他們怎麼有可能「以自己的自由意志」來選擇國籍呢？在當時並不是每個人都可以輕輕鬆鬆「自由遷回大陸」的。請看從日據時代過來的前輩老人的敘述：

黃旺成：「因故土房產難遷，所以多不敢輕易返大陸。」

陳逢源：「當時有財產的人很少返大陸。」

林熊祥：「板橋林本源家各房，為了避免和日本人接觸，都搬廈門鼓浪嶼去居住。只留下林嵩壽等人管理他們龐大的產業。」

林土木：不願受日本統治而內渡的臺灣遺民是沒有臺灣籍的。林維源之子林爾嘉始終不願取得臺灣籍。

當時日本人也看出這一點，他們指出：農民工人安土重遷，又因貧困而無力遷徙；商賈則因在臺經營已久，獲利甚多，並多在臺灣安家，遷居別處，將會人地生疏；士紳則因有志於宦途或在大陸已有家業，而大多返回大陸。由此可見，返回與否，主要根據切身利益和經濟條件而定。

早在《馬關條約》簽訂之前，在北京的臺灣舉人們就指出：「祖宗墳墓，豈能捨之而去？田園廬舍，誰能挈之而奔？」這就是絕大多數臺灣人民不得不留在臺灣的根本原因。「故土房產難遷」正是主要的原因之一，所以「有財產的人很少返大陸」。但這也不是絕對的，有些有財產的人也回大陸，只留下一些人在臺灣管產業。《臺灣新報》指出，臺北「大稻埕的茶商大多是泉州、福州、廈門等地的豪商，其在故鄉均有妻眷財產，在臺灣不過是買小妾，購置大廈，無怪乎多數不想歸化」。至於沒有財產的人也有難處，他們所耕種的土地和所居住的房屋一時也離不開，而在大陸卻舉目無親，無法謀生。受到這些條件的限制，一般平民還有多少「自由選擇」的空間？絕大多數人不論意願如何，只能留在臺灣，他們是毫無選擇餘地的。連日本人寫的《臺灣近代化秘史》都說：「清國的官憲和接受清國的開拓許可證支配廣大土地的大租戶都有逃往大陸的自由，然而在臺灣出生、在臺灣死的臺灣人則沒有可逃的去處，只有在日本統治下活下去一途而

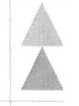

已。」由此可見當時臺灣人民的處境。而鼓吹日本「相當民主」、臺灣人民有「自由選擇」的權利，就是歪曲了歷史的真相。實際上，在當時的條件下，所謂臺灣人民可以「自由遷回大陸」，只是一句空話；所謂臺灣人民可以「以自己的自由意志選擇國籍」、自動「拋棄清國國籍」的說法，不僅是歪曲歷史，而且是捏造歷史。

並不排斥中國

臺灣人民認同臺灣，並不排斥認同中國。在當時，即在日本侵占臺灣的初期，臺灣人民的「自由意志」是什麼呢？請聽聽老一輩的回憶：

林呈祿：「對日人的殖民地統治懷抱不滿，景慕祖國，這恐怕是每一個臺灣人的心情，當然想有機會就擺脫這個枷鎖回到祖國去。」

黃旺成：「臺灣人對日本人之抵抗，當然是希望復歸祖國。」

林熊祥：「日軍據臺灣初期，草野之民多以干戈相向，毀家紓難者不勝枚舉；士紳巨商則以服倭為恥，舉家西渡者為數亦眾。」

施江西：「先父懷念祖國，所以在替我們兄弟命名時，決定以長江為中心，因此我們四兄弟，按排行列為江東、江西、江南、江北。」

早在簽訂《馬關條約》的過程中，臺灣人民就表明「抗倭守土」「全臺赤子誓不與倭人俱生」的堅強意志。後來成立的「臺灣民主國」也表示了「臺灣紳民，義不屈倭，願為島國，永戴聖清」的立場。日據初期臺灣人民的抗日武裝鬥爭，更以實際行動表明了自己的意志。全島從北到南，處處展開抗日鬥爭。全體軍民同仇敵愾，奮起抵抗。連日本人都說：抗日軍民「有一種不怕死的氣概，相當不可輕侮」。是什麼力量在鼓舞他們呢？義軍在抗日檄文中指出：「此次征倭，上報國家，下救生民」，「奉清征倭」，「殲滅日本軍，以回復清政」。後來還以「驅逐日人」「光復臺灣」為號召。這些用無數人的鮮血和生命寫成的光輝歷史，才是真正的臺灣人民自由意志的體現，是任何人也抹殺不了的。相反地，所謂臺灣人民「以自己的自由意志拋棄清國國籍」的說法，卻永遠也無法找到事實根據。企圖歪曲歷史為自己所用，卻受到歷史事實的無情批判，這正是歷

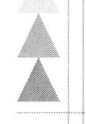

臺灣史事解讀

史偽造者的悲哀。

九、所謂「地方自治選舉」

日據時期,日本對臺灣實行殖民統治,本地人民毫無政治權利,因此,臺灣人民發動了許多反抗民族壓迫的鬥爭。議會設置請願運動和地方自治運動是其中以比較溫和的方式進行的抗爭,卻也被日本殖民者視為眼中釘,始終受到壓制,而不能達到目的。1920年,臺灣當局公布實行所謂「通往地方自治之基礎」的市街莊制,1935年則舉行僅有的一次半官選半民選的地方自治選舉,對此,當年的臺灣人士紛紛加以抨擊,揭露其假自治的實質。可是,現在有人卻把這種選舉吹捧為「臺人初嘗自治之味」,從此「臺灣成為重視法治秩序的公民社會」,「日本高效率的殖民統治,讓臺灣第一次有了現代法律上的人格觀念」等等。[31]歷史的真相究竟怎樣,讓我們先看看時人的評說。

自治的欺騙性

1920年實施的地方自治制度,街莊長和州市街莊協議會員全部是官選的,在州市協議會員中,日本人比臺灣人多出一倍。後來進行過改選,情況沒有什麼變化。對此,《楊肇嘉回憶錄》寫道:這種自治「純粹是屬於欺騙性的」,「純屬安撫性質」,正是由於那是假的自治,才引起臺灣進步人士長達15年的議會設置請願運動。《臺灣民報》的評論指出,各街莊協議會員多是「不合用的舊人物」和不曉世事的「土富」,被選者「專重在富有金錢和奴隸根性的二大要件」。結果選出來的多是「御用紳士」和「依靠官廳勢力的事業家」。

1928年全島改選2200多名協議員及200多名街莊長,十之八九仍是「舊御用者」,並且以財產取人,以金錢換取地位,無法代表民意。因此,《臺灣日日新報》要求選出「有才能、有人望之士」。當時臺灣人士還羨慕同樣淪為日本的殖民地的朝鮮,《臺灣民報》指出,朝鮮的地方自治改革方案,除了道的議員還有三分之一官選外,州府、郡、縣的議員都改為民選,「比之我臺灣州市街莊諮詢官選制十年不改,可說是進出數步了」。

對於這樣的「地方自治」,《臺灣民報》對它作出這樣的評價:「官選的協議會,年年開會都沒有什麼議論,沒有特別的研究,變成一種無用的機關。」他

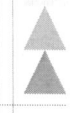

們認為那是「假裝的民意機關」「假民意的各州市街莊協議會」「官命的協議員」，做的是「御用的奉行官事」，「日本內地是立憲法治之國，臺灣仍是警察萬能之地方自治制實行了六年，沒有表示改為民選的誠意，可謂臺人只有納稅的義務，全無參政的權利了」。

可憐的選舉

1935年，終於作出了一個小小的改變，即改為一半民選一半官選。這次選舉規定年滿25歲、有獨立生計的男子，納稅年額在5元以上者才有選舉權。有多少臺灣人有資格參加選舉呢？根據楊肇嘉的統計，臺灣人有選舉權的只有28952人，而日本人卻有30969人。《臺灣近代民族運動史》也寫道：在臺中市，有選舉權的日本人為2000餘人，而臺灣人中則有1800餘人。另一種統計是向山寬夫《日本統治下的臺灣民族運動史》所提供的，有選舉權的日本人（包含少數的朝鮮人）39627名，臺灣人186672名，整個臺灣只有20多萬人參加選舉。

對於這次選舉，臺灣人士紛紛表示反對。從事地方自治運動的楊肇嘉說：「我不滿意街莊仍為諮詢機關以及各級民意代表的半數官派。這根本失去了地方自治的意義。」對於選舉權的限制，他也極端反對，他認為這是少數人操縱多數人的選舉。臺灣自治聯盟發表宣言指出：「即將實施之改正地方自治制度，僅改正舊制度之一小部分，雖則前進一步，但仍不能副島民之輿論，尤與本聯盟年來所要望者相距甚遠。不但不能反映民眾之利益，在文化向上、民風進步之今日，殊難喚起民眾熱烈之關心。」

這次選舉的參選者大多是花得起選舉費用的人物，而中產階級以下者則沒有人可以出來競選。選舉的結果是，在市一級的議會中，日本人占51%，臺灣人占49%，在街莊一級中，則臺灣人占大多數。當選者都有相當的資產，多數人還曾擔任過助役、街莊長、協議會員。大實業家、實業經營者、開業醫生、區長、莊長、公學教師、律師、地主、富商等被民選或官選為州、市議員。「上流階級議員永遠壟斷議會，真正能傳達民眾心聲的議員很少」，「如此，將使中產階級以下者感到迷惑」，「顯示州會議員實質的參與管道開放有限」。[32]

這樣的「議會」，由行政機關首長兼任「議會」的議長；各級「議會」不能

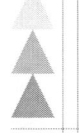

臺灣史事解讀

罷免同級的行政首長,而臺灣總督可以命令各級議會立即解散。黃昭堂也認為「將其視為地方自治的話,是沒有什麼實質意義的」。日本人古野直也把這種制度稱為「有名無實的地方自治」,並且說「50年的臺灣統治,本質上脫離不出殖民地支配的框架,所謂一視同仁,只不過是一個空洞的口號罷了」。

《臺灣省通志》「政治志議會篇」對1935年的「議會」也作了這樣的評價:「半數雖為民選,復因選舉權、被選舉權嚴加限制,又為間接選舉,事實上雖有議決權,本已談不上意見表達,而日人復於制度上,以設置參事會為方法,進而由行政長官控制議事機關,實際上離地方自治甚遠。」

這些看法表明,有不少臺灣學者是否定日據時期的地方自治的,吹捧「議會」選舉是對歷史的歪曲。

至於說日據時期臺灣已經「成為重視法治秩序的公民社會」,「讓臺灣第一次有了現代法律上的人格觀念」,更是顛倒是非,混淆黑白。對此,臺灣的法制史學者早已作了深入的批判。戴炎輝指出:「臺灣(人與地)只是(日本國家統治權)支配的對象,而不視為其本國之同體構成分子。」黃靜嘉指出:「殖民地法制,其基本性格係為適應殖民地資本主義發展的需要而產生並存在的,目的完全是為殖民地資本主義的利益,殖民地人民的自由、尊嚴、財產、生活與生存的權利,當然不是此一法制所需維護的客體。實際上它正是毫無憐憫地以法律的形式,或法律外的形式,桎梏、役使、剝奪、榨取殖民地人民之脂膏去奉養財閥獨占資本的利益。」由此可見,吹捧日據時期「法治」的人,離開歷史真實已經不知道有多遠了。

十、所謂「生活水準急速提高」

日據時期臺灣人民的生活狀況如何,這本來是不難回答的問題,有許多當事人還健在,也有不少當年的文字記載。顯然不同階層的人們有不同的生活處境,一般人民的生活水平並不高,在戰爭期間,人民的生活更加困苦。可是彭明敏卻說:「在日本人的重整和引導下,臺灣經濟有了可觀的發展,生活水準急速提高。」[33]實際情況如何,不妨先看看老一輩人的回憶。

一般生活狀況

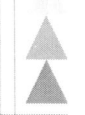

黃旺成：日據初期，臺灣人「大部分從事農商業，謀生不易。白領階級之職位是很難得的。民房，在市區多為瓦厝、土角厝，鄉下則多為草厝。三餐吃稀飯過日者頗多」。

林土木：日據時的公學校簡陋極了，廟宇當校舍，學童都是赤腳而不穿鞋襪的。

陳逢源：日據初期，「一般人生活艱苦，只可做小生意。地主階級之生活比較好，醫生、教員、低級官吏之生活都還好。地主之子弟才有辦法到日本留學」。「日據時期臺灣人之知識階級不能上進，而且人民生活艱苦，所以才發生政治社會運動。」日據後期，物資缺乏，「三餐副食只有蔬菜而已。油類、魚、肉類甚為缺乏，黑市盛行。余又常到黑市小店吃些魚、肉補補營養，但又不新鮮。有錢無物可買，人民都營養不足，健康情形不佳」。

蔣渭川：日據前期，主要衣料是粗布，「處處染房林立，以臺灣土產的藍色、黑色染料代客染布。在農村家家戶戶都用泥土自行染衣，習以為常」。

朱昭陽：「學校的伙食簡單，當時社會生活水準不高，我們鄉下來的同學都不覺得差，但家境富裕的同學就認為不好，他們往往突破禁令，自備食物佐餐了。」

吳火獅：「依稀記得母親常喚我們這些小孩子去田裡撿些蕃薯葉、田螺之類的東西來供她養豬、養雞的。有時候跑出去外頭玩也是隨時留意，看看能不能撿到別人丟棄不要吃的、用的回來」，「說是開店做生意，其實在那個年頭能謀個溫飽，生活應付得過去就心滿意足了」，「記得我和大部分同學也都是光著腳去上學，至於鞋子通常是吊在肩頭，一路帶去學校，放學再帶回家裡而已」，「我母親常從富人家殘餘的飯菜中，撿出還能食用的米粒和醬瓜」。

吳修齊：村裡普渡本來要演戲，因為「查看結果大多數人家沒有蕃薯乾可煮，煮蕃薯藤的居多，戲也就不演了」。

到了第二次大戰期間，臺灣人民的生活更加困苦。「臺灣人被迫勒緊褲帶，飲食狀況在數量上和質量上都惡化了；減少糧食消費所造成的缺口，由白薯代

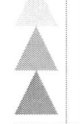

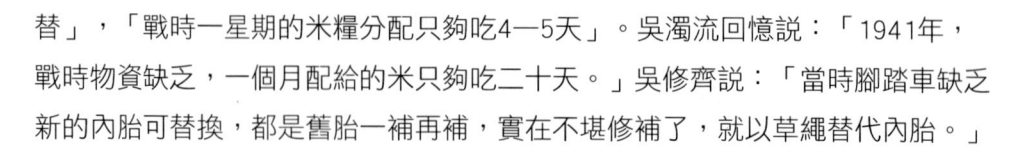

替」,「戰時一星期的米糧分配只夠吃4—5天」。吳濁流回憶說:「1941年,戰時物資缺乏,一個月配給的米只夠吃二十天。」吳修齊說:「當時腳踏車缺乏新的內胎可替換,都是舊胎一補再補,實在不堪修補了,就以草繩替代內胎。」

工人的生活

20年代,煤礦工人平均每人一年生產432元48錢,而每日工資只有1.60元,當時米價每斗3.143元,工資「尚不能夠追及米價之昂漲,而他們生活的低下是愈急變的,所以石炭(煤)生產額的膨脹,可以說是皆由他們的膏血成立的」。經營者「以苦力頭為直接責任者,而使包辦之,酷使坑夫像牛馬一樣」。織布熟練女工每月27—28元,普通女工11—12元,而在日資工廠扣除午飯每日1元50錢,工錢百分之五的儲金,熟練女工每月只領14—15元。日華紡織會社工資最低的女工每日約18錢,勞動時間為10小時40分,後來又延長為11小時。茶箱工一人一天工錢60錢,有時更少,供應三餐,都是稀的稀飯,菜又不足,工人每天要買10錢的菜。最熟練的工人每月才14—15元。當時工廠大量僱用女工,因為女工的工資只有男工的一半,「後來日本人認為僱用女工的工資還太高,所以就派人到廈門,僱用中國流氓在街頭宣傳『有機會到臺灣發財』,誘騙中國人到臺灣來」,這些「支那苦力」的工資比女工還低,而且往往都有賣身契約。「很多支那苦力不堪虐待,沒有多久就死在九份、金瓜石,能夠苟全生命回到中國的,實在是寥寥無幾。」

農民的生活

1930年,臺灣本地人「約有四分之三盡皆從事於農業,同時僅8%從事於工業礦業,並包括從事家庭工業之人數」。1929年發表的《告農工兄弟書》指出:「我們四百萬的大多數民眾早已無業可就,無生可享,尤其農工兄弟所受的壓榨更是慘不忍睹,工資日日降低,物價太高,住家要戶稅,耕田要地稅,車稅、馬稅、牛稅、保甲費、街莊費……還要用強權來霸占農民兄弟的土地,強奪農民兄弟的香蕉、鳳梨、竹林、甘蔗等等。」1926年底,臺灣總督府將官有地3886甲預約出售給退職官員,而其中有的是兩次洪水後,農民經過艱辛勞動才回復的田地。當時大甲農民組合提出:農民生活的降低,日甚一日,不堪設想。

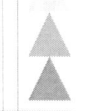

1927年的大甲農民陳情書更具體地指出：「近來我們無產農民的日子怎樣也沒辦法維持了，每天家族總動員，不分老幼都出動，不分晝夜牛馬一般工作，生活一點也不好轉。不僅如此，借債則越來越多，陷入連蕃薯都三餐難繼的情形。」大肚鄉農民祖傳土地50多甲被「退官」所占，提出抗議：「若以征服者之態度，而對吾等之被征服者，不肯絲毫反省，則吾儕農民不得不作相當之決心。」農民的竹林被三菱會社占領，確立了業主權，要農民承租，租額比以前多6倍。農民砍竹子自用，卻被告發為盜伐罪，而被拘留於郡警察課。當時，臺灣一半以上農民沒有耕畜。佃農和半佃農約占69%，有77%的農民每人只耕0.75甲以下的土地。「農民的食料，家家都是蕃薯籤和炒鹽白豆，又沒有能力供兒童上學。」

在這種情況下，農民發動了抗爭。《臺灣民報》指出：「最缺乏社會教育而最富於傳統觀念的農民，能共同一致的緣故，不消說是他們的生活條件已經降到饑餓線下，不能維持其口腹，任他們終日勞苦，猶不能改善絲毫。」到了30年代，臺灣農民的生活不僅沒有改善，反而更加惡化：「臺灣農村實在已經如此殘破不堪了。以北部農民為例，西海岸的島民一日只能吃兩頓，而那兩頓也不過是蕃薯籤。」1931年，稅金苛重，公地租、戶稅、所得稅的金額即達一億二千萬元，每戶平均每年須繳300餘元，其他的臨時苛稅不計其數，無日不繳稅，農民成為納稅的奴隸。

在日本統治下，臺灣以米、糖為主要產品。從事米、糖生產的農民處境是怎樣的呢？

先談稻農的情況。生產蓬萊米成本較高，大部分費用用於購買肥料等，農民收入減少，但又不能不種，因為其他食米不能銷售日本。蓬萊米增產並不表示景氣，只要能維持各項消費（租稅、灌溉費等）就不錯了。米價提高，農民獲利也不多，因農民售米的價格並非市場價格，其間經過地主、高利貸者、經營商、進出口商及日本輪船公司的層層盤剝，扣去利潤，農民所得很少。同時其他物價也隨著上漲，農民生活無法提高。如果稻米降價，例如，30年代初，稻粟每千斤價從80—90元降到20—30元，價格減低為三分之一，農業收入也減到從前的三分之一，這樣的價格已經低於生產費用，而稅金、公課依舊不減，農家連最小限

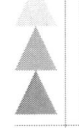

度的生活都已無法支持。嘉南、桃園兩大圳被認為日據時期對臺灣農業貢獻最大，在這個區域內的農家，生活是不是會好一些？答案是相反的。《臺灣民報》指出，這些地區「其狀更慘了」，在嘉南一帶，因水租不能繳納，而土地被其差押競賣的不計其數；在桃園，土地所有者因不能完納水租，要把土地所有權放棄尚且不許逃責，而對水租滯納的利息很高，所以農民的土地面臨被差押、競賣的命運。這些地區因為租稅過重，不僅農民，甚至地主也入不敷出，「賣田而不得買手，不得已典子借錢繳納公課者不乏其人」。

所以，稻農當米價下跌時，吃了大虧，而在米價上漲時，則無米可賣，反而要買米充當伙食，賣賤買貴，同樣要虧。1934—1935年日本國內稻米豐收，生產過剩，臺灣總督府便限制農民種稻，命令良田改種苧麻、黃麻和亞麻等，故意讓臺灣缺糧，以便輸入日本剩餘的稻穀。1943年，每百斤上等米15.47元，而成本每斤卻要1—2元不等，農民多生產多賠錢。

再看蔗農的處境。蔗農的命運操縱在日資糖廠資本家手中。1930年，嘉南大圳鬥爭委員會指出：「嘉南大圳竣工啟用的今天，有的說是為了貧民群眾的福祉（應為「毒死」），有的說是為了增進幸福（應為「下毒」）……大圳組合規約完全是為了擁護製糖公司啊！與公司共謀，用三年一次的灌溉法來害我們的民眾。」蔗農只能把甘蔗賣給糖廠，「甘蔗價格由會社（製糖公司）自定，而且秤量也有欺詐，肥料成分的不實和其價格的不公平，（蔗農）受會社數重的剝削，徹底的站在被榨取的地位」，「製糖會社的煙筒，是農民眼中的催命鬼。」《楊肇嘉回憶錄》也指出：「他們（日本當局）為了維護其官僚資本家投資於糖業的利益，竟不惜以法令來限制蔗農，並由官方規定價收購，致使蔗農蒙受重大損失。」製糖公司任意採收，任意秤重，任意規定價格，而蔗農不得越區出售，吃虧很大。1933年，蔗農負債的達87.42%；1936年，一甲地一年半的蔗作收入只有日幣50元，而種稻和薯則有200元收入；日據後期，強行收購甘蔗，每百斤6毛錢，一萬斤60元，而生產費用達500多元。「農產物無端廉賤，而租稅公課有加重而無減輕，所以民眾的經濟困難至於極度，加之製糖會社更將糖價的損失轉嫁於農民」，而在糖價上漲時，日資糖廠也不肯減輕農民的負擔。所以，日據時期有一句民諺：「第一憨，種甘蔗給會社磅。」

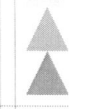

以上是一般工人、農民的生活狀況,當然,地主的生活要好得多。吳修齊家是小地主,他回憶說:「大多數人住茅草屋時,我們家已住有儋瓦房了,養了好幾頭牛,也有牛車。當別人蕃薯乾不夠吃時,阮沒聽說缺少的。」有人回憶說:「我們在佃農家中吃過中飯,飯菜都還不錯,原來那不過是為了請『頭家』特別地煮的,我想我家附近的都市小孩在吃的常常是蕃薯稀飯和空心菜,更何況鄉村人呢。至於我家,每餐都是大魚大肉、山珍海味。」戴國煇說:「家叔念了後藤新平所創立的臺北醫學校,畢業後成為開業醫生並賺了大錢。」柯台山家有不少土地,是所謂「篤農家」,「除了日本警察時常光顧,在我們田地上的日本退休官員,以及鹽水港製糖會社的人也不時上門。每次這些人來,家父都得弄日本醬菜罐頭給他們吃」。

我們引用上述資料,不過是為了提供比較具體的情況,說明從日據初期到中期、後期,臺灣大多數人民的生活並沒有多大改變,尤其是一般工人、農民始終生活在困苦的環境中,所謂「生活水準急速提高」完全是不符合歷史實際的。

十一、怎樣看待日據時期的建設

日本殖民統治臺灣達50年之久,在這麼長的時間裡,臺灣當然有所建設,有所發展,例如:一些基礎建設(電力、交通、港口等)、米糖經濟開發的基礎(土地資源、水利設施、生產技術)、工業化某些成果(電力、機械、水泥、肥料、工礦等)和近代的社會經濟制度(管理體制、教育和勞力素質等)。

怎樣看待這些建設成果,歷來有不同的看法。有人著重揭示其殖民掠奪實質,有人則讚揚日本發展臺灣經濟的良苦用心;有人認為它對臺灣經濟發展影響不大,有人則強調它為臺灣經濟發展奠定了基礎。彭明敏就說:「日本當時將臺灣建設成一個東南亞數一數二的地區,這是觸目可見的事實」,「若客觀地論述功過,日本領臺這段是極為重要的一段歷史,不容加以抹滅」,「現在臺灣經濟發展奠基於當時」。[34]這是為日本殖民統治歌功頌德的典型實例。

這裡涉及對殖民主義的認識問題。唯物史觀對殖民主義不是用簡單的道德判斷評定是非,在揭露其侵略、掠奪的罪惡本質的同時,也肯定其在客觀上的進步作用。可以說,殖民主義具有兩重性:一方面透過商品輸出和資本輸出,破壞殖

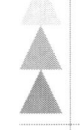

民地的社會結構，另一方面也帶來了新的生產力和新的社會因素；一方面進行破壞和掠奪，另一方面進行開發和建設。其動機是卑鄙的，一切都是從殖民母國的利益出發，但卻充當了歷史的不自覺的工具，不得不為殖民地留下一些「遺產」。

用這個觀點看日據時期的臺灣社會經濟建設，可以得到如下一些看法。

殖民主義的掠奪本質

日本殖民者的目的在於「工業日本，農業臺灣」，後來則要把臺灣作為其「南進政策」的基地。所以，日本在臺灣的建設就是為這個目標服務的。在前期，「臺灣一方面輸出農產品以彌補日本農產品之不足，另一方面亦成為日本工業品的市場，雙方形成垂直分工關係，此為殖民地經濟之普遍模式」。[35]何保山也指出：「殖民地策略是開發臺灣作為日本的補充，因此重點放在把這兩個地區的經濟一體化上面。即把臺灣變成日本的附庸，幫助日本養活不斷增加的工業人口。」從臺灣對日本的貿易來說，從1905年開始，幾乎連年出超，平均約占輸出貿易額的30%左右，1939年從臺灣輸出日本的比日本輸入臺灣的價值竟多了6倍，「表現出對臺灣人民的高度剝削」，「臺灣的巨額經濟剩餘都轉移到日本去了。」[36]從臺灣財政來看，臺灣支付日本的大部款項不是來源於日本企業的利潤，而是來自日本殖民當局的稅收。日本曾經將臺灣歲入關稅的一半補給本國中央的財政。「殖民地提供這麼多的財源來給本國，實是向來各國的殖民地所沒有的，臺灣可說是貢獻於本國財政是很大的。」到了日據末期，臺灣近代產業完全被日本資本所支配，日資占了壓倒的比重，土著資本只是中小資本，發展有限。所以臺灣旅日學者劉進慶指出：「殖民地統治的本質便是壓制與掠奪」，「在日本殖民統治的半個世紀裡，臺灣經濟在日本資本主義制度下推行了殖民地的經濟開發。就其根本意義而言，臺灣殖民地經濟發展是對日本資本主義作出貢獻的」。[37]換言之，日本只是為了發展其本身的資本主義而利用臺灣，根本無意推動臺灣經濟的資本主義化，當時臺灣的社會經濟，只是典型的殖民地經濟，而不是什麼「近代化的資本主義經濟」。

被稱為「鐵血詩人」的吳濁流早年就已經有了這樣的認識：「要榨取臺灣，

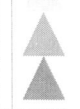

必先把臺灣建設起來才行,所以他們首先對郵政、電信、航運、港灣、道路、鐵路等,從原已略有基礎的交通上,按部就班地進行建設」,「而在工業方面,則始終站在殖民地政策的立場,不願謀求全面的發展。例如沒有重工業,讓臺灣的建設沒有基礎;沒有肥料工業,讓臺灣的農業受限制;沒有紡織工業,讓臺灣人穿衣服都要靠日本。總之,日本人在臺灣的現代文明建設,是為了他們本國的利益,而不是為臺灣人謀福利的」。他的看法比現在的許多人要高明得多。

動機是卑鄙的,發展有侷限性

農業生產的基本條件,如土地開發、水利設施、品種改良等有一些進步,米糖經濟有相當的發展,但土地大部分被日本人占有,公有地占66.6%,即絕大部分土地歸當局所有。資本主義大地主(主要是日本財閥)占有私有土地30%多,大中地主也占30%,而無地少地的農戶卻占人口的70%。當時,臺灣除了製糖,幾乎沒有什麼工業發展可言。而日本帝國主義發展臺灣製糖業是為了它本國的需要,並非為了臺灣人民。從貿易來看,1939年臺灣出口貨81%是農業原料製成的貨品,如米、糖、茶等,「進口則是為出口所需的鐵路材料、築港材料、裝米和糖的麻袋、肥料等,對島民無直接用處,不過便於日本人獲得所要的貨物而已」。郵政、電報、電話也多數是日本人使用的。在建設縱貫鐵路和公路時,徵用土地和保甲工(義務勞動),臺灣人民的土地白白被徵用,良田美宅化為烏有,卻得不到補償,並且無窮無盡地動用保甲工,使得人民叫苦連天。至於日本人建設阿里山鐵路,其目的是為了採伐紅檜等樹木,用於建築和造船,也不是為了臺灣人民的利益。

有些人最愛宣揚的,一是當時臺灣成為「糖業王國」,二是1939年臺灣的工業比重已經超過農業。其實,臺灣所謂「糖業王國」有其顯著的特點:臺灣的砂糖產量中幾乎有90%是輸出島外的,其中絕大部分輸往日本;土著資本受到排擠和兼併,日本的糖業壟斷資本完全控制了臺灣的糖業經濟。這到底是誰人的王國,不是很清楚嗎?至於工業比重超過農業,也有其特點:它仍然是典型的殖民地工業,是為日本的南進政策服務的,是為軍事需要而生產的;「臺灣所有工業化計劃都是以日本的資本來進行的,臺灣的中國民族資本決不能參加工業化計

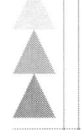

臺灣史事解讀

劃,而同時卻需要大量地利用臺灣的原料與人力,以最苛刻的剝削方式,進行戰時工業的新計劃」;大部分仍是砂糖和罐頭食品,1940年工業總額中食品工業占65.1%。所以,所謂臺灣工業化,實際上是臺灣產業日本化,這種工業化的結果,「使臺灣人民付出重大的無形的代價,例如被外人統治的恥辱,喪失政治自由和經常是個人自由,並喪失發展自己的社會類型的機會」,它阻礙了臺灣出現資本家階級,因而臺灣居民中沒有支持經濟的決定性因素。以致日本突然撤退,經濟增長就會停滯, 1945年的情況就是如此。

客觀上對生產的發展有一定的作用

隨著農業生產的發展,稻米和蔗糖產量的提高,臺灣地主和商人得到一定程度的資本積累,但也受到制約,發展有限。「至於廣大的農民和勞動者,則仍然不得不忍受貧困,這則是殖民統治的逆面結果」,他們在殖民統治下並不能「分享」其成果。只有到了日本殖民者失敗以後,臺灣人民才能繼承殖民地時期留下的一些「遺產」:「這就是近代社會經濟制度的建立、基礎設施的整備、米糖經濟的開發以及工業化的推進等四個方面。」這些「遺產」戰後被繼承下來,發揮了正面和負面的作用。例如,水利設施和農業生產技術,對戰後農業的恢復和發展、對50年代臺灣的出口貿易都有一定作用;進口替代工業的發展也利用了日據時期工業化的經驗;經濟管理體制、教育水平、勞力素質和基礎設施也為戰後初期臺灣經濟的發展提供了有利的條件。另一方面,日本壟斷資本的支配體制和戰時管制經濟,也被繼承下來,成為國民黨的國家資本支配體制,形成「恐怖政治下的搜刮經濟」,給臺灣人民帶來嚴重的危害。

總之,對日本殖民統治下的建設,不能唯道德判斷,而否定了它在客觀上促進生產、為經濟發展提供條件的一面,也不能沒有道德判斷,而掩蓋它的掠奪本質,甚至美化殖民主義。為日本帝國主義歌功頌德,不僅在理論上是錯誤的,在今天,顯然是出自媚日反華的分離主義的政治目的,人們不能不對它有所警惕。

(《海峽評論》)

參考書目:

1．《楊肇嘉回憶錄》，三民書局，1967年。
2．黃富山等：《近現代臺灣口述歷史》，林本源文教基金會，1991年。
3．黃進興：《吳火獅先生口述傳記》，允晨叢刊，1990年。
4．林忠勝：《朱昭陽回憶錄》，前衛出版社，1994年。
5．謝國興：《吳修齊先生訪問記錄》，中研院近史所，1992年。
6．林秋敏等：《林衡道先生訪談錄》，國史館，1996年。
7．許雪姬：《柯台山先生訪問記錄》，中研院近史所，1997年。

前仆後繼五十年——臺灣人民抗日鬥爭史的回顧

1994年，我在臺灣進行學術交流時，曾經特地訪問了霧社起義所在地。令人十分感慨的是，在今日臺灣，當年抗日鬥爭的歷史已經被許多人淡忘了。臺灣被日本侵占50年，這是臺灣人民特有的不幸的經歷，而臺灣人民的抗日鬥爭，則是臺灣歷史上的光輝一頁，這一段歷史是絕不應當「失憶」的。

自從清政府在日本侵略者的逼迫下簽訂了《馬關條約》以後，臺灣人民一直堅持反抗鬥爭，前僕後繼，英勇犧牲。許許多多先輩留下了可歌可泣的光輝事蹟，這是激勵臺灣人民自強不息的精神遺產，也是中國人民愛國精神的突出體現，子孫後代都不應當忘記。

臺灣屬倭 萬姓不服

1895年，清朝政府在甲午戰爭中遭到慘敗，4月17日，被迫簽訂了《馬關條約》。割讓臺灣的消息，激起全國人民的憤怒，各界人士紛紛上書，反對割地求和。消息傳到臺灣，引起全島的震驚。人們奔走相告，哭聲遍野。臺北民眾鳴鑼罷市，前往官府憤怒抗議清政府割讓臺灣的賣國行徑，誓死抗日，保衛臺灣，要求軍械局繼續生產，並且留下餉銀、厘金作為抗戰的費用。他們有的寫了血書，要求清政府刪除割地的條款，表示不願意臣服於日本，要和自己的家鄉共存亡，「願人人戰死而失臺，決不願拱手而讓臺」。臺灣同胞還發出檄文，表示和李鴻

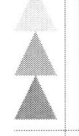

臺灣史事解讀

章等人不共戴天，準備好刀槍，準備隨時隨地殺死這些賣國賊。在民情激憤的情況下，臺灣巡撫唐景崧急忙稟告朝廷：「臺民不願歸倭，尤慮亂起」，臺灣的局勢已經無法控制了。

在北京的臺灣籍舉人汪春源、羅秀惠、黃宗鼎等聞訊後立刻到督察院聯名上書，反對將臺灣割讓給日本，表示臺灣人民不願意和日本人生活在一起，否則只有等到矢亡援絕、臺灣人民全部戰死為止。他們指出，祖宗墳墓、田園廬舍不能放棄，只要政府不割讓臺灣，「臺地軍民必能捨死忘生，為國家效命」，「與其生為降虜，不如死為義民」，慷慨激昂，擲地有聲。

在面臨割地厄運的關頭，臺灣人民表現出愛國愛鄉的無比激情，悲壯慘烈，足以動天地，泣鬼神。清政府也看到「臺民誓不從倭」，曾經電告李鴻章，暫緩批准和約，可是為時已晚。日本侵占臺灣蓄謀已久，它絕不可能把咬到嘴裡的肉吐出來，割臺的命運已經無可挽回了。

願為島國 永戴皇清

臺灣人民看到清政府已經決心割讓臺灣，而列強也不可能對臺灣伸出援手，要擺脫淪為殖民地的命運，只有依靠自己。5月15日，以丘逢甲為首的地方士紳，在臺北籌防局集會，請唐景崧暫時負責臺灣政事。他們以全臺紳民的名義，致電朝廷，指出「臺灣屬倭，萬姓不服」，朝廷既然決定放棄臺灣，百姓只好「據為島國，遙戴皇靈」。 21日，丘逢甲等推舉唐景崧為總統，丘逢甲為全臺義軍統領，劉永福為大將軍，決定成立「臺灣民主國」。

25日，「臺灣民主國」正式成立。唐景崧穿著朝服，向北面九叩首，表示忠於清朝，然後就任總統，定年號為「永清」，以藍地黃虎旗為國旗。致電清朝政府，表明：「臺灣紳民，義不臣倭，願為島國，永戴皇清。」這說明臺灣人民之所以成立「臺灣民主國」，是為了抗拒日本，同時也表明「我君可欺，而我民不可欺；我官可玩，而我民不可玩」，儘管清朝統治者已經屈服於日本侵略者，但臺灣人民仍然堅持愛國立場，誓死抗拒日本。

從前有些主張「臺獨」的人，把「臺灣民主國」作為臺灣早就有「臺獨」傳統的見證，而極力加以鼓吹；後來發現歷史事實對他們不利，因為「臺灣民主

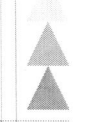

國」是忠於祖國的,只是「以獨立為名,行抗日之實」,於是,他們又反過來極力貶低「臺灣民主國」了。

黑旗義軍 拚死疆場

5月29日,日本侵略軍在澳底登陸,接著,向基隆等地進攻,遭到守軍的抵抗。不久,唐景崧逃往廈門,「臺灣民主國」便宣告滅亡了。但是,以劉永福為首的黑旗軍和新楚軍等部清軍,仍然和臺灣各地自發組織的義軍一同抗擊侵略者,從北到南,與日軍展開了激烈的戰鬥。義軍首領徐驤、姜紹祖、吳湯興、林崑岡、江國輝,黑旗軍等部將領楊載雲、吳彭年、楊泗洪、王德標、柏正材等等,為了保衛臺灣,奮起抵抗,而英勇地犧牲在戰場上。黑旗軍和義軍的鮮血灑遍了臺灣的山河。

6月底,日軍占領新竹。7月8日,義軍兵分三路向新竹發起進攻。吳湯興等部在十八尖山與日軍作戰,楊載雲等部從兩翼夾擊。義軍占領虎頭山,發炮轟擊新竹城。日軍以強大火力進行反攻。徐驤南下助戰,迫使日軍退入城內。姜紹祖則進攻東門。後來大隊日軍包圍了義軍,義軍同敵人肉搏,不少人英勇犧牲。在爭奪新竹的一個多月中,經歷了大大小小20多次戰鬥。姜紹祖在枕頭山作戰時,直打到彈盡援絕,被俘犧牲。

8月間,在彰化一帶,義軍吳湯興、徐驤和黑旗軍吳彭年、王德標等部一共3000多人,與由北白川宮能久親王率領的1萬多名日軍對陣。雙方在八卦山展開肉搏,面對兇殘的敵人,義軍拚死奮戰,擊斃日軍1000多人,抗日軍民也遭到日軍炮擊而大量傷亡。吳彭年身中數彈,英勇犧牲,他所率領的隊伍傷亡殆盡。義軍首領吳湯興在義民廟附近與日軍作戰,彈盡力竭,遭到日本騎兵隊的襲擊而戰死在八卦山下。這場戰役,義軍在力量對比懸殊的情況下,仍然奮勇作戰,犧牲了近500人。只有徐驤率領20多人拚死抵抗,才得以突圍。

10月間,形勢對抗日義軍已經十分不利,許多將領戰死疆場,義軍傷亡慘重,兵力單薄,彈盡援絕。在距離臺南府城很近的曾文溪,義軍仍然堅守在最後的防線上,準備同敵人展開最後的鬥爭。20日,日軍到達曾文溪,徐驤所部奮起應戰,把日軍阻擋在東岸。守將柏正材等也打退了進攻文溪莊的日軍。後來,

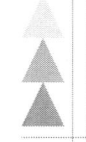

臺灣史事解讀

日軍旅團長親自率兵兩側夾擊,並且用猛烈的炮火轟擊義軍。徐驤中炮身負重傷,還躍起高呼:大丈夫為國而死,可以無憾!直到壯烈犧牲。柏正材和王德標也同時戰死。同一天,在保衛蕭壠的戰鬥中,義軍首領林崑岡和他的兒子也中彈犧牲。

從6月到10月,臺灣義軍和黑旗軍等部經歷了大小100多次戰鬥。不僅如此,在這個過程中,廣大人民不論男女老幼,都起來抵抗日本侵略者。日本人不得不承認,他們經常遭到臺灣民眾的襲擊,人民就是士兵,甚至年輕婦女也拿起武器,一面喊叫,一面戰鬥,一點也不怕死。日本侵略者採取全面掃蕩的「焦土政策」來對付臺灣人民,他們決定「不論良莠,一網打盡」。在三角湧,日軍見房就燒,見人就殺,在幾小時內,把一座繁華的鄉鎮變成一片焦土。在大林,日軍大肆強姦、殺害婦女。西螺和土庫的市街幾乎完全被燒毀,蕭壠全體村民都遭到屠殺,成為「無人村」。日軍的殘暴罪行是罄竹難書的。

臺灣人民的抵抗,使日軍無法輕易地占領臺灣,他們不得不付出很大的代價:出動了7萬大軍和許多軍艦,用了5個月的時間,官兵死亡近5000名,負傷人數達2.7萬多名,這比在甲午戰爭中日軍傷亡的人數還多將近一倍。臺灣軍民用鮮血和生命,表現了愛國愛鄉的精神,在歷史上寫下了光輝的一頁。

七年奮戰 血染山河

1895年11月17日,日本的臺灣總督樺山資紀宣布「全島平定」,但是,臺灣人民的抗日鬥爭並沒有停止,從1895年到1902年連續進行了七年的武裝鬥爭。詹振、陳秋菊、胡嘉猷、林李成、簡義、張呂赤、黃國鎮、陳發等都是當年著名的抗日義軍領袖,特別是被稱為義軍「三猛」的簡大獅、柯鐵、林少貓,更是其中的佼佼者。

簡大獅在淡水觀音山一帶,聚集1000多人共同抗日,曾經襲擊金包里、滬尾、士林等地,殺傷日軍。1898年臺灣總督對義軍實行「招降政策」,不少義軍迫於力量懸殊,處境艱難,只得暫時接受招降,以圖再起。簡大獅等表面上被招降,實際上還在山區活動。日本方面先發制人,發起攻擊,很多義軍慘遭殺害。簡大獅逃往廈門,收集武器,準備再戰,可是卻被漳州官府拘捕,交給日

人。簡大獅憤怒地指出：「我是臺灣清國之民，聚眾萬人，反抗日本。日本人視我為土匪，清國應當視我為義民。我生為清國之民，死作清國之鬼。交給日本，我死不瞑目。」簡大獅最終被日本人殺害。

柯鐵在雲林大坪頂建立抗日基地，把它稱為鐵國山。1896年6月，他們圍殲日軍偵察隊，包圍南投，襲擊斗六，曾經光復雲林。日軍為了報復，派出「討伐隊」，對附近進行掃蕩，接連5天，有50多個村莊中的4900多戶被毀，無辜百姓被殺的傳説有3萬人，這就是駭人聽聞的「雲林大屠殺」。臺灣同胞的鮮血染紅了大片的山河。日軍的暴行激起人民更加強烈的反抗，義軍襲擊了林圮埔日本憲兵隊，攻占了斗六。可是，日軍以優勢兵力反攻斗六，接著，用猛烈的炮火轟擊鐵國山。柯鐵退入內山，仍然堅持鬥爭。在日軍實行「招降政策」時，柯鐵提出，要把鐵國山歸還，保留軍隊，並設立「治民局」，由臺灣人治理，日本當局不肯接受。後來，義軍處境日益困難，實在無法堅持，只得在保存部屬、歸還鐵國山的條件下，接受招降。

林少貓是南部最有實力的抗日義軍首領。他曾經前往廈門購買武器，回臺後招集幾百人，在鳳山、潮州、大目降等地打擊日軍。1898年底，率領上千人攻打恆春城，占領了虎頭山。日軍以炮火夾擊，義軍腹背受敵，只得撤走。第二年，日方進行招降，林少貓提出，要設立自治區和「治民局」，官員不得進入，居民為了自衛可以攜帶武器，當局要賠償損失等等。日方基本上接受了他的條件。當時有人説，這是總督府向林少貓投降。實際上，日軍對歸降者經常採取監視和暗殺的手段。1902年，日方密令消滅林少貓的隊伍，林少貓出來應戰，在敵軍的炮火下，全家遇難。這樣，堅持七年的抗日武裝鬥爭，就被完全鎮壓下去了。

報仇雪恥　孤軍猶鬥

1902年以後，抗日鬥爭曾經暫時沉寂了5年。從1907年到1915年，又發生了反抗日本殖民統治的武裝暴動，比較著名的有：

北埔事件　1907年，在新竹北埔，以蔡清琳為首，發動「隘勇」100多人，進攻警察分遣所和派出所，並且攻打北埔支廳，殺死日本警察50多人。這是反

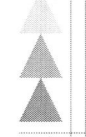

對日本資本獨占樟腦事業、苛刻奴役隘勇的暴動，引起總督府的震驚，它立刻派兵搜查。起義者退入山中，許多人被擊斃，其餘的被判為「匪徒」而處死。

林圯埔事件　南投竹山一帶大片竹林被臺灣日本當局劃為公地，日本資本控制了竹林的開發和生產，莊民生計受到威脅。在請願無效的情況之下，1912年，劉乾、林啟楨等人密謀抵抗，襲擊了頂林派出所，打死日本警察3名。林圯埔支廳派出警察和保甲壯丁進行搜捕，劉乾等8人被處死刑。

苗栗事件　這是在辛亥革命影響下發生的。早在武昌起義發生時，臺灣的報紙就作了報導，各省通電宣布獨立的消息，更使臺灣人民興奮不已。1912年，同盟會員羅福星返回臺灣，在苗栗、臺北等地秘密發展組織，以「驅逐日人」、「光復臺灣」為號召，參加者達1500多人。他們進行軍事編隊，準備發動起義，被日本警察發現，許多人被捕。羅福星在自白書上寫著，光復臺灣是為了「雪國家之恥，報同胞之仇」。在法庭上，他公開承認自己的目的是「使本島（臺灣）復歸中國所有」。1914年3月，羅福星英勇就義。

噍吧哖起義（西來庵事件）　在辛亥革命影響下，臺灣人民愛國情緒高漲，1915年，在余清芳、羅俊、江定等人的領導下，利用宗教信仰，宣傳抗日。他們以臺南西來庵為據點，提出「光復臺灣」的口號，招集民眾，籌集軍費，準備發動起義。被日方發現後，他們攻打甲仙埔支廳的警察所，殺死日本官吏20多人，後來又圍攻噍吧哖市街，被日軍打敗，犧牲慘重。余清芳等逃入山中，第二年被捕。在這個事件中，有1400多人被捕入獄，其中866人被判處死刑。

日本侵略者把這些事件稱為「土匪」暴亂，有些人也認為這些事件規模小，有的還帶有迷信的成分，而對此不屑一顧。實際上，臺灣人民在極端困難的條件下，面對兇殘的外來統治者，敢於提出「驅逐日人」、「光復臺灣」，敢於起來作拚死的抗爭，這種反抗侵略的民族氣節是永遠值得肯定的。

民族運動 祖國意識

從1915年以後，武裝抗日鬥爭基本上結束了，而非暴力的民族運動卻逐步地發展起來。在祖國「五四」運動、俄國十月革命以及世界各地民族運動的影響下，主要產生在20年代的議會設置請願運動，臺灣文化協會、臺灣民眾黨、臺

灣共產黨的成立，工人運動和農民運動，形成了臺灣民族抵抗運動的高潮。林獻堂、林呈祿、蔡培火、蔡惠如、蔣渭水、王敏川、連溫卿、謝春木、林木順、謝雪紅、簡吉等等，在這些運動中發揮了相當重要的作用。

議會設置請願運動是為了爭取臺灣人的政治權利，要求廢除殖民暴政「萬惡之源」的「六三法」，要求承認臺灣人的參政權，設置臺灣議會。這是在殖民統治下，針對總督府的專制統治公開提出的地方自治的要求，儘管只能採用叩頭請願的方式，還是得到了臺灣人民的支持。日本當局則視為「違法」而「絕難容忍」。他們製造了「治警事件」，拘押了蔣渭水、蔡培火等41人。

臺灣文化協會成立於1921年，其宗旨是「助長臺灣文化之發展」，實際上是為了進行文化啟蒙宣傳，弘揚中華文化，促進民族意識的覺醒。文協的工作揭露了日本殖民統治的實質，使臺灣人民反日民族情緒不斷高漲。日本當局立刻加強控制，進行鎮壓。有不少活動被解散和取締，不少參加者被拘捕。到1930年，文協基本上停止了活動。

臺灣民眾黨成立於1927年，它以非暴力的手段，爭取地方自治，實現民族解放。民眾黨支持工農運動，推動地方改革，反對總督府的不良政策，還組織群眾團體與日本當局抗爭。1931年，民眾黨被扣上「絕對反對總督政治和民族自決主義」的罪名而禁止。

臺灣共產黨1928年在上海成立，作為日本共產黨的一個民族支部，並和中國共產黨以及第三國際保持聯繫。臺共曾經在農民、工人中活動，號召人們起來同資本家作鬥爭。1931年，臺灣總督府大肆搜捕共產黨人，從此，臺共陷於癱瘓狀態。

20年代，在文化協會和共產黨的領導和支持下，臺灣農工運動有了相當的發展，成立了臺灣農民組合、臺灣工友總會等組織，在反抗日資剝削、壓迫，爭取勞工權益方面做了不少工作。

到了30年代初，日本當局採取高壓手段對付臺灣人民的抗爭，上述民族抵抗運動都遭到鎮壓和禁止。儘管如此，作為殖民地的民族運動，臺灣民族運動仍然顯示出臺灣人民不屈不撓的愛國精神和要求民族解放的共同願望。

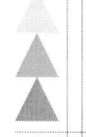

臺灣史事解讀

霧社起義 滅族深仇

1930年10月,臺中埔里霧社地區的邁勃、鉢仔侖等社人民,為了反抗日本當局侵占土地,反對繁重的勞役和日本警察的苛扣工資,在首領莫那‧魯道的率領下,分頭襲擊日本人正在集會的運動場和警察駐所,殺死日本人134名,奪取槍械180支。日本殖民當局對於土著居民的「背叛」大為震驚,他們立即從臺北、新竹、臺中、臺南等地調集大批軍警前來圍剿,進行殘酷的鎮壓。土著居民奮勇抵抗,日軍用山炮轟擊,各社房屋大部被毀,起義群眾只得退入深山堅持抵抗。日軍進攻不能得逞,竟然喪心病狂地使用毒氣彈進行轟炸。經過一個多月的抵抗,起義者死傷嚴重,彈盡糧絕,仍然拒絕敵人的勸降。許多人寧肯集體自殺,不肯俯首投降,莫那‧魯道也在山洞裡自殺。這次參加起義的泰雅族同胞有1236人,其中戰死和自殺的有644人,被捕的有564人。日本殖民者把被捕者集中在兩個村莊裡,唆使與日方合作的「友番」發動突然襲擊,幾乎把15歲以上的男子全部殺掉,被殺的有253人,只剩下老弱和婦孺,泰雅族人民幾乎遭到滅族的厄運。日軍的暴行引起廣大臺灣人民和中外輿論的一致譴責。

這是臺灣最後一次武裝的抗日鬥爭,它體現了土著居民和漢族居民一樣,堅決反對日本殖民統治的勇敢精神。有些日本人企圖貶低霧社起義的反侵略意義,然而,歷史事實是無法抹殺的。

民族意識 牢不可破

中國抗日戰爭爆發以後,臺灣同胞期待著祖國戰勝日本,這樣就有希望收復臺灣。這時,日本殖民當局加強了對民族運動的控制,臺灣抗日力量處境更加困難,有組織的社會運動基本上結束了,較大的抗日事件不再發生。日本殖民當局還製造了東港事件、瑞芳抗日軍事件等,不少人被加上抗日罪名而遭到逮捕和殺害。

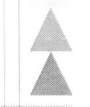

這個時期,有不少臺灣同胞前往大陸參加抗戰。他們組織了一些抗日團體,後來聯合成立臺灣革命同盟會,決心協助祖國抗戰,並且推翻日本帝國主義在臺灣的殖民統治。活躍在祖國東南地區的臺灣義勇隊,以「中國的臺灣人」身份,積極從事「對敵政治,醫務診療,生產報國,宣慰軍民」的工作,出版《臺灣先

鋒》、《臺灣青年》和抗日叢書，宣傳抗日，瓦解敵軍，為祖國的抗戰事業貢獻了自己的力量。

1943年至1944年，在海南島的日本軍隊中，有萬餘名臺灣士兵準備起義投誠，被發現而遭就地殺戮的有7000多人，正式參加抗日隊伍的有4000多人。

臺灣人民的抗日鬥爭和參加祖國抗戰，顯示出臺灣人民是中華民族的優秀兒女，他們在民族危亡的關頭，與全國人民同生死共患難，為祖國抗日戰爭的勝利和臺灣的光復作出了積極的貢獻。

50年的抗日鬥爭，使日軍認識到，臺灣人民的民族意識是牢不可破的，臺灣人以中國為祖國的感情是難以磨滅的。抗日運動溫和派的代表人物林獻堂說：過去50年來，臺灣同胞不斷向日本帝國主義鬥爭，壯烈犧牲，前仆後繼，一句話，就是為了民族主義。這是歷史的經驗。

可是，在今日的臺灣，有人居然說，現在已不和日本打仗，還談什麼民族主義？有人更把民族主義說成是落後的、甚至是法西斯的意識。這完全是汙衊！我們講民族主義，是為了保衛民族利益，維護民族尊嚴，反對民族壓迫，爭取民族解放，主張世界各民族平等，增進各民族團結，我們的民族主義是和國際主義相結合的。而帝國主義者則把民族主義作為侵略擴張的工具，把本民族的利益置於其他民族之上，鼓吹民族歧視，煽動民族仇恨，推行民族壓迫的殖民主義和霸權主義。二者有本質的區別，豈能混為一談。在有人攻擊民族主義的時候，我們更應當警惕民族分裂主義和霸權主義的陰謀。在這個問題上，回顧臺灣人民抗日鬥爭的歷史，將給我們帶來有益的啟迪。

（刊於《臺灣同胞抗日50年紀實》，中國婦女出版社）

霧社65周年祭

去年年底，我們去臺灣訪問，有機會從中部橫貫公路遊覽太魯閣公園，本來

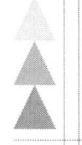

到了大禹嶺以後，要往北去梨山，可是我聽説往南可以經過霧社，就請司機改道。能到霧社一遊，對我來説，是一大幸事。因為我是研究歷史的，十幾年前寫過一本《臺灣歷史故事》的小冊子，其中就有《霧社深仇》一節，寫的就是泰雅族人民抗日鬥爭的故事。後來四川有一位作者把它改編成電影劇本，寄給一個電影製片廠，結果連劇本也要不回來了。當然那都是過去的事了，現在我只想親身經歷一下我曾經神遊過的地方。

霧社，現在的地名是仁愛。到了那裡，司機還不停車，原來他知道我要看的是什麼地方，便把車直接開到了紀念碑那裡。是的，這正是我想要看的。一座白色的牌坊，中間寫著「碧血英風」四個大字，那是陳誠所題。旁邊有兩副對聯：「百戰忠魂千秋恨事，一朝義憤萬古馨香」，「抗暴殲仇九百人壯烈捐生長埋碧血，褒忠憫難億萬世英靈如在永勵黃魂」。我顧不得看完這些後人的題字，就一直衝上石階，那上面有一座紀念碑：「霧社山胞抗日起義紀念碑」。那次一共犧牲900多位泰雅族同胞，拉奧、拔沙奧、皮波·瓦里斯、皮波·薩波，還有花崗一郎、花崗二郎，他們都安詳地長眠在這裡。當年的血戰早已成為過去，還有多少人能記得那滅族的深仇呢？哦，這裡是莫那·魯道（摩那·羅達奧）的墓。這位當年的領袖，到了最後的時刻，為了不讓自己的屍體落入敵人手中，他獨自走入深山，直到八年以後，人們才在人跡未到的岩窟中找到他的屍骨。現在他終於和他的戰友、族人相聚在這裡了。

憑弔了起義的英雄，我急忙去尋找當年的霧社公學校，起義就是在那裡爆發的。就在紀念碑對面的斜坡下，有一所小學。我跑過去看了看，是一列新蓋的平房，好像是教室，可是看不見人。原來的公學校可能已經找不到遺蹟了。由於要趕路，我放棄了打聽的念頭，匆忙照了一張相就走了。

我很奇怪，在日本殖民統治下經過半個世紀的臺灣，為什麼有些人對日本的侵略、奴役已經淡忘？有人辯解説：「本省人雖做日本的三等國民有五十年，受到嚴重的差別待遇與輕視，但大致尚能安居守業，對日本人也許懷恨不深」，而在大陸，受到日本的欺凌侮辱，無所不用其極，「侵占土地，屠殺人民，破壞主權，侮辱國格，個人則家破人亡，流離失所，其創深痛巨，超過亡國及做殖民

地不知多少倍」。這顯然是對臺灣歷史缺乏瞭解的表現。臺灣淪為殖民地，臺灣人民所受的痛苦怎麼會不及大陸人民呢？不說別的，只要看一看霧社就可以了。這裡我引用《霧社深仇》的兩段文字：「日本法西斯終於暴露出豺狼的嘴臉——他們竟然滅絕人性地使用毒氣，十幾架日本飛機接連地施放毒氣。毒霧瀰漫，白煙四起，在森林裡，人們被毒氣嗆得喘不過氣來，只得拚命地跑進山洞、岩窟。可是，山洞只能避開敵人的炸彈和炮火，卻擋不住毒氣的侵襲。老人和小孩在毒氣的窒息下紛紛倒斃。母親們抱著死去的孩子痛哭，不久，她們自己也被毒死了。有些人冒著毒霧從岩窟裡沖出來，可是敵人早已封鎖了通道，逃出來的人都被槍彈打死在山口。這是慘無人道的屠殺，霧社人民遭受到空前的浩劫，幾百名群眾被日本法西斯毒殺、槍殺在山林、岩窟之中」，「參加霧社起義的各個村莊都被放火燒毀，六百七十多個泰雅族同胞遭到屠殺，倖存的五百多人被驅趕到西袍社等地。五個月後，日本侵略者又製造一次血腥的屠殺事件，就是所謂『第二次霧社事件』。二百多名手無寸鐵的群眾被殺害了，剩下的二百多人被趕到川中島上。日本侵略者想用這種手段，把膽敢造反的『霧社番』消滅乾淨」。我也奇怪，為什麼有些歷史書對當年抗日的事件或是輕描淡寫，或是隻字不提了呢？我手頭有一本剛剛出版的書，其中「臺灣五百年大事記」一欄，不知是作者的疏忽還是有意的安排，那裡面對日本侵占臺灣時臺灣人民反割讓的武裝鬥爭，幾乎不曾涉及。值得臺灣人民驕傲的徐驤、吳湯興、姜紹祖、簡大獅、柯鐵、林少貓等抗日英雄，在他們心目中似乎已經不值得一提，霧社的英雄們當然也不在話下了。我發現有些主張「臺獨」的人，他們對臺灣人民抗日鬥爭的態度還不如他們的前輩史明，史明在自己的書中還尖銳地揭露和抨擊了日本的侵略和統治，表彰了抗日的義軍。

　　我更奇怪，現在臺灣有些人對當年日本的統治卻「頗有好感」，連為他們辯護的人也覺得他們「給人以親日的印象」。而另一些人則認為那是一種「媚日情結」，這是什麼原因呢？辯解者認為從他們「在日人統治下長大，及在日本受教育的背景而言，並不足為奇」。最近還有人鼓吹日本統治臺灣的「功績」：「日本政府有效統治達半個世紀之久，對臺灣的影響至為深遠，生活水準遠高於騷亂的中國，這些因素皆有助於形成臺灣人的『國家單位真實感』，總之，日本

臺灣史事解讀

政府企圖把臺灣人變成日本人的努力雖然沒有成功，但是卻成功地使臺灣人變得不像中國人。」我想，殖民者在任何殖民地總要培養一批效忠於他們的知識分子，這些人肯定對殖民者有好感。像王育德那樣，在殖民地時代，當過「十足的日本人」，「體會到優越感」，所以他鼓吹在日本統治下，「臺灣人就這樣被強迫投入近代化社會，不管願意與否，享受近代化的恩惠」。他的這種感情確實是「不足為奇」的，這些人和在日本統治下誓不低頭的林獻堂、蔣渭水、蔡培火、賴和等等當然沒有共同的感情。日據時代一般知識分子，從小受的是日本教育，懂日文、日語，而不懂中文和普通話，他們對當年懷有特殊的感情，也是可以理解的，但是這種感情不至於導致至今還保留著「皇民意識」，以「不像中國人」而自豪，以致令人「有異樣的感覺」。至於廣大被奴役、被歧視的「二等公民」或「三等國民」及其後代，包括霧社的子孫在內，他們大概忘不了在日本殖民統治下「生為臺灣人的悲哀」，很難培養出對殖民者的好感。我最奇怪的是，有些人不怪日本對臺灣的侵占，只怪腐敗的清朝當局割讓臺灣，不僅如此，他們還把對清朝的不滿轉嫁到今天的大陸，似乎臺灣同胞淪為「亞細亞孤兒」的帳要記在今天的大陸和中國政府的身上。於是有人說：「中國歷來對臺灣的態度不是什麼關心照顧，中國一向將臺灣看作蠻夷島」，「甲午戰爭中國戰敗，將臺灣割讓給日本，這造成臺灣住民極大不滿，怒責中國竟拿他們來做犧牲」。又有人說：「被祖國出賣的臺灣人，有什麼資格自稱中國人呢？」有人還慶幸臺灣當年能夠成為日本的殖民地，認為這樣才使臺灣建設成為近代化資本主義經濟，成為與貧窮落後的中國迥然不同的社會，甚至認為，現在臺灣的發展不如日本，因此，「臺灣脫離日本的殖民地統治是禍是福頗值深思」，進而有人為第二次世界大戰後臺灣未能歸併到日本而感到惋惜，有人主張臺灣應當成為美國的第五十一州。我想，這些人是不敢站在抗日紀念碑前的，他們的「脫華論」和「反華情結」，也是絕大多數臺灣同胞無法理解的。

今年是日本侵占臺灣100周年，1930年，當日本殖民者慶祝他們「平定」臺灣35周年時，發生了「霧社事件」，至今整整65周年了。在回顧這段歷史時，我想，時代在進步，我們不能只講民族大義，還要講兩岸的共同利益，但是又不能不講民族大義和全民族的長遠利益。

當然我們不是狹隘的民族主義者，更不會把日本軍國主義者的罪行轉嫁在日本人民身上。但是，歷史的教訓仍然值得記取。所以在紀念霧社起義65周年的時候，我還要引用一段文字，　表達對前人的哀思：「白霧籠罩著群山，那山上的青松是歷史的見證；濁水溪環繞著山腳，那溪水訴說著霧社人民的災難。這深仇大恨，泰雅族人民永遠記在心裡。為了維護民族尊嚴而英勇犧牲的頭人莫那·魯道以及許許多多的泰雅族的優秀兒女，永遠受到人們的懷念。」

（《臺灣研究》）

抗戰勝利與「臺灣光復」

　　今年是抗日戰爭勝利60周年，也是臺灣光復60周年，在我們紀念這一偉大勝利的時候，明確二者的關係是十分必要的。

　　一、臺灣光復與抗戰勝利有沒有關係？

　　國民黨傳統的說法也強調二者的關係，例如，何應欽在《八年抗戰與臺灣光復》一書中寫道：「過去幾十年間，我們臺灣同胞，前僕後繼，反抗日人統治，是為了光復臺灣歸宗祖國；而我們全國軍民，八年抗戰，犧牲奮鬥，也是為了光復臺灣。這次對日抗戰，我們中國犧牲無數軍民的生命財產所得成果，到現在只剩下臺灣。」現在，國民黨主席馬英九也指出：「抗日戰爭的勝利和臺灣的光復，是大陸犧牲3500萬同胞，臺灣犧牲65萬同胞換來的。」

　　可是，日本人向來不承認戰爭的失敗，他們說：「我們敗於美國的核彈。」臺灣有人完全接受日本的觀點，他們認為打敗日本的「是美國而不是中國」，並且叫嚷：「完全是因為美國打敗日本，中國人一點功勞都沒有。」

　　有人竟然還引用「數據」說：二戰時日本軍隊死亡150萬，其中120萬是在太平洋戰場上被美軍殲滅的，在中國戰場上日軍只死亡3萬多人。

　　這完全不是事實。在第二次世界大戰中，中國抗擊時間最長，牽制和消滅日

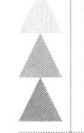

軍最多。從1937年至1945年，盟國（中、蘇、美、英四國）斃傷日軍195萬餘人，其中中國戰場斃傷133萬餘人，占日軍傷亡人數的70%。日本投降時在華兵力約128萬人，僅這一數字，就超過太平洋東南亞各戰場日軍的總和。

中國對於第二次世界大戰勝利所作出的貢獻是不容忽視的。當年美國總統羅斯福就指出：「假如沒有中國，假如中國被打垮了，你想有多少個師團的日本兵，可以調到其他方面來作戰，他們可以馬上打下澳洲，打下印度。」他還說，美國「忘不了中國人民在7年多的長時間裡怎樣頂住了日本人的野蠻進攻和在亞洲大陸廣大地區牽制住大量的敵軍」。英國首相邱吉爾也說：「如果日本進軍西印度洋，必然會導致我方在中東的全部陣地崩潰。能防止上述局勢出現的只有中國。」

有人強調美國的兩顆原子彈和蘇聯紅軍出兵東北對於日本投降起了決定性作用，而忽視了中國軍民所作出的巨大犧牲。美國歷史學家孔飛力指出：「中國在二戰中英勇無畏、果斷堅決地抗擊著日本法西斯主義的進攻。要是沒有中國這個偉大的同盟國加入我們的陣營，抗擊日本法西斯的戰爭將變得漫長得多，損失也將慘重得多。」英國《衛報》在一篇文章中指出：「如果不是中國付出2000多萬人犧牲的代價，在亞洲戰場拖住了日本軍隊，日本軍隊就會在中國戰場迅速取得勝利後進攻蘇聯後方，並控制太平洋地區。沒有亞洲盟國的抵抗，西方盟國將會付出更大的犧牲。」

在抗日戰爭中，中國人民付出了慘重的代價，有人把這一勝利說成是「慘勝」，但是中國畢竟終於取得了勝利。「慘重的損失」、「巨大的犧牲」與「偉大的勝利」並不相悖，不能因為付出了慘重的代價而否定了勝利的事實。正是在抗戰勝利的前提下，日本才不得不把被他們侵占了50年的臺灣歸還中國。胡錦濤在紀念抗日戰爭勝利60周年大會的講話中強調：「抗日戰爭的勝利，結束了日本在臺灣50年的殖民統治，使臺灣回到祖國懷抱。」「臺灣光復」是抗戰勝利的結果，這是不容否定的。

二、臺灣光復與臺灣民眾有沒有關係？

有人認為說「抗戰勝利」和「臺灣光復」就會把功勞歸於國民黨，歸於大

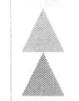

陸，而與臺灣民眾則沒有關係，這是一個很大的誤會。

是的，在抗日戰爭時期，臺灣民眾的處境不同，有的參加抗日，有的加入日本的軍隊，有的是在日本統治下的一般平民，有的則是日本人的「協力者」，怎樣看待他們在抗日戰爭和臺灣光復過程中的地位和作用，似乎需要進行一番考察和分析。

1.參加抗日的人士，包括前來參加大陸抗戰的臺胞，他們為抗戰作出了重大貢獻，這是毫無疑義的。但是，實際上臺灣參加抗日的不僅是這一部分人，50年來臺灣的抗日，有數十萬人犧牲，他們也為抗戰的勝利和臺灣的光復作出了貢獻。馬英九說：「在緬懷臺灣先烈先賢光榮事蹟的這一刻，我們對於臺灣光復以前所有反抗殖民統治的民族英雄，必須予以肯定，並矢志繼承。」

2.沒有直接參加抗日的臺灣民眾，同樣作出了犧牲。臺灣民眾在日本殖民統治之下，遭受「亞細亞孤兒」的命運，他們更應當得到人們「同情的理解」。他們的處境與大陸淪陷區的民眾有些相似：無法參加抗日活動，但也不願當順民，只好忍氣吞聲地等待日本的失敗，兩岸同胞都因祖國的不幸而承受了苦難。不過，與大陸淪陷區相比，臺灣同胞受苦難的時間更長。

3.那些在日本統治下出來擔任一些下層職務的人，他們一方面為日本人工作，一方面為臺灣人說話，暗中卻祈求日本早日戰敗，臺灣回歸祖國，這些人似乎不能簡單地一律歸入敵人的陣營，應當進行具體分析。

4.加入日本軍隊的原住民和其他「臺籍老兵」，「在戰爭中面對死亡和困境，是人生最奇特的經驗，而他們在太平洋戰爭中被當時的日本政府用來打中國人，戰後又被國民黨政府徵調到中國打中共」。實際上他們也是日本軍國主義發動戰爭的受害者。

5.少數日本殖民統治的「協力者」和親日派，他們站在日本殖民者的立場上，為虎作倀，理應受到道義的譴責。

總之，除了極少數親日派以外，絕大多數臺灣同胞和大陸同胞一樣，都為抗日戰爭的勝利和臺灣的光復作出了貢獻或犧牲。在紀念抗日戰爭勝利60周年的

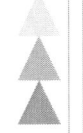

時候，我們對於部分臺灣同胞由於處境的不同，而產生的複雜心態，應當從特定的歷史背景下進行考察。兩岸同胞需要「同情的理解」，設身處地瞭解對方，互相包容，一同向前看，逐漸凝聚共識，共謀祖國統一，振興中華。

（《學習時報》）

臺灣英烈永垂青史——評電視專題片《臺灣往事》

由中國華藝音像實業有限公司、中華全國臺灣同胞聯誼會、臺灣夏潮基金會聯合拍攝的8集電視專題片《臺灣往事》，已經由中央電視臺正式播出。這部電視片以客觀平實的手法，再現了日本侵占臺灣和臺灣人民抗日鬥爭的歷史，對於人們瞭解這一段的真實歷史是很有幫助的。

早在1979年，當時臺灣省籍的「黨外」「立委」黃順興先生在質詢時就講過這樣一段話：「本席深覺發揚我臺胞傳統之愛國精神，實為刻不容緩之民族精神教育的課題，並本席認為今日臺灣尚多昔日『皇民』之紀念物，而無臺胞抗日之隆重紀念亦為現下民族精神墮落之原因。」現在，20多年過去了，情況卻更加嚴重了。臺灣有一些人故意製造歷史的「失憶」，一方面極力淡化、抹殺臺灣民眾抗日鬥爭的光輝歷史，一方面大肆為日本統治臺灣歌功頌德，企圖煽起「反中親日」的情緒，為分裂主義的政治目的效力。

《臺灣往事》正是為臺胞抗日建造一種新的「紀念物」，讓臺灣同胞不忘先人的抗日業績，不忘日本侵略所帶來的災難，還它一個真實的歷史！

臺灣同胞本來並沒有忘記

我們在電視片中可以看到，至今在屏東縣牡丹鄉還保留著「石門古戰場」的遺蹟，再現了當年鄉民用石頭抗擊日軍的動人場景。還可以看到在臺北縣貢寮鄉當年日軍登陸的地方豎立的「鹽寮抗日紀念碑」，在臺北縣樹林鎮的「乙未抗日

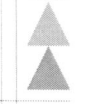

先烈樹林十三公墓」，在桃園縣龍潭鄉的「七十三公墓」。在苗栗縣頭份鎮，有一座「楊統領廟」，祭祀的是一位當年抗日犧牲的新楚軍將領楊再（載）雲。在彰化縣八卦山上，有「乙未年抗日烈士神位」，還有義軍首領吳湯興的衣冠冢。在雲林縣大坪頂有柯鐵領導的「鐵國山」抗日義軍的遺蹟，臺南縣玉井鄉西來庵有「抗日烈士余清芳紀念碑」和昭忠祠，南投縣有1930年霧社抗日起義的「霧社山胞抗日起義紀念碑」「莫那．魯道紀念公園」「餘生紀念碑」，當然還有「抗日戰爭勝利暨臺灣光復紀念碑」。

原來臺灣還保留著這麼多抗日紀念碑，如果不看這部電視片，一般人是不會知道的，就連長期生活在臺灣的人也不見得都很清楚。其實，在臺灣還有一些抗日紀念碑，例如，苗栗市的福星公園內有一座「羅福星烈士革命事蹟碑刻」，南投縣還有「霧社起義戰歿者紀念碑記」，新竹縣北埔鄉有「烈士姜紹祖先生成仁紀念碑」，還有「復中興會烈士紀念碑」，紀念1907年以蔡清琳為首的一百多名烈士，臺中縣豐原市有「先賢丘逢甲先生誓師抗日碑」等等。

如果查閱臺灣光復後編修的方志，就會發現那裡保存著許多抗日史料。例如，《彰化縣誌稿》有「余清芳等革命事件本縣人士列傳」，記載了這個事件中犧牲的彰化縣39位烈士的事蹟；《苗栗縣誌》有羅福星等86位烈士的事蹟；《雲林縣誌稿》有「雲林武裝抗日運動」等記載。

以上事實說明，在經歷過日本統治之後，光復初期臺灣同胞並沒有忘記臺灣先烈的抗日事蹟，他們透過樹立紀念碑，編撰地方志書，極力要把這一段令人難忘的歷史保留下來，讓自己的子孫後代永誌不忘。可是，近些年來有些人已經有意無意地把它遺忘了。《臺灣往事》正是繼承了抗日臺胞的遺願，再一次提醒人們：前事不忘，後事之師。

臺灣人可以引以為榮

《臺灣往事》歌頌了臺灣抗日的先輩，他們以自己的英雄氣概和愛國精神，抗擊外侮，永不屈服，這些可歌可泣的光輝業績，給臺灣歷史寫下了光輝的篇章，臺灣同胞是可以引以為榮的。

全臺義軍統領丘逢甲，各地義軍首領姜紹祖、吳湯興、徐驤、蘇力，號稱

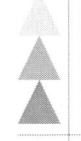

臺灣史事解讀

「抗日三猛」的義軍領袖簡大獅、柯鐵、林少貓，都是臺灣英烈的優秀人物。他們為了抵抗日本的侵占，領導民眾英勇奮戰，有的犧牲在戰場上，有的被捕而英勇就義，丘逢甲在十分艱苦的條件下堅持鬥爭，終因戰敗內渡大陸，也受到後人的肯定。和他們並肩作戰的有大陸籍將領劉永福、吳彭年、楊載雲等人，臺灣人民也不忘記他們的抗日業績。

在日本占領臺灣以後的武裝抗日鬥爭中，羅福星與苗栗縣的烈士們，是在中華民國建立的形勢鼓舞下發動起義的。「西來庵事件」中的余清芳、羅俊、江定以及慷慨就義的900多名烈士，日本人把他們稱為「匪」，儘管他們多是農民，受到近百年前歷史的侷限，只能用迷信的方式發動群眾，可是他們卻是真正的愛國者，他們公然提出「恢復臺灣」的口號，向殖民者展開殊死的鬥爭，「臺灣抗日英烈」他們當之無愧。

日據時代最後一次大規模的抗日武裝鬥爭發生在霧社。以莫那‧魯道為首的泰雅人，對日本殖民者發起襲擊，遭到殘酷的鎮壓，幾乎陷入滅族的境地。70多年之後，我們在電視片中看到莫那‧魯道的遺骸、聽到他的孫女和族人平靜的訴說，當年泰雅人英勇抗日的情景似乎又出現在我們的眼前。

臺灣民族運動的領袖人物林獻堂、反抗殖民統治的先驅者蔣渭水、臺灣新文學運動的旗手賴和、臺灣文壇的鬥士楊逵、《臺灣通史》的作者連橫，以及謝雪紅、葉陶等傑出女性，他們在臺灣淪為日本殖民地的艱苦條件下，仍然以各種方式進行抗日鬥爭，贏得了臺灣民眾的崇敬和愛戴。

還有許許多多參加抗日武裝鬥爭，參加臺灣議會設置請願、臺灣文化協會、臺灣新文學運動以及「工友會」「蔗農組合」的臺胞們，儘管無法一一提到他們的名字，但他們的事蹟已經融化在「臺灣抗日英烈」的集體活動中，在《臺灣往事》中得到應有的肯定。這是可以告慰於臺灣抗日先輩的。

唇齒相依 榮辱與共

臺灣為什麼會割讓給日本？《臺灣往事》提供的答案是：第一，日本侵占臺灣是蓄謀已久的事，從牡丹社事件就開始了，當然其中還有複雜的陰謀與策劃的過程。第二，清政府腐敗無能，甲午戰敗，被迫只能在「允」或「不允」中選

擇，終於簽下喪權辱國的《馬關條約》。處在弱國的情況下，兩岸同胞的「上書」「請願」已經無濟於事，只能眼睜睜地看著臺灣被日本侵占。

在臺灣淪為殖民地之後，大陸也陷入被列強瓜分的困境，接著是推翻清朝的革命，又是軍閥混戰的亂局，八年抗戰，大陸已經自顧不暇，幫不了臺灣。只有到了抗日戰爭的勝利，臺灣才能回歸祖國。

《臺灣往事》第8集有這樣的場面：在日本投降以後，1945年9月2日，在東京灣的美國軍艦密蘇里號上，舉行日本正式投降簽字儀式；9月9日，在南京陸軍總部大禮堂，舉行中國戰區日本投降簽字儀式；10月25日，在臺北市公會堂舉行中戰區臺灣省受降儀式。這說明先有世界反法西斯戰爭的勝利、中國抗日戰爭的勝利，然後才有臺灣的光復。中國人民，包括臺灣人民在內，都為反法西斯戰爭、抗日戰爭、臺灣光復付出了沉重的代價和巨大的犧牲，作出了巨大的貢獻。

中國大陸和臺灣唇齒相依，榮辱與共。祖國的貧窮、落後，導致兩岸人民淪入屈辱的境遇，骨肉分離；只有祖國的繁榮富強，才能使兩岸人民永遠擺脫被殖民、被奴役的命運，實現中華的振興。這可以說是《臺灣往事》給我們留下的歷史記憶。

（《人民日報》海外版）

血濃於水

大家知道，臺灣與福建的關係十分密切。臺灣人的祖先多數是從福建移民過去的。至於臺灣與廈門的關係如何，是不是比任何地方都要密切，這就未必眾人皆知了。回顧一下歷史上廈門與臺灣兩地之間的相互關係，總結一下近十年來的兩地關係，也許對於進一步發展兩地或兩岸之間的關係有所裨益。

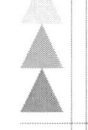

一衣帶水

臺灣史事解讀

廈門到臺灣有多少距離？打開福建省地圖，可以看到這樣的數字：從廈門到高雄165海里（306公里），而從廈門到福州則有201海里（372公里）。至於從廈門到澎湖就更近了，只有102海里（189公里）。廈門到臺灣比到本省的省會還近，所以，自古以來，兩地的地方志書都記載了相互間在地理上的關係。早期的《鷺江志》就說：「鷺島距同邑七十里，四面環海，為漳泉之咽喉」，「臺澎之門戶，誠海疆要地也」。《廈門志》也說：「廈門東抗臺澎，北通兩浙，南連百粵」，「廈門重鎮海口，控制臺澎，聲援聯絡，舟師商舶往返不停」。《臺灣府志》則說：「（臺灣）與泉州府同安縣之廈門，東南斜對」，「臺灣附近閩南，儼如屏障」。

廈門到臺灣的航程，古代是以「更」為單位來計算的，一日一夜定為十更。「臺灣至澎湖五更，澎湖至廈門七更」，廈門去臺灣只要一天多的時間。在順風的情況下，「自澎往廈，悉以黃昏為期，越宿而內地之山隱現目前」。如果風不順，從臺灣到澎湖就要一兩天，到廈門就更慢了。《裨海紀遊》記載了這樣的情形：「海舶已抵鹿耳門，為東風所逆，不得入；而門外鐵板沙又不可泊，勢必仍返澎湖；若遇月黑，莫辨澎湖島嶼，又不得不重回廈門以待天明者，往往有之矣。」可見，即使受到自然氣候的影響，退回廈門，再次出發還是可以的。到了近代，「輪船不需一晝夜可達」，來往就更加方便了。

可是，政治氣候的影響卻要嚴重得多。清朝曾經禁止或限制大陸人民渡臺，那時偷渡臺灣就要冒很大的風險，不少移民在渡臺的途中遇難。到了日據時期，兩地人員的往來也受到各種限制，大陸向臺灣的移民便中斷了。日本投降以後，在短短的4年中，兩地人民恢復了比較密切的往來。不久，聯繫又中斷了。在改革開放之前的30多年中，兩岸處在互相隔絕的狀態，一衣帶水的海峽成為難以踰越的天塹。直到今天，兩岸還沒有直接通航，從臺灣到廈門，要經過香港轉機，票價要17000元新臺幣；如果能夠直航，4000多元就行了。至於海上通航，那就更不用說了。

一衣帶水，是近是遠，兩地人民都有最深切的感受。

閩海雄風

在廈門可以看到許多古代留下的石刻,例如,南普陀寺有一方石刻,上載:「萬曆辛丑四月朔,三山陳第、宛陵沈有容同登茲山,騁望極天,徘徊終日。」這裡寫的是將近400年前的事,1601年陳、沈二人來到南普陀,過了兩年,他們一同前往澎湖、臺灣,陳第寫出了《東番記》。1604年,沈有容帶兵到達澎湖,責令荷蘭侵略者撤走,在馬公島上留下了「沈有容諭退紅毛番韋麻郎碑」。

此外,在鴻山寺有石刻:「天啟二年十月二十六等日,欽差鎮守福建地方等處都督徐一鳴,督游擊將軍趙頗、坐營陳天策,率三營浙兵把總朱梁、王宗兆、李知綱等到此攻剿紅夷。」虎溪岩的石刻:「天啟癸亥年十一月廿日,廣陵朱一馮以督師剿夷至。」白鹿洞的石刻:「天啟癸亥冬晉陽趙紓督征到此。」這裡講的是公元1622到1623年的事,那時,荷蘭侵略者侵擾澎湖和福建沿海一帶,明朝官兵前來廈門抗擊入侵者,這些石刻便是歷史的見證。

再看鼓浪嶼日光岩水操台的石刻:「閩海雄風」。這是後人對鄭成功叱吒風雲於臺灣海峽,堅持抗清驅荷事業的緬懷和紀念。在廈門,你可以看到鄭成功的巨大塑像屹立在海邊,鄭成功紀念館陳列著當年鄭軍揮師東征時的戰艦和武器,水操台、演武池、讀書處、嘉興寨、延平故壘處處留下了這位民族英雄的遺蹟。在臺灣,你也可以看到延平郡王祠,人們也稱它為「開臺聖王廟」,此外也有很多鄭氏時代的遺蹟,人們不僅紀念鄭成功收復臺灣,而且頌揚他開發臺灣的歷史功績。應當提到,對臺灣開發作出顯著貢獻的陳永華,就是同安人。

在鄭氏時代,廈門和臺灣的關係更加密切。近人周振甫的詩寫道:「赤崁城頭赤幟飄,延平晚歲建功高。日光岩上天風急,似聽軍聲十萬潮。」赤崁城在臺灣,日光岩在廈門,當年的廈門正是鄭成功率師東征、收復臺灣的基地。鄭氏把廈門稱為思明州,而在臺灣則設立了天興州和萬年州,這是鄭氏管轄下僅有的三個州(金門稱為所)。金廈和臺澎是鄭氏的兩翼,尤其是廈門和臺灣作為鄭氏堅持抗清鬥爭的根據地,互相呼應,在歷史上發揮了顯著的作用。

臺廈一道

大家都知道,清朝取得臺灣以後,設立了臺灣府,歸屬於福建省。可是,當時在省和府之間,還有一級行政機構,叫做「道」。最初管轄臺灣的不叫「臺灣

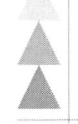

道」，而叫「臺廈道」。《臺灣府志》寫道：「分巡臺灣道一員，兼督船政。舊為臺廈兵備，雍正六年改。」這句話需要說明。臺灣道原來稱為「臺廈兵備道」（康熙二十三年，1684年），後來改為「臺廈道」（康熙六十年，1721年），最後才改為「臺灣道」（雍正六年，1728年）。這時由興泉水道移駐廈門，兩地的行政編制才分開了。這就是說，從1684年到1728年的44年間，廈門和臺灣是屬於同一個行政單位的，這樣密切的關係，當然是別的地方所沒有的。

在歷史上當過臺廈道臺的只有11人，其中比較著名的有主持纂輯《臺灣府志》的高拱乾和受到臺灣人民愛戴的陳璸。

兩地關係的密切，主要表現在移民和貿易往來上面。廈門從什麼時候開始向臺灣移民，沒有確切的記載，可是從族譜資料可以看到，早在明朝後期，同安縣就有陳、林、李、王、吳、蔡、許、莊、趙、盧、杜、顏、柯、方等姓人民移居澎湖，後來移民臺灣。清代以後，移民就更多了。

在相當長的時間內，從大陸到臺灣，需要進行偷渡，而廈門則成為偷渡的主要通道。《臺海使槎錄》指出：「偷渡來臺，廈門是其總路。又有自小港偷渡上船者，如曾厝垵、白石頭、大嶝、南山邊、鎮海、岐尾。」這些小港也都在廈門附近。很多臺灣人的祖先就是從廈門渡海，進入臺灣的。

早期著名墾主王世傑就是同安人，他曾經回到家鄉，招募鄉民100多人前往臺灣開墾，「為田數千甲，歲入穀數萬石」，雄踞一方。同安籍移民對臺灣開發也作出了貢獻，至今在臺北、臺中、臺南以及彰化、南投還留下了同安里、同安村、同安厝、同安寮的地名。清代早期著名的「林成祖」墾號，也和廈門有關。根據保存下來的一份合約，可以看出，有林天成、陳鳴林、鄭維謙三人合股開發興直莊的土地，其中林在淡水，而陳、鄭都在廈門，這兩人應當算是「不在地主」，只是出資，並沒有直接插手經營。

整整100年的時間（1684—1784年），廈門和臺灣的鹿耳門是兩岸僅有的一對對渡口岸。清朝當局規定：「商船自廈來臺，由泉防廳給發印單，開載舵工水手年貌，並所載貨物，於廈之大嶝門，會同武汛，照單驗放；其自臺回廈，由臺防廳查明舵水年貌及貨物數目，換給印單，於臺之鹿耳門，會同武汛，照驗出

口。」

長期以來，福建缺糧，需要臺灣接濟，而臺灣的餉銀卻要由福建提供。所以，在臺灣建省前幾年，沈葆楨還以「閩省向需臺米接濟，臺餉向由省城轉輸」為理由，說明臺灣暫時無法和福建分治。福建民間需要依靠臺灣的糧食，同時，福建向臺灣採購糧食也對臺灣經濟發展有促進作用。當福建暫時不向臺灣購糧時，臺灣道徐宗幹曾經奏稱：「不食臺米，則臺米無去處，而無內渡之米船；無內渡之米船，即無外來之貨船。往年春夏外來洋圓數十萬，今則來者寥寥無幾，已數月無廈門口商船矣。」廈門商船不來，臺灣經濟就發生困難。

除了民間食糧以外，福建的軍糧也由臺灣的田賦提供。商船去臺灣貿易，必須配運兵穀、兵米，這叫做「臺運」，它成為當年廈門地方的要政之一。《廈門志》第六卷專門寫廈門與臺灣之間軍糧運輸，稱為「臺運略」，這在其他地方志中也是少見的。

兩地的貿易主要由「郊商」經營，臺灣有「廈郊」，專門從事對廈門的貿易；廈門也有「臺郊」。清代鹿港一地就有廈郊100多家。廈郊又稱「下郊」，包括廈門、同安在內。咸豐三年臺北地區發生「頂下郊拼」，就是以廈門、同安為主的「下郊」，聯合漳州籍民眾，與由惠安、晉江、南安、安溪籍民組成的「頂郊」之間的械鬥。這次事件以後，同安籍的林佑藻率領鄉人來到大稻埕，在那裡立足、發展。後來，這個地方成為廈門的茶商和茶葉工人聚集的場所，在今天臺北的迪化街，還可能流傳著一些當年的故事。

御製龜碑

地理上的接近，有助於兩地的交往與合作，同時也容易導致矛盾和衝突，再加上統治階級從中利用，兩地間的不愉快事件就難免發生。

康熙末年，臺灣朱一貴起義時，清朝當局更加重視廈門對於臺灣的重要戰略地位。藍鼎元是南澳總兵藍廷珍的幕僚，他建議：「控制臺灣，惟廈門最為扼要。形勝所在，便於指揮」，「臺灣機括全在廈門，不但咽喉控扼，且訊息易通，一切呼應便捷，宜兼程赴廈，駐紮彈壓」。果然，閩浙總督覺羅滿保也認識到「廈門為控制全臺咽喉」，因而坐鎮廈門指揮一切。於是，與臺灣一衣帶水的

廈門便成為清廷鎮壓臺灣人民起義的基地。

《廈門志》卷一有「御製碑文」一項，所載全是有關「剿滅」臺灣林爽文起義的事。同樣，我們在南普陀大雄寶殿前面的走廊兩側，可以看到八塊石碑，原來這些石碑是放在南普陀東側八塊石龜背上的，後來才移到寺內。這些石碑上刻的就是「御製碑文」。這是乾隆皇帝為了頌揚他的「十大武功」之一——「平定臺灣」而特別製作的。這種石碑一共有三套，分別豎立在熱河太廟、臺灣府城和廈門。同樣的龜碑，現在還保存在臺南的赤崁樓中。為什麼有關臺灣的碑刻要放在廈門呢？主要是因為廈門是清廷「平定臺灣」的基地，閩浙總督坐鎮廈門指揮鎮壓，清方派去的軍隊也由廈門等地渡臺，從而說明了當年廈門與臺灣另一層的關係。當然，這是清朝統治者的所為，和廈門人民沒有關係。乾隆末年，同安人陳蘇老、蘇葉等組織天地會（在臺灣起義的陳周全，就是在同安加入天地會的），反抗清廷的統治，也一樣受到了鎮壓。

唇齒相依

早在鴉片戰爭以前，英國就準備占領廈門，以便控制整個福建和臺灣。戰爭發生以後，英國先後攻打廈門和臺灣。從此，在整個近代史上，廈門和臺灣一再成為外國侵略者的目標。1841年8月，英軍曾經占領廈門，接著，便向臺灣雞籠進襲，被當地守軍打退。中法戰爭時期，法軍進攻福州馬尾以後，立即進攻臺灣。福建方面以兵力、武器、軍餉援助臺灣，其中有不少是從廈門運去的。例如，光緒十年十一月初九，「廈門葉文潤電，代匯津餉五萬兩已到臺北，閩餉存廈十餘萬匯解亦完，省再撥十萬」；十二月底，閩浙總督楊昌浚奏稱：「經由省廈設籌匯解，並由臺匯，由省廈撥還，總共解銀五十八萬餘兩。」七月初九，「廈門來電，前解省毛瑟槍二千支，並哈乞開斯槍三百支，同到淡水交收」。在反對日本占領臺灣的鬥爭中，義軍首領簡大獅、林少貓等人都曾經來廈門採購、收集槍支彈藥，以利再戰。廈門和臺灣患難與共，唇齒相依，共同的命運使兩地更緊密地聯繫在一起。

廈門是五口通商的口岸之一，早在19世紀40年代就開港了。臺灣的安平、打狗、基隆、淡水也先後在19世紀60年代開港。我們從廈門海關歷任稅務司的

報告書上，可以看到這樣的記載：

「臺灣的所有商行都是廈門商行的分行。」（1873年，休士）

「由於廈門所處的有利位置，臺灣的通商口岸對廈門處於附屬的地位。」（1876年，康發達）

「就臺灣茶的貿易而言，本口岸是它的總的貿易中心。」（1878年，穆和德）

「廈門的出口貿易幾乎完全是在本口岸與臺灣之間進行。本口岸與臺灣島有著密切的商業聯繫。」（1881年，吳得祿）

「臺灣茶葉貿易一直是經由本口岸進行的。」（1882年，勞思）

這是當時外國人對廈門與臺灣關係的看法，至少可以說明兩地在經濟上的相互關係。

不僅如此，在臺灣建省的過程中，廈門也起了一定的作用。建省中的一大問題是經費困難。清廷決定由福建省每年撥給44萬兩白銀予以資助，其中24萬兩由閩省各庫協餉，另外20萬兩由廈門海關在四成洋稅項下撥付。連續5年，一共撥了220萬兩，其中廈門承擔了100萬兩。當年廈門並不「闊」，人均GNP可能不及幾十美元，竟然能夠掏出腰包資助臺灣建省，從今天看來，還有點不可思議。可能清廷有鑑於此，臺灣和福建分治以後，臺灣的省長不稱為臺灣巡撫，而稱為「福建臺灣巡撫」，以表示二者之間不可分割的臍帶關係。

唇亡齒寒

1895年臺灣被日本侵占，長達50年之久。廈門、福建也成為日本臺灣總督府的「對岸政策」的主要對象，劃歸他們的「勢力範圍」，加緊進行侵略。1938年，廈門淪陷，在日本統治下也有7年的時間。

在這個時期，兩地發生了不少不愉快的事，這主要是由日本侵略所造成的。

日本企圖在廈門設立「日本專界」，1900年又製造「廈門事件」，派兵登陸。接著，利用「臺灣浪人」作為滲透和侵略的急先鋒，在廈門干了不少壞事。

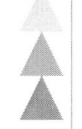

臺灣史事解讀

「十八大哥」「青龍會」都是日本的爪牙、擾亂廈門社會的害蟲，掛著「日本籍民」招牌的住宅，讓廈門人民不敢輕易靠近。淪陷期間，一度盛傳偽廈門市府將劃歸臺灣總督府管轄，其主要官員則多是臺灣人。他們依仗權勢，欺壓人民。至今在鼓浪嶼日本領事館舊址的地下室裡，還可以看到當年被關押在「活地獄」中的人們留下的字跡：「水蛙發四月□日押送臺灣」，「昭和十四年五月十五日送臺灣法院周國流定罪七年」。

但是，在廈門的7000多名臺灣同胞，多數是有正當職業的，不少人對甘當日本走狗的害群之馬也恨之入骨，認為是「好人被歹人累」。還有一部分先進分子，先後成立抗日組織，發起抗日運動。「臺灣尚志社」「中國臺灣同志會」「閩南臺灣學生聯合會」「臺灣同胞抗日復土總聯盟」都是在廈門建立和開展活動的。在淪陷期間，「臺灣革命青年大同盟」還和「廈門青年復土血魂團」相配合，散發抗日傳單。有的臺灣同胞還參加血魂團，參與襲擊日本侵略者的行動。

人員對流

臺灣光復以後，兩地人民恢復了相互往來。在短短的4年中，兩地的商業貿易、物資交流、郵電交通、金融匯兌以及文化教育等方面的關係，有了相當大的發展。我想僅就兩地間人員的交往提供一些情況。

1945年10月，臺灣行政長官陳儀就以「語言接近」為由，表示要在福建招聘人才。接著，又委託廈門市政府招聘國語教師。後來各行各業都需要人才，廈門大學就有不少畢業生赴臺就業。與此同時，臺灣也有不少學生前來廈門大學就讀。於是，形成了一股人員對流的浪潮。

以廈門大學為例，1945—1949年的畢業生，大約有近500名前往臺灣工作，這在全國各校是少有的。1947年有一位校友報告說，已經有二三百名廈大校友來到臺灣。「我們播遍了全島，大家努力著，苦幹著。我們值得自己最大的安慰，那就是每個校友在各地工作，都給予當地的人民十二萬分好感。臺灣語是說『有人氣』，『風評好』，『真優秀』。」他們在臺灣從事電力、電信、公路、鐵路、港務、資訊、水利、水泥、鋼鐵、造船、石油、化工、肥料、糧食、財稅、保險、銀行、糖業、專賣以及教育等專業的工作，為近半個世紀臺灣的建設

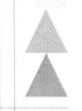

事業奉獻了自己的一份力量。1992年我訪問臺灣，旅臺校友會宴請我們時，有一位學長說，我們都是勤勤懇懇地為臺灣工作，沒有任何人做過烏七八糟的事，這是可以告慰於母校的。這句話給我深刻的印象，我把它傳達給了廣大的校友。

1945—1948年從臺灣來廈門大學就讀的學生，根據不完全的統計，大約有50名。他們多數選了政治、經濟、外文、機電等系。這些臺灣同學也都為祖國大陸的革命和建設事業作出了自己的貢獻。其中有和我同屆、最近當選為全國政協副主席的張克輝，當年的名字是「張有義」。在同屆同學中，還有臺灣著名的郭婉容女士。在我們同學保存的學生名冊中就有她的名字，而且還編上了學號：「2100 郭婉容 Guo Wanrong 經保（臺）」，說明她是臺灣的保送生，選的是經濟系，可是她並沒有來註冊。據說郭女士還談起過這件事，並且開玩笑地說，她差一點就成了「共幹」了。這是在一個特殊時代留下的特殊記憶。

山重水複

由於眾所周知的原因，兩岸隔絕了幾十年。那時，廈門成為對臺鬥爭的前哨，臺灣成為「反共復國」的基地，兩地關係跌落到谷底。歷史是複雜的，不能用線性的、簡化論的思維方式來對待。一衣帶水就必然關係密切，關係密切就必然團結友愛，事情絕對沒有這麼簡單。有人想儘量強調兩地關係中的密切、友好的一面，不提不愉快的過去，不講兩地的差異性，似乎這樣就有利於關係的發展；有人卻強調兩地的差異性，淡化或抹殺兩地關係的歷史，強調臺灣的特殊性，似乎這樣就可以割斷聯繫。這都不是實事求是的態度。

「山重水複疑無路，柳暗花明又一村。」改革開放與和平統一的方針，迎來了兩岸關係的新時代。

廈門，這個距離臺灣最近的城市，成為臺胞進出最多的口岸之一，臺商投資的熱點之一，兩岸試點直航的城市之一，臺灣同胞最早前來訪問的城市之一。這表明兩岸關係不是從頭開始，而是在舊有的基礎上恢復和發展，歷史的傳統的因素，仍然發揮著作用。

最早前來祖國大陸訪問的臺灣《自立晚報》記者李永得、徐璐寫道：「當我們抵達廈門後，看到與臺灣鄉村一模一樣的四合院建築，以及幾乎相同的閩南

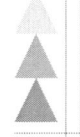

話，才真切的感受到了這條源遠流長的臍帶。」儘管當時他們對祖國大陸還十分生疏，對許多現象還很難理解，但是，他們畢竟摸著了「臍帶」，這說明「臍帶」本身有著驚人的力量。十幾年過去了，兩地人民彼此都更加互相瞭解，不論客觀的差距，還是主觀的認知都有不小的縮短，彼此的認同感都增強了。兩地人民交友、通婚，親密往來已經相當普遍。當然，差異仍然存在，有差異就有矛盾，這是不足為奇的。幾十年的隔閡不是短期內所能消失的，「相逢一笑泯恩仇」也把困難估計得過低一些。但是，畢竟血濃於水，骨肉同胞，手足兄弟，為了中華民族的振興，為了兩岸人民的共同利益，兩岸攜手並進的日子不會太遙遠。

（作為唐次妹著《廈門與臺灣》一書的代序，鷺江出版社）

《臺灣歷史綱要》的學術特色

根據《臺灣歷史綱要》編委會的要求，本書應當實事求是地正面地闡述臺灣歷史的發展進程，力求客觀地反映歷史的真實，為讀者提供一部比較簡明扼要、通俗易懂的學術性的臺灣史著作。本書從早期的臺灣寫到1988年初，全書共七章。現在我向各位介紹《臺灣歷史綱要》（以下簡稱《綱要》）的一些特色。

臺灣是中國的領土，臺灣人民是我們的骨肉同胞，長期以來臺灣歷史的發展和全國（特別是福建）有著密切的關係，臺灣歷史是中國歷史的一個組成部分。臺灣歷史和全國的歷史有共同性，但作為一個地區，臺灣歷史也有其特殊性。如果只強調共同性，而忽視其特殊性，就不能正確地認識臺灣的歷史，也不能正確地認識臺灣的現實；如果只強調其特殊性，而忽視了共同性，就不能正確地認識歷史上的兩岸關係和當前的兩岸關係，也無法正確地認識和對待臺灣的前途問題。注意體現歷史的共同性和特殊性，這是本書的一個重要特色。

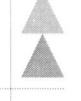

其次，《綱要》以臺灣人民為主體，著重寫臺灣人民的歷史，寫人民的生息、開發、交往、抗爭的歷史。對臺灣人民（包括大陸移民和土著居民）在臺灣

開發和經濟發展上的貢獻，反抗封建統治和抵抗外國侵略的鬥爭等方面都給予充分的肯定，對在日本殖民統治下臺灣人民的處境和心態給予同情的理解，對當代臺灣工人農民在經濟發展過程中作出的貢獻和犧牲、中小企業的作用都給予應有的肯定。

再次，《綱要》既寫了臺灣政治的發展歷程，也用相當篇幅對各個歷史時期的經濟狀況和社會狀況作了較為具體深入的分析。這不僅有助於讀者瞭解臺灣歷史的發展進程和重大事件；而且有助於瞭解臺灣各個時期經濟的發展水平、臺灣人民在開發臺灣和經濟發展中的作用、臺灣經濟發展與大陸的關係以及與外國的關係；也有助於瞭解臺灣各個時期的社會結構、相互關係、社會矛盾及其演變，臺灣社會和大陸的密切關係等等。臺灣主要是由大陸移民，特別是福建、廣東移民進行開發的，所以，臺灣和大陸，特別是福建的關係相當密切，這在本書中也有一定的反映。

此外，本書採用正面闡述的方式，沒有直接針對不同的論點進行辯駁，但透過這些正面的闡述也可以澄清一些似是而非的觀點，把被某些人歪曲的歷史糾正過來，還臺灣歷史以本來的面目。

本書是由幾位大陸學者共同撰寫的，他們對所撰寫的部分都有專門的研究，發表過不少論文或專著，因此能夠提出自己獨到的見解，其中有的已為海內外學術界所引用。作者還注意吸收全國（包括臺灣）學術界的研究成果，在寫作過程中查閱了大量歷史文獻、檔案資料和學術論著，引用的書刊就有300多種。本書作為中國大陸學者研究臺灣歷史的一個成果，希望能夠引起兩岸學術界的共同討論，促進學術交流。

（在北京舉行的《臺灣歷史綱要》首發式上的發言）

註釋

[1].《認識臺灣（歷史篇）》教科書，第4頁。

[2].鄭欽仁：《生死存亡年代的臺灣》，稻鄉出版社，1989年。

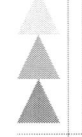

[3].《中國海洋發展史論文集》,中研院三民所,1984年。

[4].《發現臺灣》,天下雜誌,1992年。

[5].許信良:《新興民族》,遠流出版公司,1995年,182頁。

[6].林滿紅:《馬關條約百年省思》,《聯合報》,1995年4月14日。

[7].鈴木明:《臺灣起革命的日子》,前衛出版社,1992年,19頁。

[8].岡田英弘:《臺灣的歷史認同和清朝的本質》,馬關條約一百周年研討會論文。

[9].曹永和:《臺灣早期歷史研究》,聯經出版公司,1979年,129頁。

[10].《鄭成功收復臺灣史料選編》,福建出版社,1982年,95—96頁。

[11].吳玫譯:《有關鄭成功軍隊進攻臺灣登陸過程的若干史料》,臺灣研究集刊, 1988年2期。

[12].《鄭成功收復臺灣史料選編》,福建出版社,1982年,153頁。

[13].岡田英弘:《臺灣的歷史認同和清朝的本質》,馬關條約一百年研討會論文。

[14].李筱峰等:《臺灣歷史閱覽》,《自立晚報》文化出版部,1994年,68頁。

[15].《海上見聞錄定本》,福建出版社,1982年,76頁。

[16].《康熙統一臺灣檔案史料選輯》,福建出版社,1983年,70頁。

[17].宋澤萊:《臺灣人的自我追尋》,前衛出版社,1988年,69頁。

[18].彭明敏:《自由的滋味》,臺灣文藝出版社,1987年,250頁。

[19].史明:《臺灣不是中國的一部分》,前衛出版社,1992年,36頁。

[20].《自立早報》,1995年4月17日。

[21].張炎憲:《威權統治和臺灣人民歷史意識的形成》,馬關條約》一百年

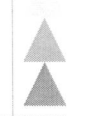

研討會論文。

[22].宋澤萊：《臺灣人的自我追尋》，前衛出版社，1988年，70頁。

[23].以上均引自《近代廈門社會經濟概況》，鷺江出版社，1990年。

[24].參閱林滿紅：《四百年來的兩岸分合》，自立晚報文化出版部，1994年。

[25].參閱鄧孔昭：《臺灣建省初期的福建協餉》，臺灣研究集刊1994年4期。

[26].《自由時報》，1995年4月18日。

[27].參閱黃秀政：《臺灣割讓與乙未抗日運動》，臺灣商務印書館，1992年。

[28].《自由時報》，1965年4月17日。

[29].《自立早報》，1995年4月17日。

[30].張德水，《激動，臺灣的歷史》，臺灣前衛出版社，1992年。

[31].《民眾日報》，1995年3月31日。

[32].吳文星：《日據時期臺灣社會領導階層之研究》，臺灣正中書局，1992年。

[33].彭明敏：《自由的滋味》，臺灣文藝出版社，1987年。

[34].彭明敏：《自由的滋味》，臺灣文藝出版社，1987年。

[35].黃富三等：《臺灣近代史（經濟篇）》，臺灣省文獻會，1995年。

[36].隅谷三喜男等：《臺灣經濟發展的成就與問題》，廈門大學出版社，1996年。

[37].同上。

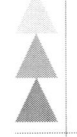

國家圖書館出版品預行編目(CIP)資料

臺灣史事解讀 / 陳孔立 著. -- 第一版.
-- 臺北市：崧燁文化，2019.01
　　面；　公分
POD版

ISBN 978-957-681-802-8(平裝)

1.臺灣史

733.21　　　108000859

書　　名：臺灣史事解讀
作　　者：陳孔立 著
發行人：黃振庭
出版者：崧博出版事業有限公司
發行者：崧燁文化事業有限公司
E-mail：sonbookservice@gmail.com
粉絲頁　　　　　　　網　址
地　　址：台北市中正區重慶南路一段六十一號八樓815室
8F.-815, No.61, Sec. 1, Chongqing S. Rd., Zhongzheng Dist., Taipei City 100, Taiwan (R.O.C.)
電　　話：(02)2370-3310　傳　真：(02) 2370-3210
總經銷：紅螞蟻圖書有限公司
地　　址：台北市內湖區舊宗路二段121巷19號
電　　話：02-2795-3656　　傳真：02-2795-4100　網址：
印　　刷：京峯彩色印刷有限公司（京峰數位）

　　本書版權為九州出版社所有授權崧博出版事業股份有限公司獨家發行電子書及繁體書繁體字版。若有其他相關權利及授權需求請與本公司聯繫。

定　　價：450 元
發行日期：2019 年 01 月第一版
◎ 本書以POD印製發行